定年からの再スタート

日本本土一周100日ドライブ紀行

五味　洋三

山梨県　秋の足和田山から富士山

作品の説明

この口絵写真は「日本本土一周100日ドライブ紀行時にスケッチしたり、水彩で描いたり、写真撮影したり、これを元にして25年間油絵で描き続けて来た作品の一部です。

長野県　黒姫高原の菜の花と桃の花

宮崎県　宮崎高原から鹿児島へ

鳥取県　田園と大山

静岡県　菜の花と河津桜

東京都　奥多摩川の橋と錦秋

静岡県　伊豆高原の初秋

徳島県　美波町海岸

熊本県　菊池渓谷の春

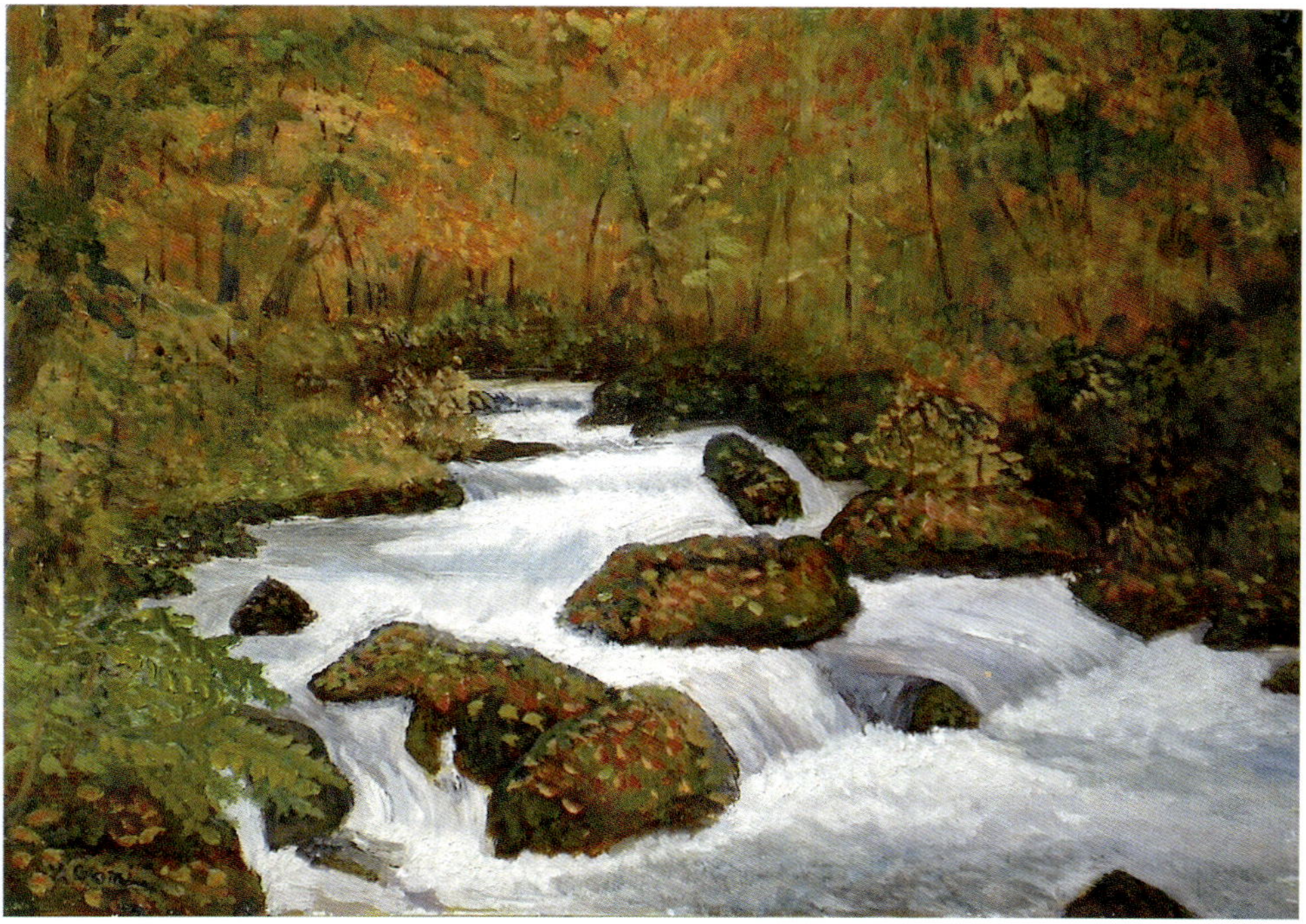

青森県　奥入瀬川の錦秋

長野県　冬の釜池から雨飾山

山梨県　北杜市田園から駒ヶ岳

益子焼花瓶に菊とキキョウ

竹籠に椿一輪

ルノワール模写ルグラン嬢

公園での散歩

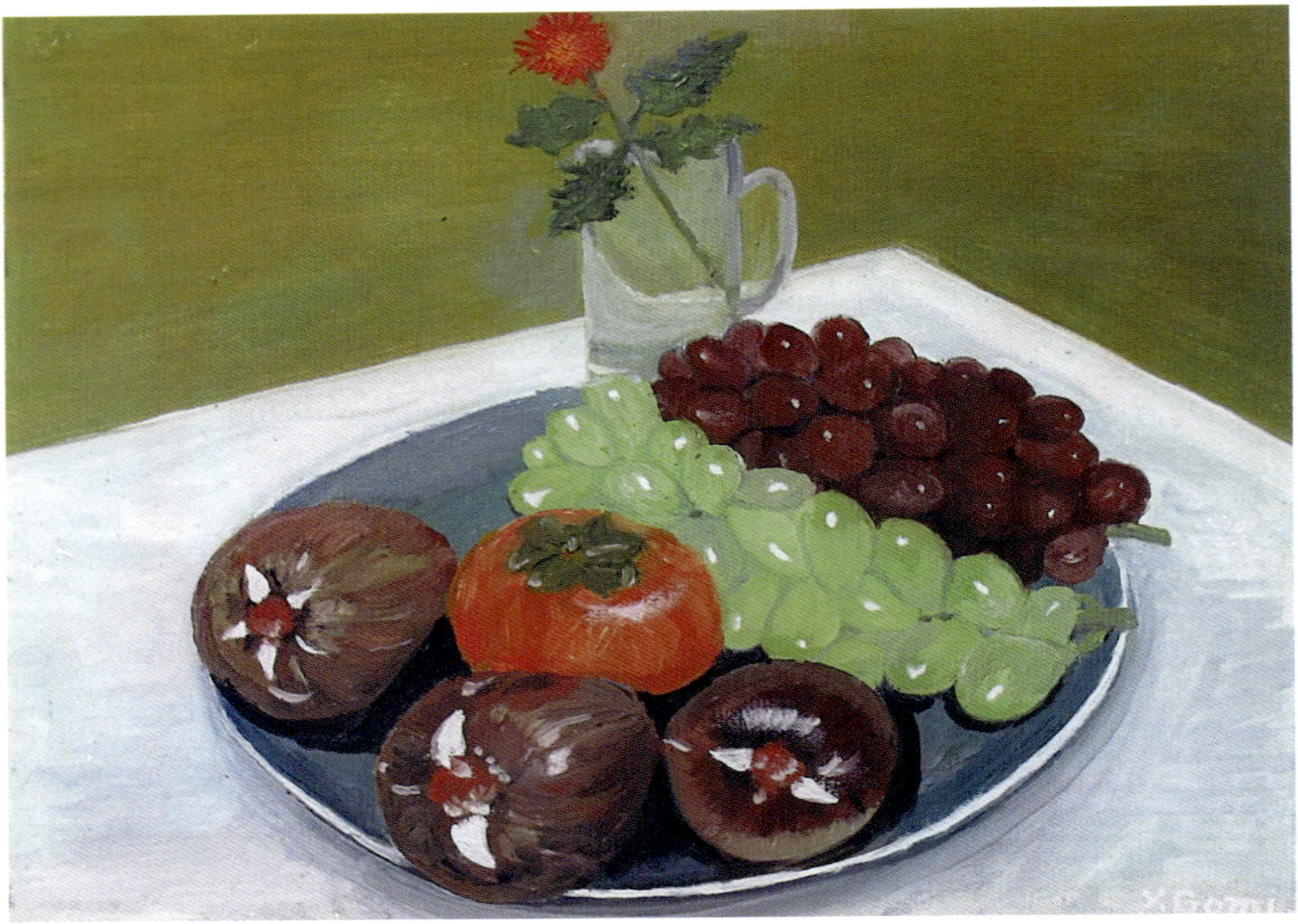

ブドウ、柿、イチジク

竹籠にブドウ、りんご、柿

〈目　次〉

（本文中の写真とカット・絵画は五味洋三の作品である）

序章　定年来たる

私は、１９９９年7月8日に60歳の誕生日を迎える。会社の規定ではその前日が定年退職日である。

１９３９（昭和14）年7月8日、山梨県の寒村に生まれた私は、３男でありながら家と親を守りながら19歳まで両親と共に故郷で暮らした。その後、弟が帰郷し、家の守りを弟に任せたのを機に私は上京した。

小さいときから絵を描くのが好きだったので「色」に関わる仕事をと、江戸川区小岩の小さなオフセット印刷会社に入社。手差しの機械が2台、職人４人の会社だった。子持ちの先輩の指導を受けながら、いっぱしの職人になるため頑張る中で、先輩に「五味君、マージャンはできるかい」と問われ、「出来ます」と答えたら、「君の部屋でやろう」となった。負ければ金を払うことになるので負ける訳にもいかず、先輩に勝つわけにも行かないので、ならば2位になることだと決めて、そのために時間があれば盲牌（牌を伏せたまま親指で牌を触わり、感触で何の牌かを識別）の訓練を毎日した。

先輩たちが牌を見ながら、何にしようかと考えている時に、私は次の牌にそっと触り、その牌が誰に行くのかを見ながら、また次の牌にそっと触ることで、それぞれの人のゲームの組み立てが解り、負け知らずで来た。

先輩は親方と同じで、仕事を教わる立場か

らすると、言うことを聞かないわけには行かない。パチンコや競馬場へも行き、券を買うなどして「立てばパチンコ、座ればマージャン、歩く姿は競馬場」で、勝ったと言っては飲み、負けたと言っては飲み、オケラ街道をとぼとぼ歩いて帰ることも多い、その日まかせの暮らしだった。

そんなある日、小岩の駅頭で配られていた1枚のチラシを受けとった。絵画サークルへのお誘いビラだった。絵を描くのが好きだったから、これ幸いとばかりに入会し、やがてみんなが描いた作品を区民会館を利用して作品展を開催して来た。

ある日、先輩から「民青同盟」加盟を勧められて入会。色々と活躍していると「日本共産党」入党を勧められ、綱領と規約を勉強したり、唯物論と唯心論の哲学を学ぶことにより、確信を持って活動できるようになり、「立てばビラ貼り、座れば会議、歩く姿はデモ行進」などを通して、意識的にも活動にも地域や政党活動に確信をもって参加をして来た時に、なんと会社が倒産してしまった。

再就職先を探している時に、共産党の江戸川地区委員会から「赤旗の分局員になって下さい」と要請され、これに応じた。改めて軽バイクの免許を取り、赤旗新聞を各支部に毎日届けた。5年ほど経ったある日の朝5時頃、交差点で赤信号なので停車して、信号が緑になったので直進でスタートしたら、左側は赤信号なのにタクシーが飛び込んで来て5m位先まで跳ね飛ばされ、落ちて気絶し、救急車で運搬中に目覚めた。左足の切傷と右肩痛などで、傷が治るまでに3ヵ月入院することになる。分局員は退職せざるを得なかった。

退院してから、30歳で結婚して娘も誕生した。共働きとはいえ生活をしっかりと分担しなければならない。ワープロタイピストになるため、半年間、学校へ通い、勉強した。ワープロは印刷業界での新たな展望ある職種として注目されていた。タイピストとして銀座のタイピスト会社に入り、３年ほど勤めて来たが、残業が毎日３〜４時間もあり、仕事の内容は大企業向けが多くて、大企業のために自分の労働力を提供するのは嫌なので、社会発展のために役立つ仕事をしたいと思い直し退職した。折り良く「光陽印刷株式会社」の求人に応じたらＯＫで、36歳で入社、即戦力になることができた。

「光陽印刷」は、「民主経営の印刷工場」と言われる会社で、絵本や教科書、教材づくりから、各種団体の宣伝プロモーション支援を「印刷」を通して、平和と民主主義を広げる会社であり、又とない出会いであった。

　ところが、活字時代からパソコン時代に移行していく過程でのワープロは、職人も会社もまだまだ不足の時代で、光陽でも残業は避けられず、私の他2人が「頸肩腕症候群」で、病院に通い、治療をしながら働きつづけた。医者と会社と私の三者で話合いの結果「治っても80％位しか力量が発揮できない」と言うことで、営業に配属されることになった。

　配属された営業部で「営業とは」の教育を受けた。「顧客と話し合い、顧客のニーズが何かを考えて、提案をして仕事を作るのが営業マンだ」と言うことで、私は若い営業マンと二人で自費出版の企画書を会社に提案したら受託され、営業部内に「光陽出版社」を立ち上げ「机ひとつのゼロからのスタート」をして年々売り上げを伸ばし、ついには年商1億円程までになった。そのために全国の自費出版の要求に応えるため相談に出掛けて行き、受注の確保をしてきた。

顧客のニーズを掘り起こし、全国の民主書店と連携して顧客獲得、販売拡大に努めた。国民救援会活動、趣味の絵画、会社の山岳サークルにも入り登山、渓流釣り、酒を伴うノミニケーションも仕事のうちだった。

60歳定年その日が来た

60歳還暦、まだまだ元気である。こんな私でも、会社のみならず、これまで関わりのあった団体などから「第2の人生」の仕事場を勧められてきた。

この1999（平成11）年という年は、2000年12月31日をもって20世紀が終わり、21世紀を迎える世紀末の仕上げの年でもあった。世情と言えば、6月末の完全失業率が4・9％と最悪の雇用情勢で、300万人の失業が見込まれていた。

会社にも「残って協力を」と言われたが、「有難いですが、人生限られており、やることがありますので申し訳ございません」と、お断りさせて頂いた。

こうした情勢を踏まえ、私には、60歳定年、人生の節目で、是非とも実行したいと長年温めてきた「日本本土単独100日ドライブ」の計画実行があった。資金は毎月定額を預金してきた。車もトヨタのマスターエース（四輪駆動、2000cc、8人乗り、窓のカーテン自動開閉、屋根上が透明プラスチックで開閉）を購入して、キャンピング用品などはこれまでの渓流釣り、光陽の絵画サークルの写生旅行や単独行動などで「車泊」の用具は整っている。

家族の了解も得ている。半ば「言い出したら後に引くはずがない」と言う妻の「了解」ではある。私も自分のわがままを承知で、100日の旅程に「家族旅行」も折り込んである。日程・旅程は綿密に検討して、車に積み込むものも万端手配した。

しかし、時は1999年である。2024年の現在と比較してみよう。先ず、カーナビなどない。全国の地図帳、ロードマップ、旅行案内、みなアナログ・紙の印刷物である。

電話は当時、ガラケーと言われたケータイが500万台の普及に達したという年で、私はこれを使っていた。毎日の記録はワープロ専用機を車に持ち込んだ。入力は仕事柄慣れたものだった。しかし、2024年、今ではこの機器はもはや生産されていないし、私のものも破棄してしまっている。ガソリン代も1㍑68円とかの時代で、今とは全く異なる石油消費時代であった。

旅の折、⑴全国の友人、知人、自費出版顧客の方々を訪ねる。⑵名所旧跡。⑶温泉。⑷渓流釣り。⑸ビデオ・写真の撮影。⑹絵を描く。そして「地元の美味い酒、美味い食べ物」を楽しむことが目的である。

「職安」への月1度の定期出頭もノルマであり、帰京

を余儀なくされる。１人行動であるから、人に会うために清潔に心がけ、生水は飲まない、無理な走行はしない、何よりも安全をもっぱらにする、酒も飲み過ぎない、と肝に据えた。

この１００日の旅の記録は日記

車内に持ち込んだ「ワープロ」機で、日々の走行距離、ルート、宿泊状況、食事実態などを基調に旅の記録としたが、内容は起伏に乏しい記述になった。新たに執筆し直すこともできず、元原稿もフロッピーもなく、ハードの機器も廃棄してしまい、幸い紙に記録した「元原稿」一式を大幅に収縮して、新規入力の本稿が完成した次第である。

１９９９年には、東海村原子力発電所で臨界事故が起き、私が無事「目的の旅」を終えて帰郷した11月3日には、人気アイドル「嵐」がデビューしている。２０２３年、今そのジャニーズの性加害事件の被害者たちが「事件」に向き合う只中にある。

84歳の今の私には、本書の制作自体が「長く難しい走行」であると思う。何とか、成しとげたいものと願っている。

そして、本書をお手にして頂いた方が、「定年」「その後」の生き方のヒントとして何がしかを感じとって頂ければ幸いである。

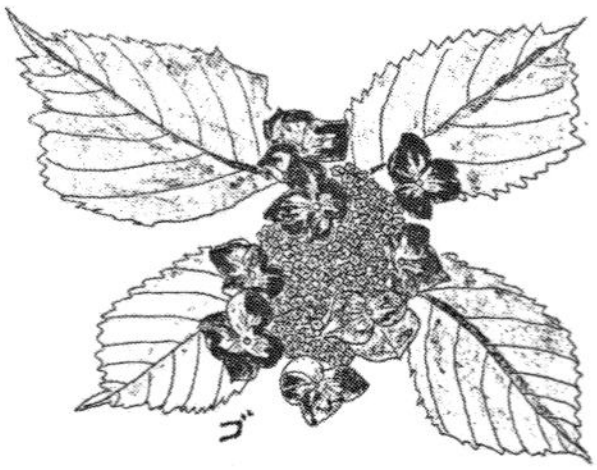

第１章　関東から本州最北へ

◇7月23日（金）晴れ

今日は、待ちに待った単独日本一周（沖縄を除く）ドライブのスタートの日だ。６時に起きて、長旅の最大の相棒である愛車のトヨタ・タウンエースの点検をする。荷物台の使い勝手を直したり、積荷の具合を整えたりして９時半スタート。江東区南砂の自宅を後にした。

永代通りを木場に出て業平橋から立石、金町を経て新葛飾橋を渡ると東京の隣、千葉県になる。

松戸・柏・我孫子市の先で大利根橋を渡ると茨城県になる。藤代町、牛久市まで61kmを走るが、平日のせいか並走する車と順調に走る。

朝からの小雨が上がって晴天になり、日中は32度と高温で暑い。車の冷房を目いっぱい利かせたがそれほど室温は下がらない。ぬるま湯の中で運転をしているようなものだ。

土浦まで15km走ると大きな駐車場がある。午後1時30分にここの中華店に入る。昼飯は、冷やし中華と餃子にする。

予定通り順調にきている。これならこのスケジュール通りに行けるかも知れない。石岡市を経て44km走って水戸まで６号線を走る。水戸市渋井町から約８km走って１１８号線へ出て那珂町、大宮町を経て袋田に着く。

袋田の滝を見て初の車中泊

滝をめざし滝川橋を渡り滝川に沿って2・5km行くと袋田の滝の駐車場に到着。平日のせいか店も殆どが閉まり、お客の車も1台もない。歩いて滝まで行くと、有料のトンネルがある。5時過ぎなので管理人が出てきたところへ行ったので「料金払いますよ」と言ったら「閉めたからいいです」と言われる。トンネルを潜って滝の正面で5時30分頃まで写真とビデオを撮る。

今までにも滝はたくさん見て来たが、幅70m、高さ120mと、幅も高さもある滝は初めてで圧巻だった。冬期の凍りついたこの滝のアイスクライミングの様子をテレビで見たが、人を魅了するのも分かるような気がする。この時期にしては水量が多いとのことだが、できることなら春夏秋冬で見ると格別ではないかと思った。

袋田の滝から、2・5km戻って、帰りがけに町営の袋田温泉に300円で入る。地元の年配者が仕事帰りに寄る、あるいは家からくる人などでにぎわっていた。単純泉質でさらさらしている。

袋田温泉から３・３㎞走って道の駅「大子」に着く。ビデオで道の駅と前に流れる久慈川を撮る。久慈川は８月の台風か集中豪雨により、河原の岸の幹の太さ直径10㎝くらいの木が倒れて枝に草や小枝が引っかかったままになっている。橋桁にも水位を示す跡が生々しい。水位が下がっているのを見ると、嘘のようにおだやかな流れだ。

今日は、旅の初日で夕食を作るのが面倒だ。町中へ車で行って探すと小料理屋的な飲食店があったので、前の駐車場に車を止めて入る。かつおのたたきとお浸しで夕食を取りながらカウンターのおかみと話をする。なすの油味噌炒めとお新香、みそ汁が出て腹を満たし「頑張ってくださいよ」と言われ店を出た。

道の駅まで車で来て、まずは洗面所の水でシャツとパンツの洗濯をする。今日は初めての車中泊なので何となく落ち着かない。大きな駐車場には８台の車が泊まっていた。温泉地に最近できた道の駅で、何もかもが真新しい。街灯も丸型のアーチ塔のようにしゃれている。川向こうには７階建てのホテルの明かりが見える。あちこちにも街の灯が見える観光地特有の夜だ。

テントを張る場所があれば、テント泊もよいのだが、車の泊まる場所に張る訳には行かない。この「道の駅」では、大型車は端の方に、普通車とは別に止まるので、エンジンの音がうるさくなくてよかった。

初めての車中泊なので、落ち着かないのと暑さで寝られないので、冷酒３００㎖を１本を寝酒用に飲み携帯ラジオを聞く。いつの間にか寝入った。

◇７月24日（土）晴れ

明け方、耳元でガーガー音がしているのと、あまりの蒸し暑さに5時に目が覚める。睡眠不足をさけて氷水を飲んでまた一眠りする。

7時に起きてトイレで用をたし、洗顔・ヒゲソリ・歯磨きをする。朝食は冷や麦を茹でて積み込みの車クーラーの氷で冷やし、麺つゆにミョウガ、練りわさびの薬味で食べる。

涼しいうちに距離を稼ぐため、8時スタート。118号線を走り大子町の北原を過ぎると福島県に入る。14・3km走ると矢作町の交差点に出る。本来、118号は矢作町で左折して真っすぐに行かなければならないのに、丁字路で右折してしまい、先は山道と細い道になってしまう。

道を間違えたことが分かりつつ丁字路に来たので、道を戻れば良いのに右折をしてしまう。5km程走ったら、幸か不幸か349号へ出る。右折して少し走ると先ほど迷った矢作の丁字路に出たので、振り出しに戻ったことを確認して直進する。

JR水郡線と阿武隈川に沿って118号線を北上する。塙町、棚倉町、浅川町、石川町、玉川村を経て69km走って須賀川市大黒町の交差点を右折すると国道4号線になる。

郡山市でバイパスを左折して走ると、同じ4号が日和田町で合流する。本宮町、二本松市、安達町と順調に62km走って来て福島市に入ったら2・5km直進し岩谷下で右折して115号へ出る。

途中で地方道の4号に左折しなければならなかったのに行き過ぎてしまう。戻らないで市道があるので、田畑の農村道を10km程走って保原に出て349号に至る。

梁川町を走り抜け、梁川橋を渡ると、阿武隈川の濁流で草が倒れているのを見ると水量も相当多いのではないか。流れを右に見ながら川に沿って走る。

兜を過ぎると宮城県に入る。丸森町で丸茂橋から１１３号に変わり、北上すると39kmで角田市に12時40分に到着。昼食は中華屋で野菜炒めと半ライスを取る。食後は暑いが車内のクーラーを効かせて日記の続きを書く。

昼休みの後、少し走ると角田町の交差点から３４９号になる。阿武隈川に架かる白幡橋を渡るまで走ると丁字路のつきあたりが国道４号線で柴田町である。右折して岩沼市・名取市を走り抜けて40kmで仙台市に至る。

今日は、東北も梅雨明けとのことで、昼は35度と今年最高の暑さだという。喉が渇いたのでクーラーから野菜ジュースを出して飲む。

仙台・民主書店を訪ねて

仙台のみやぎ書房（光陽出版社の取引書店＝民主書店の一つ）に16時頃到着。店にお客がいないので旧知の店主・菅原さんと話す。ここ３ヵ月ほど一人10万円の店員の給料が支払えない状況だと言う。地区機関などに実態を知らせて、どうするか相談しようと考えていると言う。短時間で済む話ではないので改めて夕食をしながら話すことにする。

宿泊先を確保するため電話を何軒か掛ける。中央町１丁目の「ニューパシフィックホテル」がＯＫで、５０００円と安いのでキープする。車はみやぎ書房の隣の有料駐車場に止め、ホテルまで15分ほど歩いてチェックインする。菅原さんとはホテルで６時に待ち合わせる。シャワーを浴びてさっぱりして菅原さんを待つ。

菅原さんは、銀行に36年間勤めて、その半分は組合の役員幹部をしてきた。民主書店を始めて17年、一番町の当地に引っ越して14年くらいになるだろう。3年前に「みちのく会」の会長を引き受けて当年72歳で頑張っている。

銀行時代は、毎晩のように飲み、深夜の帰宅で胃潰瘍と十二指腸潰瘍に悩まされたが、不思議によくなったと言う。その要因は「自宅晩酌の健全生活と、誰にも気兼ねなしで働けるストレスからの解放があると思われる」と言う。また「長い、少ない、きつい、安い仕事だが、良書普及という日本の政治改革の第一線の活動という精神面の充実が一番の良薬かもしれないと思う」と言う。

「この年になり読書と勉強の醍醐味が分かりかけてきて、人生での最大の収穫だ」と言い「みやぎ書房だより」を月1回定期発行してきて、100号記念号冊子の発行の仕事を手伝わせていただいた。

私の在職中、全国民主書店研修交流会やみちのく会、出版記念会に出席して、14年間仕事と人生の先輩としてお付き合いさせていただき、今なお毎月送られてくる冊子「兆龍」では新鮮な刺激をいただいている。

菅原さんと地下の飲み屋で刺し身のお造りをつまみに、大関・冷酒の生酒を飲みながら色々と話す。

菅原さんに礼を述べて別れてホテルまで歩く。ホテル泊は涼しくて心地よい。疲れているので横になるとすぐ眠ってしまう。

◇7月25日（日）晴れ

朝食は7時30分に和食をとる。歩いて車を取りにいくが、道に迷ってしまい15分ほどの所を1時間くらいうろついてしまう。歩くのと車で走るのでは感覚が違うのか、近くまで来ているのに、なかなか分からなかった。

駐車料金1800円を払ってホテルに戻る。荷物を受け取り、走り出し、仙台駅の陸橋を渡ると陸前原ノ町で工事中で迂回させられる。

一の迫へ向かう途中のことだが、細い路地から太い幹線道路に出る時に、1台見送った後にもう1台の赤い車が離れて来ていたのが分からず、道路に出る寸前で急ブレーキをかける。間一髪で通り過ぎていったが、冷や汗をかいてしまった。朝の出だしが悪いと、気持ちが散漫になり集中力が欠けて、危うく事故を起こすところだった。先は長いのだから慎重に運転しなければと改めて思う。

国道45号を原町で左折して利府町森郷で、14・3km走って左折し、利府松山線58号を走って大郷町の田園地帯を過ぎて山道がつづく。松山町で左折して50号線に出て古川市まで33km走り、北町交差点で左折して47号線に変わって直進すると古川の高速道路下を潜る。

北羽前街道を岩出山町で、荒雄川を左に見て田園地帯の真ん中を19・5km、池月の丁字路を右折して457号を10kmを走る。

大栗で左折して一の迫川に行こうと考えたが、近道として一の迫の手前赤坂を左に5km入り、大笹で鬼首《おにこうべ》につながる道に沿っている小さい川に入る。車を止めて川釣りをしばし楽しむ。魚も少ないし、型も15cmと小さいのを4匹釣ったが、放流して上がる。

私の住む江東区の元住人であり現在塩釜市に移住の鈴木英世さんの所へは、夕方6時頃に訪問と連絡したので、来た道を戻る。古川で50号線に右折するのを間違えて108号線を直進してしまう。道が広く真っすぐで走り易くて涌谷町まで50km、346号線へ右折して南下すると南郷町、鹿島台町と順調に走ってきたのに、松島の高速道路入り口手前1km

あたりから、のろのろ運転になる。

15kmを走るのに2時間近くかかってしまい、到着が7時になってしまった。高速道路で混雑しているものと思っていたら違っていた。日曜の松島市内がこんなに混むとは知らないものだから、渋滞にまきこまれ遅くなる。

鈴木夫妻、しずちゃん夫妻、共さん、みんなが料理を前に首を長くして待っていた。迷惑をかけてしまい申し訳ない。それぞれ近況を話す。柴田さんは義父が亡くなり来られないと言う。しずちゃんは体調優れず検査入院をしていたが、私が来るとのことで帰宅許可をもらって来たとのことだ。何でもなければよいが心配だ。

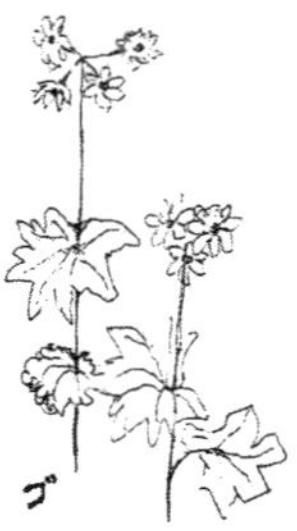

英世さんは、手書きの製図トレースがパソコンに普及して便利になり、自分の仕事が取って変わられそうだと言う。このままでは仕事がなくなってしまうので、しずちゃんにパソコンを覚えさせて自分も始めるとのことだ。
時代が発展することは結構なことだが、その反面古くて良いものが失われて行く。手放しでは喜べない。「60歳近くなってこんな事になるとは思っても見なかった」と言う。奥さんは看護助士を続けているという。
共さんは、お袋が物忘れがひどくなり、店番も務まらない状況なので店を閉めるかどうかとのことだ。11時頃、共さんは帰って行った。私は離れの部屋で宿泊させてもらう。

◇7月26日（月）晴れ

奥さんとしずちゃんは先に食事をして一緒に病院へ出かけて行った。私と鈴木さんで食事をする。

鈴木宅を出て、一路、気仙沼へ向かう。塩竈から45号線で松島へ出て撮影をする。日陰に車を止めて1時間休憩タイムをとって仮眠する。

３４６号線を鹿島台町、涌谷町と26㎞走って14時半に道路脇の食堂で昼食を取る。弁当セットにおかずと飯が詰められて出る。焼肉弁当にしたが、野菜がたくさんついていてよかった。

米山町、迫町で右折して中田町、40㎞走って東和町で右折して森吉町へ出て海岸線に沿って走る。東和から37㎞走って6時頃、気仙沼の佐々木梅吉さん宅へ到着。佐々木さんは共産党の気仙沼市議会議員を長く努め、14歳で満蒙開拓少年義勇軍に参加した自分史を光陽出版で刊行された方だ。

到着早々、「27日に来ると書いてあったが1日早く着いたね」「早くなってしまいことと言ったん」と言うことで、ばつが悪いことと言ったらない。何とも締まらない話だ。

「予定」を知らせる手紙を出しておくのは、来訪を予定して待っていてくれるので、訪問したが留守ということはない。日がずれた場合は連絡をすれば事は済むのだが、日がずれていることを忘れてしまうと相手側の予定を狂わせて迷惑をかけることになる。私が予定通りに動けないのであれば、その日早めに連絡する方が確実に迷惑をかけないですむ。訪問先の人がいるかいないかは、訪れる側の都合だから人に迷惑をかけてはならない。

佐々木さんは、田圃が水涸れしてしまったのでポンプで川から水をあげなければならないが、コードが断線しているのか、モーターが悪いのか分からないので点検をしているところだった。弟さんが見えて手伝っていた。

約束違いのばつの悪さを埋めるためにも手伝った。

佐々木さんはその後会議があるということで、夕食は8時過ぎになる。佐々木さんは、木の破片が足のくるぶしに当たり、直らないとのことで杖をついて歩いていた。広島の原水禁大会へ行くか迷っていたが、知事候補の人がいくので佐々木さんは止めて、旅行することに変えたと言う。

◇7月27日（火）晴れ

弟さんが　朝早く見えてポンプの点検やコードの点検を行っていた。朝食を8時頃いただき、佐々木氏宅を9時に失礼をする。佐々木さんと弟さんはポンプを買いに行くので途中まで一緒にバイパスまで来る。礼を言って別れる。

古刹・中尊寺を巡る

古町でターンして気仙沼街道へ出て、ＪＲ大船渡線を左に見ながら平行して走る。前木を越すと岩手県になる。室根村、千厩町、川崎村、一関まで45km走りさらに８kmで平泉の中尊寺へ着く。

33・6度とクーラーを一杯に利かせるが、あまり冷えずに閉口する。

中尊寺は天台宗・東北大本山。慈覚大師の開山、12世紀初め奥州藤原氏の初代清衡公が平泉に中尊寺中興を果たした。

釣りに来てはいつも通り過ぎてしまい、一度は来てみたいと思っていた平泉、暑いさなかであるが、月見坂を上がって行くと大きな杉木立が両側に立ち並び、左手に弁慶堂、少し上がると右手に本堂、左手に不動堂、さらに上がって行くと右手に鐘楼がある。金色堂の手前に讃衡蔵《さんこうぞう》があり国宝の経巻、経箱、八角の須弥壇《しゅみだん》が収められている。

さらに進んで左手の石段を上がると金色堂がある。拝観料８００円を払って入る。金色堂は覆堂《ふくどう》の中に収まっている。

金色堂（国宝）は１１２４（天治元）年の造立で、中尊寺創建当初の唯一の遺構である。皆金色の阿弥陀堂は、内部の装飾に目を奪われる。４本の巻柱や仏壇(須弥壇)、長押まで、白く光る夜光貝の螺鈿《らでん》細工・透かし彫りの金具・漆と蒔絵のお堂全体があたかも一つの工芸品である。

仏像は、本尊阿弥陀如来、その前に蓮をもっているのが観音・勢至菩薩。左右に三体ずつ並ぶ六地蔵は円満な相好である。最前列が持国天と増長天で、中央の須弥壇の中に清衡公、左の段に二代基衡公、右に三代秀衡公のミイラ化した遺体と泰衡公の首級が収められている。

金色堂を出ると経堂があり、さらに右奥に行くと能楽堂その奥に資料館がある。ここまでくると駐車場から比べると3度ほどの温度差があるのではないかと思う。

中尊寺を降りて来て昼食（ソバとご飯トロロ卵つき、海草酢の物、お新香）を中尊寺駐車場内の食事所で食べて平泉郷土館、毛越寺《もうつうじ》を見ないでスタート。

国道4号線を前沢を経て水沢まで19kmを走って、市内の交差点を３９７号に右折して釣り場所の住田町へ向かう。途中に水がきれいで木陰のある新山14kmで車を止めて休憩を取る。ついでに洗濯をして日記を書く。

山中の釣りと車中泊

住田町の途中で大股川の支流・篠倉沢16kmに入るが、水量が少なくて釣りにならないので、下へ３km走って落合で右折する。だらだら道で奥が深い、５km上流の二股になっている所まで行く。

夕まずめで、二股の右側の川は左の川より水量が少ないが状況を眺めつつ１時間釣る。16cmの小さいイワナが２尾釣れる。この水量では大きいのは期待できそうもないので、あきらめて戻る。薪用の枯木を集める。所によっては薪がまったくない所もあるが、ここには２時間くらい燃やせる量が太いもの、小枝などもあるので拾い集める。

旅に出て初めての山中深い場所での泊になるが、道路以外には人間の手を加えたものは見当たらない。薪に火をつけて燃やす。炎が立って来たところで、串をさしたイワナ２尾に塩をふって遠火で焼く。折りたたみ椅子とテーブルを出してランプを点ける。釣ったイワナとサンマ・アサリの缶詰、キュウリとワカメの塩揉みを作ってつまみにしてウイスキーの水割りを飲む。

一杯目は、一息で飲めるようにコップに氷と水を多めに入れて飲む。後は適当な濃さにして、せせらぎの音を聞きながら飲む。開放感も加わって格別だ。

冷麦を茹で、ミョウガの薬味とワサビを入れて主食とする。ラジオは巨人対ヤクルトのナイターをやっていたが、焚火の横でうたた

寝をしていたので、結果は分からない。

薪も燃え尽きて置き火になっているので、燃え残りの薪は端に寄せて念のため水をかける。食べるものはパックに入れ、車の下に置いて車内で眠る。

◇7月28日（水）晴れ

５時に目が覚めたが、釣り意欲が今一つ出ないので６時まで寝る。左側の沢へ車を向け３分程の日陰の地に車を止める。

食欲がないので朝食は抜きにして、横の川にすぐ入る。川の相から見て余り期待をもたずに釣りながら川を上がって行くと、25㎝前後の形のよいのがぼつぼつ上がる。20㎝以下は放流しながら、８尾釣る。〔ミズ〕があったので太い物を10本ほど採ってザックに取り込む。２㎞程釣り上がったところで滝にぶつかったので今日の「魚止」にする。

時計は10時過ぎ、朝食も取っていないので納竿して、川原の平らな石に腰掛けて、魚は腸《はらわた》を取り出し、フキの葉に１尾ずつ包《くる》んでビニール袋に入れる。

腸はナイフを入れて中の汚物をきれいに取り去り、焼くなり、炒めるなりして食べるためフキの葉にくるんで、魚のビニール袋に一緒に入れてザックにパックする。

崖尻を息をきらして上がる。途中で一休みして道まで這い上がると日差しが暑い。山の中でさえ朝からこの暑さだ、今日も暑くなるのだろう。汗をかきながらも釣果に満足して、気分も良く鼻歌を歌いながら歩いて11時に車まで戻る。

昼食にスパゲティを茹でて缶詰のミートソースにする。釣ったイワナは燻製にする。生のままからだと時間がかかるので、魚焼器でぬめりが取れるまで網焼きして、鍋にアルミホイルを敷いて、その上に桜のチップ材を敷き詰め、砂糖、紅茶をひとつまみずつ入れる。

　一度に４尾を燻製器に入れて、２時間ほど蒸す。また、材料を入れ替えて残りの４尾を入れる。その間に「ミズ」を湯がいて筋を取る。魚の臓物は傷んでしまうので素煮にして冷蔵庫に入れる。

　燻製になるまでにまだ時間がかかるので、車の荷物のパッキングをし直す。作成した枠を点検して釘の補強をする。蒸し終わると４時になったので、５km走って３９７号線へ戻る。右折して９km走り、次の目的地である気仙川の源流になる中埣に入るため３４０号へ左折する。

　少し走ると途中にスーパーみたいな店があったので、氷２袋、ナス１袋、缶詰３コ、大根とイカ・昆布入り漬物、サラミを買い求める。

　世田米街道を上有住《かみありす》まで９km走り、ガソリンスタンドを右折して、中坪に向かって少し行くと、工事中で「進入禁止」の看板が出ている。Ｕターンして３４０号線へ戻り、少し上の長者洞から右折し秋丸峠の道で坂を２km上がると、車を止めるに十分な場所（五号畑）があった。気仙沼川の最源流だ。ここでビバークして明日釣りに入ることにする。

　外でテーブルを出してと考えたが、少し雨が降って来たので、車中で２個のナスを茹でて辛子醤油で食べ、漬物とイワナの燻製２本をつまみにして飲む。ウイスキーの水割りを大コップに氷をいれる。冷たい１杯目は少し薄めにしてビールのように一気に飲んで喉を潤す。少し濃い目を２杯飲んで、食事はレトルトの牛肉丼にする。小便で車を出てみると雨は止んで、生温かい風が吹いている。星も月もない夜なので当たりは真っ暗だ。こんなに夜が暗いのを最近見たことがない。下の方から水音が林を抜けてザーザーと聞こえるだけだ。

イワナを追って渓流釣り

◇７月29日（木）晴れ

５時に起床、朝食は、イワナとイワナの卵の臓物、山菜水煮入りラーメンにする。５時30分に藪こぎをして下り、入川する。

農家のあるところから１km入ってないのに川相は実によく、見るからに釣れそうだ。６時に第一投を入れる。じっと目印を見ると、駆け上がりで思ったようにチョンチョンとイワナの当たりだ。軽く合わせると22cmの天然ものだ。ちょっとした

ポイントへ餌を落とす。この辺で来るだろうと思ったところで釣れる。４時間で12尾釣れた。堰堤に来たので、これ以上釣っても仕方がないので10時納竿。戻る途中「ミズ」があったので10本ほど採取してザックに取り込む。車道まで這い上がるのだが、入川するときより道に上がる方が距離が短くて助かった。11時に戻れたので次の鵜住居川に向かう。

秋丸峠の山道を８km程走り上がり、２８３号線の釜石街道の桑畑で右折する。仙人トンネルを越えて30kmで釜石市に出る。

釜石を通過するので、市内の港の方まで行きぐるりと回って見る。漁師町で、商店街は立派な構えをしていた。実態は分からないが？

引き返して浜町で45号線に出て、鳥谷坂トンネルを抜けて８km走ると鵜住居になる。38号へ左折して大槌街道を走るが鵜住居川は大きい。源流まで行くには遠野市に近い所37km

中25km行かないとだめだ。目的地にいくのには時間と労力がいるので、14kmほど走って橋野地域を左折して沢桧川に入る。

５００mほど入ると山道になりダンプが来ると、すれ違いができない程狭い砂利道だ。日陰で車をかわす程のスペースがあるので、そこで昼食を取ることにする。飯を炊き、ナスのみそ炒めを作り、お新香と缶詰で久しぶりに米を食う。

食後、川原へ降りて見ると水量が多い。これでは釣りのポイントが難しい。荷を全て片付けて上流へ向かうと、１km程走ったら工事中で、前進不可能なので引き返す。

ここでは釣りにならないので、14km走って鵜住居へ戻り、左折して４・３km走り、大槌町で大槌川の支流に左折して、16kmほど走ると金沢地区の安瀬の沢に5時過ぎ着く。

山道に入る手前の舗装道路で、２km程入った所が人家もないのでここで泊まることにする。５時30分から入川。６時30分の1時間で12尾釣れる。

先行者の足跡があるので、通常のポイントは見送り、竿抜けのしそうなところを狙ったら何とヤマメが多いではないか。あたりが鋭く、引きはイワナの比ではない。釣れた瞬間暴れまわる。この手応えはヤマメならではの醍醐味だ。

これ以上釣ると保存に困るので、納竿して道路に上がって急いで戻る。7時になり遅い夕食の準備。すぐ暗くなるので簡単な冷麦にする。

今日釣った魚を燻製と網焼きにするため、両方のガスボンベで攻める。焼きたての大きめのイワナとヤマメ、サザエの缶詰、チクワ、お新香などをつまみにサントリーの水割りを薄めにして、ビール替わりにグイーッと一気に一杯飲む。何とも言えない上気分だ。

全部焼き終わったら12時になってしまった。いい気持ちになり椅子で一眠りして、魚が焦げてしまったものもある。魚はビニール袋に入れて冷蔵庫にしまう。天気は大丈夫のようなので一応の整理だけして車内で寝る。

◇7月30日（金）晴れ

6時に起きる。朝飯は、釣りから早めに戻り昼食と一緒にすることにして、煎餅とジュースを持参して釣りに入る。

昨日引き揚げた所まで歩いて、続きから上を攻める。昨日誰かが入っているせいかここにはいると思う所では、ほとんど入れ食いのようだ。これ以上釣っても仕方ないので11時納竿にする。腹をさばきながら数えて見ると25尾だ。

17㎝以下の小さいのは放流しての釣果だ。これだけ釣れば自信を失っていた俺でも「釣れるではないか」という気持ちになる。本格的に釣れると思われる渓相で納竿して来たので、１日中、攻めればどれだけ釣れるか解らない。

ザックの重さに満足しながら道まで這い上がり、舗装路を歩いて車に戻る。暑さを避けて車を山中の日陰の涼しい所へ移動し、昼食の準備と燻製と網焼きの両方にとりかかる。

スパゲティに魚の卵を茹でてミートソースと併せて食す。昼食後、釣りはもうあきらめて、18㎞大槌まで戻る。山田町、宮古市をへて52㎞走って田老町まで来て道の駅・田老町で車中泊する。

八戸にて旧知を訪ねる

走行中、妻から携帯電話がかかって来たので車を端に寄せて応対する。八戸の山下四朗さん（光陽印刷の後輩で家の都合で退社、故郷・八戸に移住）から電話が来たことを告げてきた。山下宅へ電話を２回入れたが、留守だ。

青森のカーフェリーに電話して８月３日、７時30分発を予約する。終わった所へタイミングよく山下さんから電話が入る。１日は夏祭りの八戸三社祭で山車が出るとのことだ。10時に着くようにすると伝える。

エンジンをかけワープロ用にアダプターをつける。たまっていた日記を３日分書く。書き終わったら12時になった。

大きなトラックが入って来て、エンジンをかけっぱなしで駐車して運転手は寝ている。大きな音が耳についてとても寝ていられないので、場所を放れて静かな所に車を移して改めて眠る。

◇７月31日（土）晴れ

５時に起きて、ランニングとパンツ、柄シャツをトイレの水を汲んで洗濯する。ミートソースの残りが半分あり、いたんではいけないのでスパゲティを茹でて食べる。

７時過ぎにスタートし、今日は釣りも寄り道もしないで真っすぐ八戸に入ることにして一路、車を走らせる。

途中で昼時になったので店の構えの立派な食堂に入る。入った時は12時で一人だったので、客が入るのかなと心配しながらメニューを見たら大衆的なものでレパートリーも広く、野菜炒め、ギョウザ、ライスを頼む。食べ終わる頃には、家族連れや会社員など６組13人ほどが入って来た。満腹になり寝不足もあったので、車中でクーラーを効かして仮眠を１時間ほど取る。

田野畑村、野田村を過ぎ久慈市まで74㎞走る。ここは渓流釣りで有名な久慈川がある。一度は釣りに来てみようかと思っていた所なので、素通りするにはもったいないので左折して市内に入る。何の建物か分からないが、斬新的な目立つ建物があるので写真を取る。箱物行政が生んだ公共建物のようである。商店街はみていないので解らない。

大きな川で下流は川幅があり、釣りをするには、春先の釣りになる。シーズンになると、源流まで行くことになるので40分近く走ることになるだろう。ぜひ一度は来よう。

45号線へ戻り種市町の階上・道の駅でトイレに立ち寄る。物産展で山下さん用に蜂蜜入りリンゴ酢を2本と、いちご煮を2個買って40分ほど54km走ったら八戸市まで4時に着く。

市内の目抜通りを進むと左にホテルがあるので、車をホテル前に止めて、これから1泊できるか問うと、大丈夫なのでホテルの駐車場は離れているが、地図に従って行き第二ホテルの駐車場に止める。歩いて戻りチェックインをする。すぐシャワーを浴びてステテコ、パンツ、靴下、タオルなどを洗濯する。

夕方はフロントで魚のおいしい所を聞き、ホテルから5分ほどの「芝亭」が界隈では有名だという店に入る。

刺身の造り、ホタテ、スズキ、島アジ、ホヤの酢のもので久しぶりに日本酒の冷酒を飲む。肴《さかな》がよくて、酒が旨ければ言うことなし。

6時から前夜祭なので、大通りまで歩いて、涼しそうな日陰を選び縁石に腰を下ろして待つ。今日

は前夜祭で明日は3時からだそうだ。

町名を書いた札を持つ人が先頭を歩く。神社の系列が、古式豊かな大名行列よろしくその当時の衣装で続く。子どもが左右に別れた綱を引いて、豪華に飾られた山車の登場である。その後にお囃子組の太鼓、笛と鐘が続き一舞台が終わる。これが総勢26組で、昨年より2組多いそうだ。豪華絢爛の山車は見事なものだ。京都の鉾とも違うし、唐津のおくんちとも違い、今まで見たことがないものだ。

ビデオと写真用のフイルムとテープは、用意してきたものを全部使い撮り切る。10時に戻りシャワーを浴びて寝る。

三社祭は、278年の歴史をもつ。享保6（1721）年豊作加護、報恩のため祭礼が行われ、おがみ神社で行列を整え、上通りから長者山に到着する。神輿は新羅神社境内の御霊屋に収まり、3日目に下通りを通ってお還りになる。

圧巻華麗絵巻！　感動渦巻く力作名場面の山車は、歌舞伎・武者物・童話に祝い物・郷土物・山と波の山車絵巻の行列3キロメートル。

◇8月1日（日）晴れ

10時にホテルを出て、指定の地で電話をすると、山下さんはセダンの車で菜月ちゃん（5歳）と迎えに来てくれた。家は車で3分位の所に、新築して5年ほどのモダンな造りの2階建てで、家の前の駐車場へ止めさせてもらい、山下さんは家の横に止めた。

山下四郎さんは、親の面倒をみなければならないので、田舎に帰ることになり、10年ほど前に退社をした元同僚だ。

家を建てた土地は親から畑地を借り受けたという。家の隣の50坪以上ある畑で、白菜や大根などの野菜を親が作っていると言う。

「三社大祭の3時までには時間があるので少し休憩をしてから観光案内をしましょう」と冷たい麦茶を飲んで一休みする。自家用車を山下さんが運転して出掛ける。

途中で山下さんは勤務する会社（繊維関連大手同士の合併で、全国５０００人規模程の会社の支店で総務をしている）へ寄ってガイドマップを取って来ると言う。

事務所の入り口はカード式オートロック管理で、山下さんは持って来た地図を広げてこの地の概略を説明してくれる。

先ずは館鼻公園に行き、八戸市長の銅像のある高台からぐるりと一望する。左手に八戸シーガルブリッジ、ポートアイランド、三角州には石油基地や東北火力発電所、太平洋金属といった第一臨海工業地帯で大会社が占めている。

右手にはこれから行く蕪島《かぶしま》が見える。蕪島は、江戸時代あたりまでは厳島《いつくしま》といわれていたそうだが、なぜ蕪島になったかは分からないと言う。

小さな島の突端に神社がある。ウミネコが繁殖のためにやってくる、繁殖期は飛んでいる数が多いため糞が落ちてくるので、糞よけのコウモリ傘がおいてある。行って見ると残っているウミネコの数は少なくなったが、飛び立てない子連れのウミネコがいる。

体は親ほどもある大きな子ども鳥が、親に餌を求めてギャーギャー鳴いているが、親は餌を与えるでもなく無視しながらも一緒にいた。

ウミネコの数は減ったとは言え、そこここにいて餌を求めて近づいてくる。カモメより大きくてクチバシが長いので、子どもなどは近づいてくると怖がって大人の後ろに身を隠す、大人でさえ不気味だ。

たくさんの鳥が人間を襲ってくるヒッチ・コックの「ザ・バード」の映画を思い出してしまう。ここのウミネコは公園の鳩などと同じで、餌を与えるから人間慣れしてしまい、自然の餌を取って子どもに与えていないのではないかと心配になる。今は葦毛崎展望台の名前になっているが、幕末頃は陣屋で海の見張りをしていたのではないかと言われている。

種市の種差海岸は、自然の芝生がきれいだ。日本一と言われるだけあって広くて大きい。人工栽培して手入れをしているのではないかと思うほどに見事に生えている。

夏は海水浴場あり岩場がありで、楽しい楽園だ。いい時期に来て良かった。

昼食は、生ウニ丼、いちご煮汁付きにする。なっちゃんはカレーライスを食べる。昼食後、一旦家に戻るために車に戻るが、車内は日射で暑くて入れない。しばらく冷房をフル回転させてから乗り込んで30分ほど走って家に着く。

なっちゃんが汗びっしょりになったので着替えをし、冷たいものを飲んで休憩してから3人で再び祭りに向かう。

車は15分ほど走って八戸の市街地に行き、車は公園の脇に止めて10分ほど会場まで歩く。

八戸三社祭りに浮かれて

山下さんの会社は、今日のお祭りのために倉庫を空けて、庭と両方に観覧用の椅子を50脚ほど並べてお客や親戚などを招待していた。

私は山下さんと一緒に招待席に腰掛ける。招待客には缶ビール、缶ジュースなどと、色々な種類が入ったつまみ一袋が配られる。通常はビールは飲まないのだが、ありがたくいただいて飲む。暑い日中に飲むビールはうまいものだ。遠慮もなく３本も飲んでしまう。飲んで待つこと30分ほどすると、太鼓と笛の音が聞こえてくる。

間もなく獅子舞２隊が登場。大人の獅子頭を被り、子どもが尾を持つ。左右に別れて道路わきの観衆におどけた獅子舞を見せる。たわむれて地べたにペタリと伏して、獅子頭をうごかせて愛嬌をふりまく。その後の一人が引く紅白幕で覆われたリヤカーが登場。ぶら下げ太鼓が積まれて、後ろから叩き手が一人でテンツク、テンツク、テンツクテン、鉦《かね》が横で歩きながらチンチキ、チンチキ、チンチキチン、笛が一緒にピーヒョロ、ピーヒョロ、ピーヒョロロと通り過ぎる。

天狗が一本歯の下駄を履いて槍を持って勇壮に歩いて行く。馬２頭が続き、１頭には灰色の羽織り袴で市長が乗り、１頭には青の羽織り袴の神主が乗る。その後には両脇に７人ずつ別れた大人侍が、丸い平傘を被って歩く。

その後に足軽が棒にカゴをつけたようなものを担ぐ。白装束で烏帽子のようなものを被った槍持ちが７人、２列で続く。馬子が左右に別れて手綱を引き、朝廷臣が騎乗する。「神明宮」と書かれたのぼり旗を左右に１本ずつもって歩く。

２本の支え棒にくくられた松の植木鉢を、前後一人ずつの白装束に黒烏帽子をつけた持ち手が両手で持って歩く。

吹き流しを１本ずつもっ

た男が左右に別れて歩く。子どもが侍姿のブルーの装束で刀を差し、丸い平傘を被り、12人が一列で続く。

白装束に烏帽子をつけた男が引く車10台には、巫女姿の女性が乗り、各台車の脇に赤い日傘を翳《かざ》し持つ白装束の男が10人。白装束が黒いとんがり帽子を被り、槍を持って1列に10人。丸い平傘を被った青の羽織り袴姿の侍が1列に12人、黒のとんがり帽子を被った白装束の男衆が神輿を台車に乗せて両脇から支えて押し、12人。

丸い平傘に灰色の羽織り袴装束の侍が、横1列に3人並ぶ。馬子が左右で手綱を引く馬に跨《また》がる赤い着物を着た神主風、子どもが花笠帽子を被り浴衣を着て山車の綱に捕まり、大人の男女が浴衣を着て山車の綱を引く。引かれる山車の一段高いところでは、鉢巻に晒しを腹に巻いた股引き姿の男が、バチを両手に持って和太鼓をドンドコ、ドンドコ、ドンドコドンと打ち鳴らす。

その下では5人の子どもたちが、小太鼓をトントコ、トントコ、トントコトンと、笛はピーヒャラ、ピーヒャラ、ピーヒャララと鉦はチンチキ、チンチキ、チンチキチンと併せ叩きながら「そーれ、そーれ、そーれ」と声をかける。それに続いて綱引き衆が「そーれ、そーれ、そーれ」と声を掛けながら綱を引いて行く。

横5m、縦7mくらいの大きな山車は、色鮮やかなかぐや姫の武者絵が描かれて、一つの飾り舞台が四方を囲って組み立てられている。組み立て式の高い飾り物は、電線に引っかからないように折り曲げ式になっていたり、幅が広いところでは、道路一杯になるほど広げられるように伸び縮みや折り曲げが出来る豪勢な山車だ。26台の山車を一通り全部見終えると6時頃になった。途中でスーパーに寄り、刺し身と酒を買って帰ると7時過ぎてしまった。

風呂を借りて汗だけ流す。クーラーがないため暑くて、汗が拭いても拭いても吹き出てくるので辟易する。子どもらを四郎さんが風呂に入れて出てきた時は8時だった。

それから夕食だ、子どもらに食べさせながら奥さんも四郎さんも食べる。奥さんは食後の食器片付けや洗濯物の整理、明日の用意をしてから風呂に入る。

2階は襖を外して3部屋をぶち抜きにしてある。窓は網戸が張ってあるので全部開け放しにして、寝る所の窓だけ開きを押さえてある。端の6畳間で休ませてもらう。

田舎は涼しいからと言うが、クーラーを使っていない今年の暑さは、都会生活が長い私には、酒が入っていることもあり寝苦しかった。疲れと酒の勢いで眠るが、気温が下がる明け方にようやく眠れた。

◇8月2日（月）晴れ

6時に起床して日記を書く。7時に朝食を一緒にいただき、7時30分には家族全員が車に乗り、私もお礼の挨拶をして一緒に車を出す。私は、十和田湖に向けて出発。

八戸から454号線の田園地帯を走り、五戸町へ出て寺沢で4号線を右折し陸羽街道で十和田市へ出る。102号線の十和田道へ左折して、十和田湖町で奥入瀬川を左手に見ながら十和田泉郷の二股を左折する。

奥入瀬・十和田・青森ねぶた

瀑布街道の自然林を走って八戸から3時間で奥入瀬に着く。初めて来た奥入瀬渓谷は、それほど広くない川だが、十和田湖からの豊かな水が両岸に茂った木々の間を滔々と流れていて、絵になる場所だ。絵描きたちが一度は描きにくる気持ちが解るような気がする。

道路脇の駐車場に車を止める。川に沿って散策路があるので30分ほど歩いて写真とビデオを撮る。家族連れや仲間たちと来ている若者たち、観光バスで団体客などでにぎわっている。

車を移動して滝のある所で車を止めて、シャッターを切るなどしながら十和田湖に11時に着く。

十和田湖は、火山噴火でできたカルデラ湖で、日本3番目の深さで327mある。60種類の落葉広葉樹、島にはナナカマド、ガマズミ、トチなど豊富な実がつき、樹齢200年のブナ、キノコは300種類、低温の湖水にはヒメマスの40cmが生息していると言う。

湖は大きくて前方には御倉半島と御倉山が見えるが全景を1カ所で一望することは出来ない。風が強いため波があり、観光用の遊覧船が走っているだけで、それがなければ自然そのものの湖である。

昼食にはまだ早いので、酸ヶ湯で取ることにして車を進める。カーブの激しい峠を上がって、頂上近くで車を止めて湖水を眺めるが全容は見えない。

スーパー林道を下り、来た道102号線へ出て左折する。十和田温泉郷の分岐を左折して、蔦川沿いに十和田湖ゴールドラインを蔦温泉を見やって、谷地温泉から笠松峠（1020m）を越え、8km下がって1時間余走らせると酸ヶ湯で、12時半過ぎに到着する。

下の駐車場の満杯が物語るように、上の2つある駐車場にまで車が半分以上止められている。端の空いている所に車を止める。

入浴するために、歩いて階段を降りて玄関に入る。ビニール袋に靴を入れて、フロントへ行って金を払い、廊下を奥へ歩いて行くと、昔で言う番台役のおやじさんが入浴券を受け取って案内をしている。中に入って、ロッカーに衣類と靴を入れて入浴する。

浴場の入り口は男女別々だが、中へ入ると手前と奥に同じくらいの大きさの浴槽が２つある、向かって左が男性用、右が女性用の札が立ててある男女混浴だ。女風呂には昔のお嬢さんたち４人が入っていた。

酸ヶ湯は名前のごとく酸が強いので有名だ。秋田県の八幡平の麓にある玉川温泉も同じ泉質で酸が強い。生傷があって入ると、沁みて飛び上がるほど刺激が強い。

酸ヶ湯は7年ほど前に来て泊まったことがあるが、光景は当時と変わっていない。違うのは、夏休みの観光シーズンで、団体バスや自家用車で下の駐車場はいっぱいになって、上の２つある駐車場まで車が止まっていることだ。

ここは湯治もできるようになっているが、どちらかと言えば観光用宿泊所としての要素が強い。セッケンやシャンプーは置いてないため、体や頭を洗うことはできない。備え付けのビニール袋を頭に被り、打たせ湯で肩と三角筋、腰、頭などに豊富な湯を当てて、痛痒くなるまで当たる。湯量と温度がちょうどよくて気持ちがいい。

湯から出て昼食に盛りソバでも食おうかと思って並んでいると、先に食べているお客が「ソバ粉が2割くらいでおいしくない」と苦言を呈していたので、食べるのはやめた。

車に戻ってコッフェルとバーナーを外に出して、暑いけれど自分で小豆島の素麺1束半を早上げ加減で茹でて水洗いし、氷水で冷やして、薬味は刻みミョウガと練りワサビを少し入れて腹一杯食べる。冷たい舌触りで歯応えがあり、喉越しが良くて何とも言えず旨い。まずそうなソバを食わなくて良かった。

3時半頃、十和田湖ゴールドラインを走って雲谷峠を越えると、坂道が青森市まで一本道で続く。一気に28kmを走り下りて4時半に青森市街地へ着く。町中は夕方でもあり、祭りのためか道は混んでいる。

食べ物屋と思われる店の前で、白い前掛けをした主人が道端に出ていたので、車を端に止めて降りて行き「どの通りをねぶたが通るか。駐車場はどこにあるのか」と聞くと「ひとつ先が会場になる道路だ。駐車場は一杯だと思うので海岸へ行って止めたらよい。今日はうるさいことは言わないと思う。しかし保証はできないのでそこは覚悟してください」と丁寧に教えてくれた。礼を述べて言われた通りに海岸端に行ったら、波除けの壁に沿ってびっしり車が止めてあった。運よく1台分が空いていたので車を入れる。10分ほど冷房に当たりながら車内から付近の様子を窺う。

ねぶた祭りは初日のため、道路規制が始まり30分遅れたら車を進入させることもできず、駐車場所も遠くまで行かなければならなかったかもしれない。通行止めになる前に駐車できてラッキーだった。

八戸の「山車」と青森市の「ねぶた」は有名なお祭りだが、ご当地では一度も見たことがなく、一度は見たいと思っていたので、偶然にも見られることは、何と幸せなことか。いい機会に巡り合えて本当によかった。

5時になったので車から出て会場方面へ歩

いて行く。祭りを見る前に夕食を取るため飲み屋へ入る。刺身をつまみに吟醸酒３００ml２本を飲む。

　飲み屋の前の道路は人が通れるだけ空けて、シートを敷いて座布団を置き、観覧席が設けられている。「お客さんそこでご覧ください」と勧められる。ありがたくお言葉に甘えて座らせていただく。

　撮影を行うので一番前に座らせていただき、観覧することにして「ねぶた」の来るのを待つ。６時からオープニングで、浴衣姿の案内が二人、提灯を持って先頭を歩いて来た。婦人会の30人ほどが踊りながら過ぎて行く。大提灯の長い竿の先に点けた竿を左右一人ずつになって担いで行く。

　役所の名入り提灯が浴衣姿の役員や男女20人ほどの片手に握られた列が続く。黄色のオープンカーが３台続く。最初は市長、２台目はミス青森３人がドレス姿で乗る、３台目は花笠を被った浴衣に襷掛けの３人の美女が乗っている。

　幅５ｍ、長さ７ｍ程の台車に、直径２ｍ50cm、長さ３ｍ程の凱旋大太鼓が乗せられ、前３人、後４人が乗って両手に直径２cm、長さ１ｍ程の棒バチをもってドンドコドン、ドンドコドンドコ、ドンドコドンと叩く。

　太鼓の横には、鉦を叩く人が左に３人、右に３人乗ってチンチキチン、チンチキチンチキ、チンチキチンと打ち鳴らす。太鼓

の後から横笛が10人くらいで、ピーピッピィピーヒャララ、ピーヒャラ ピーヒャラ ピーヒャララと歩きながら吹いて行く。

その後に子どもと大人が続き、跳人（ハネト）の若者男女たちは、頭に花笠を被り、浴衣に襷掛け、白足袋で、ハンドマイクを片手に握った男が先頭で「らっせらー、らっせらー、らっせーらー」と掛け声をかけると、みんなが揃って「らっせらー、らっせらー、らっせーらー」と合わせる。跳人は元気よく跳ねる。

綱を引くのは、半纏を着た町内会の役員や跳ねない人が引いている。その後に跳人が続く。

横5m位の大きさの張りぼての台車は、色鮮やかな武者絵が描かれた「ねぶた」を左右に乗せて揺れながら引かれて行く。後に太鼓台車、横笛、鉦、跳人と続き1集団が終わる。

それぞれの地域の「ねぶた」が、順番に繰り出されて通り過ぎて行く。終わったら8時になっていた。元気のいい跳人祭りだ。若くないとできないと思う。

感想としては、八戸の山車の方が豪華で金もかかっているように思えるが、どうなのだろう。違うのは八戸の山車は笛や鉦、太鼓のリズムに合わせてみんなが「そーれ、そーれ」と掛け声をかけて引くが、青森のねぶたは「らっせらー、らっせらー」と掛け声を出して跳ねるのが違うのと、山車が組み立てか、ねぶたは張りぼてかの違いで、笛、鉦、太鼓をみんなが引くことは似ていると思った。

祭りを見終えて車に戻る。ここで泊まるのもよいかもしれないが、海岸端で魚市場に続いていると朝早く車が通って落ち着かないので、酸ヶ湯の方向へ車を走らせる。しばらく行くと右側に山があり、道路から引っ込んだ所に大きな駐車場があった。ここに泊まることにして車を止める。

◇８月３日（火）晴れ

６時起床。朝から日差しが強く車内が暑くなってくるので、車を山の日陰のあるところへ移動する。朝食の米を２合炊く。アサリの缶詰とキュウリとナスの揉み漬を作る。みそ汁はナスとミョウガを入れて作る。飯は時間をかけて炊いたので焦げもせずうまい具合に炊けた。米から炊くご飯は、旅に出て初めてなので飯を食った充実感がある。

日陰でエンジンを回して、電話の充電をしながら、ワープロで日記を書く。

カーフェリーは４日の７時30分出港に予定変更したので、時間が余るので釣り場を探してみるが、下流なので川が大きくて釣りにはならない。地図を見ても適当な釣り場がないので、田代平温泉に行って入浴する。ここはひなびた温泉で、浴槽も小さい。観光客も酸ヶ湯のように多くはなく、空いている。

この湯は酸ヶ湯からみると八甲田山の裏側に位置している。泉質は、少し硫黄がかっており酸味はない。風呂へ入りさっぱりしてい い気分になった所で、サンダルを運動靴に履き替えて、八甲田湿原の踏み板を歩いて一回り散歩する。秋アカネトンボがうるさいほど群舞している。カメラとビデオの両方を使って湿原の草紅葉や蚊帳吊り草、山みずきの白い花が印象的なのでカメラに収める。

花の種類は尾瀬と比べると少ないようだ。湿原では小さい紫色の咲き遅れた花が残っているだけで、周りの草は赤黄色の草ももみじになって、早くも秋の気配を感じさせる。

あまり深くない水たまりのような池に、小さな赤みがかった睡蓮の葉が浮かび、黄色とピンクの蕾が三分ほど開き、開花は間もないところへ来ている。久しぶりに1時間ほどのんびり歩いたので、爽やかで清々しい気持ちになれてよかった。

朝食をたくさん食べたので腹が減らない。もう1泊を青森でねぶたを見て過ごすのも、もったいない。明日は一番早い船に乗るので、車にガソリンを給油し用意をする。

手続きが遅れたり、寝過ぎたりしてはいけないので乗船の手続きをするために青森港へ行くと、これからの18時20分発の便に空きがあると言うので、明朝の出発をキャンセルして乗船手続き（1万８２００円）をする。

乗船まで1時間30分ほどあるので、昼と夜の食事をしに市街地まで走って行く。大橋を下りたら交通規制が始まっていた。町はねぶた祭一色で、店は商売をしていない。店が開いているところは車の置き場がないので、コンビニでパンとつまみを買って急いで車を戻すが、車や観光バスが混雑して来てなかなか進まない。

乗船ギリギリの時間で戻って来たら「18時20分発の予定が、都合で20分延長して18時40分発に変更になりますのでご了承ください」のアナウンスがあったので、ホッと一安心して乗船の順番を待つ。普通4時間かかるが、偶然にもホバークラフト船なので2時間で着くと言う。乗り込んだ船室は椅子席なので、缶ビールを1本飲んで、目をつむり着船を待つ。9時20分に函館に到着した。

第2章　北海道の大地を走る

函館からの走行

下船すると暗くなっている。函館は初めての地でもあり、まずは明日、朝市を訪ねるので朝市場近くの函館駅近辺の路上に空いた所があるので止めて地図を確かめる。

食事のできる所を探し歩いたが、寿司屋しかないので飲み屋に入る。３００mlの日本酒2本と刺し身の盛り合わせで腹が一杯になり、飯は食わなかった。

北海道出身のロック民謡歌手・伊藤多喜雄の話になり、お客やマスターと息が合い話が弾む。12時過ぎに車に戻るが安心して寝られる場所ではないので、静かな民家が並ぶところへ車を移動して路上駐車で車中泊をする。

◇8月4日（水）晴れ

6時に目覚めて朝市へ車で向かう。朝市に近いガソリンスタンドの前は広い通りになっている。スタンドの横に路上駐車して歩いて行く。

夏休みの学生やＯＬ、サラリーマンなど若い人が多いのにびっくりした。東京から来たと言う熟年夫妻や関西弁で元気よくしゃべっている夫人グループがいた。

いくら丼にカニ汁付きで１５００円の朝食にする。いくら丼はそれほどでもないが、カニ汁が新鮮で旨かった。デザートにメロン一切れ100円を買って食べる。

市場を一回りする。タラバカニの生きたのが路上におかれて動いている。「今採れたばかりだよ」と、さも新鮮さを売りものにしている店で、生きカニ2・2kgを買う。生きたまま送れるように詰めてもらい、イカの塩辛をサービスしてくれたので一緒に入れ宅配便で故郷・山梨県の弟に送る。

函館は、路面電車が走っており一方通行が多い。軌道敷きレールは、車が走ると滑ったりして危ないので注意しながら走る。

予定より半日早く着いたので、5時間余裕がある。予定を変更して恵山回りで、278号線を津軽海峡を右に見ながら海岸沿いを行くことにする。

戸井町を経て45km走り恵山の道の駅で休憩する。津軽海峡の海岸が目の前にあるので、砂浜へ出てビデオと写真を撮る。

8時30分ごろ掃除に来ていた人に「朝から暑い中ご苦労さまです」と挨拶をして「道の駅を新しく設けたようですが、この地にどうしてですか」と問うと「町おこしのためです」と言う。

加えて「先に温泉地があるから行き帰りに、トイレタイムなどで休憩する人たちには便利で良いけれど、この建物を管理する人件費や経費などを考えたら経営としては成り立つんですか」と尋ねたら「自分は頼まれて来ているだけだからその辺は分からない」と言う。

トラックなどが頻繁に走る産業道路や国道の場合は、サービス面と採算面がうまくかみ合うかも知れないが、この道の駅はそういう道路でもなさそうだし、サービスステーションならこの道を走る人には好都合でありがたいことなので「どうもありがとうございました。

頑張ってください」と礼を言って再スタート。

　恵山岬の先端までは回らないで再び椴法華村《とどほっけむら》へ出て、南芽部町の内浦湾へ出たら海から霧が発生していて景色は見えない。

　風と霧の中をひたすら走ることになる。それでも時折、風の向きによって港が見えたり、昆布を干場に干している姿が見えたり、地面に広げて干していたり、漁業で生活している人々の姿がみられるのは嬉しいものだ。

　鹿部町、砂原町まで78km走り、森町を経て内浦湾を右に見ながら、強風の中を33km走って八雲町まで来ると迂回標示が出ている。

　八雲町と長万部の間が、前回の台風の影響で橋が流されて通行不能とのことだ。蛭田から先は3方向とも復旧の見通しは立たないとの情報で、迂回をせざるを得ない。迂回に近道はないので、八雲から２７７号に左折して６km程行くと二股に別れて、右の２６３号に入る。鶴見峠を越えて今金町まで40km走ると、２３０号へ直面する所を右折し、28kmほど走り美利川峠を11km経て、国縫で国道５号線へ出る。

　ここまでで通常行程の約２・５倍の距離を走る。左折して国道を10km程行き、長万部で５号線を左折してＪＲ函館線に沿って走る。

　本来は、長万部から虻田町へ出て洞爺湖へ出る予定にしていたが、２回目の迂回標示で随分遠回りをすることになる。当初の予定では行けないので最短距離の国道を走ることにする。目奈峠を越え蘭越、ニセコ高原地帯を65km走る。

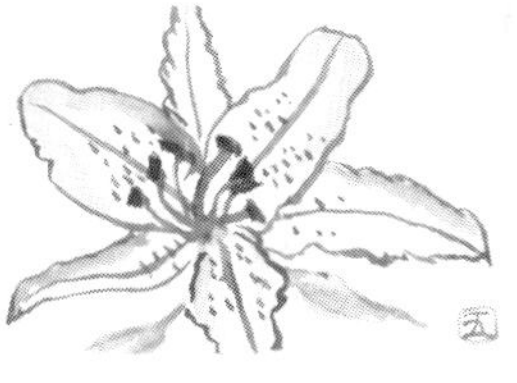

途中でコンビニに寄り、氷と茹でたトウモロコシ4本200円、アスパラ、自然食100%のジュースを15個（野菜、リンゴ、カルシュウム各5個ずつ）買う。

ニセコを過ぎた高原に牧場がある。左側にこんもりした大きな樹木の防風林があり、空き家になってそれほど年月が経っていない廃屋がある。

道を隔てて防風林の日陰があるので車を止める。昼食用のテーブルと椅子、食事セットを出して準備をする。この暑さだとクーラーの飯の残りが腐ってしまうので、水を足してお粥のように柔らかくする。サンマのかば焼き缶詰を開け、キュウリとナス、ミョウガのもみ漬、アスパラ、ナス、タマネギの野菜炒めを作って、トマトの輪切りで食事をする。

腹を満たして、豊かな気持ちでスタートする。ニセコ、倶知安、共和町を走り、仁木町と54km走って余市町へ出る。

日本海を左に見ながら海岸を22km走ると4時過ぎに小樽に着く。ビジネスホテルを2軒当たるが満室で断られる。

3軒目に電話をかけたら「ツインでよければ」とのことでチェックインする。車は車庫が一杯のため、ホテルの契約先のタワー駐車場に入れる。

シャワーを浴びて着替えて札幌の丹《たん》祈《もとむ》さんに電話する、お母さんが出たので「光陽印刷で一緒に営業にいた五味です、今、小樽にいて明日札幌に行きます。丹さんのご都合がよろしければお会いしたいと思い、お電話しました。お手紙も差し上げてお知らせしておきましたが」と言うと「祈は入院しています」とのこと。

元気な姿で会えると思って楽しみにしていたのに、何か申しわけないことをした気持ちになる。どんな病気かも分からないが、丹ちゃん独特のスマイルをもう一度見たいと思うが、元気で会える時があるだろうか、心配になる。

小樽運河に向かう。以前来た時は昼間だったが、夜と昼では雰囲気が全然違う。色とりどりのネオンが運河に写って光る様は、芸術的でさえある。運河と店になった倉庫などをビデオに収める。

昔は倉庫だった建物が外観はそのままだが、中を改造して今では魚料理、洋食など、若者向きな飲食店になっている。倉庫は中がそのままで天上の高い所には２階を作って客席と

して活用している所もあり、これが観光地としてデートに、食事に、有名な飲食店街になっている。

「北海道食いっくし店」に入る。料理だけで４５００円コースで肉、魚、貝、カニ、ジャガ芋、タマネギ、ニンジン、椎茸の炭火焼きで赤ワインの７２０mlを１本空ける。

カニの本場なのでタラバ蟹の焼いたのがうまかった。肉も柔らかくて厚切りのステーキがワインにマッチして、ペロリと食べてしまう。ホタテも表面をあぶる程度で、柔らかくてうまい。全部はとても食べ切れないので、脇のテーブルの若いカップルに、手をつけてない残りを食べるかと聞いたら、食べると言うので皿ごと差し上げて店を出る。

ほろ酔い加減でふらふらといい気持ちになってホテルに帰る。食事で汗だくになった下着を洗濯して、シャワーを浴びて就寝。

定山渓入り前の川釣り

◇8月5日（木）晴れ

6時起床、7時から朝食なので、下の食堂に降りて和食を食べて日記を書く。10時にチェックアウト。小樽を後にして定山渓に向かう。小樽定山渓線を朝里峠に差しかかる所まで行って、燃料ゲージを見たら半分以下になっている。燃料を満タンにしておかないと途中でガス欠になっては困るので、スタンドのある所まで引き返して給油する。

朝里峠を越えて7㎞程走ると、定山渓に入る手前に釣りができそうな川が現れたので、右側に山道の入口があるので車を止める。釣り用半長靴を履いて入川する。

車道に沿って15ｍほどの川原で3ｍ幅くらいの水が流れているが、多くの人が入っているようで靴の踏み跡が固まっている。

大きな淵があるので、流れの荒い背の脇から6・1ｍの竿に1・5ｍの仕掛けの針にぶどう虫の餌をつけて、糸を振り込む。

駆け上がりまで来たらツンツンと当たりがあるので軽く合わせると、ククーッと糸が引き込まれる。この感触だと15㎝位のものではないかと引き抜いてみると、やはり17㎝の今まで見たこともない名前の分からない魚だ。ウグイに似ているが、ウグイより太めで丈《たけ》が短く、うろこがザラザラして荒い。

もう1種類は、オイカワのように白くて銀光りする。大きいので15㎝くらいなので、オイカワだろう。この辺で喰いつくと思う所で15尾ほど釣るが、全部リリース。

北海道まできてこんな釣りでは面白くないので、場所を変えるため本流に流れ込んでいる山側の支流に入る。10㎝〜17㎝の小ヤマメがたくさんいる。

大きいのを釣りたくて竿を出すが、ポイントでは必ず釣れたが小さいので、みんなリリースする。５００ｍくらい釣りあがって行った所で餌がなくなる。

熊が心配なので納竿して切り上げる。汗をかいたのでシャツを川の水で洗う。バケツに水を汲んでフロントガラスからボディまで一通りきれいに洗う。きれいになった所で定山渓に向かう。

39㎞走って定山渓着。風呂に入ろうかと思ったが、大きなホテルで観光バスや風呂に入る人が多いので、やめて２３０号の国道へ出て札幌駅へ向かう。

雨の札幌・まつり

道は広いが、都会のように混雑していないので南区、豊平区を経て29㎞をスムーズに走って市内の大通り公園までくる。

ホテルをさがしてフロントに行って聞いたが、満室とのことだ。「ホテルの情報が得られるものがありましたらいただけませんか」とお願いしたら、ホテルの案内地図とホテルと電話番号一覧をコピーしてくれた。丁重にお礼を述べて、車内で2軒に電話をする。

1軒は、以前に泊まったホテルで空いてはいるが、シングル素泊まりで１５０００円と高いのでこちらから断る。もう1軒はグリーンホテルで、第一、第二、第三まであり、８５００円だが「駐車場が一杯なので一般の駐車場を借りてください」と。駐車料が２６００円は高いが、１５０００円から比べれば安いし、すすき野に近いのがよかったので、チェックインする。

ホテルは駅からは遠いが、すすき野へは５分も歩けば行けるので、食べ物屋も飲み屋も安い所がたくさんあるのでラッキーだ。

シャワーを浴びると汗をかくので、洗濯は後にして夕飯をとりに外出。すすき野祭が今日から始まると言うので立ち止まって見る。

車道は交通規制して、イベント用舞台が作られている。その上でオープニングを地元出身なのか、女性歌手が演歌を歌っていた。にわか会場には座り込んで見物をしている人、その後ろに立ってずらりと並んで見る人で通りは一杯だ。全部見てから飲むのもよいが、腹が減ったので少しだけ見て、飲み屋を探しに横町へ折れる。

ちょっとしたビルで、しゃれた感じの店「富士」に入ると「お一人の方は3階までお上がりください」と言われて上がると、カウンター席へ案内された。一人の場合は、テーブルよりカウンターの方が、板前さんなどと話が出来るのでよかった。ワインのハーフサイズをビール代わりに1杯飲む。「刺し身はつぶがいいですよ」と勧められる。お造り（イカ、中とろ、ツブ、ホタテ）をつまみに「男山」の純米吟醸酒をコップに2杯飲むといい気持ちになって引き上げる。

帰りにすすき野のラーメン横丁へよる。ラーメンは暑くて食欲が出ないので、冷やしそばと餃子（3袋）を食べて帰る。酔っているし腹も一杯なので、シャワーを浴びずに眠る。

◇8月6日（金）雨のち曇り晴れ

朝5時に目が覚めて、外を見たら雨が降っているようだ。シャワーを浴びて洗濯をする。天気も悪いので車中で乾かすことにして部屋のハンガーにかけて4時間ほどだけでも干す。7時から食堂に降りて和食を食べ、日記を書く。

今日の順路の確認をする。予定は市内見物で、時計台、赤レンガの旧庁舎、北大植物園である。雨が降ると歩きなので動きづらいが、初めての地なので元気を出して楽しみながら行くことにする。

天候を考え、ホテルは後で探すと面倒になるので今宵も「グリーンホテル第三」に連泊することにする。ちなみに２６００円の駐車場は高いので、安い所がないかと苦情を言うと、「１０００円＋消費税である」とのことでお願いして連泊を予約し、駐車場料金１０５０円を前払いする。

駐車場の受付から車の鍵を受け取って、小雨の中を時計台に行く。駐車場がないので近くの民間の自動開閉駐車場に止める。

傘を差して歩いて時計台まで行く。札幌農学校の演舞場として明治11年に建てられた。ビルの谷間で、今なお時計台の鐘は鳴り続けている。

見物は私だけではなく、家族連れや一人だけの旅人や学生などたくさんの人が来ている。時計台には札幌歴史館がある。中には入らず時計台の撮影だけして移動する。赤レンガの北海道旧庁舎はここから10分ほど歩く。

北海道旧庁舎は、明治12（１８７９）年に建造された明治を代表する優れた建物である。庭では郵便局が切手シートを出張販売していたり、キヨスクの売店のようなちいさなボックスのみやげもの店がジュースやフイルム、観光案内や雑誌なども売っていた。

赤レンガの建物と庭の撮影を行う。旧庁舎の中に入り、資料を見る。１階には北海道の歴史書を集めた文書館がある。

２階廊下には、地元の絵描きさんのものと思われる１００号の具象の油絵が10点ほど壁に飾られている。部屋は昔のままで、音感部屋として小ホールに使われたり、イベントの準備をしている部屋、工芸教室などがある。誰でも参加でき、実習ができるよう市民に解放しているようだ。

油絵を見ていると、土砂降りの雨が降ってくる。北海道はあまり雨は降らないと聞いていたが、夏特有の通り雨で降ったり止んだりしている。

北海道名物として代表的なラベンダー畑の写真が、80円の切手シートになっていたので買い求める。庁舎を出るころには雨も止み、5分程歩いて次の北大植物園に入る。

潅木や湿地植物、温暖植物などが面積13万４０００㎡に６０００種類あると言う。バラスが敷かれた通りもあれば、雨でぬかるんだ泥道もある。靴を汚しながら土を踏み締めて１時間余り見て歩く。見たこともない珍しい植物、名前の分からなかったもの、誤解をしていたものが確認できたことは良かった。

昼飯は、駐車場近くの地下にある「満腹亭」でとる。ここのマスターが面白い人で「コロッケの実演販売をしながら全国のデパートを回ってきた」と言う。「バブルが弾ける前は、交通費は出るわ、日当はでるわ、で儲かったものだ」と言う。

「僕は喋りながら実演をして売って来た営業マンだったから、これが今に活きているよ」と、自分の食事時間もあるだろうに食事もせずに、初めての私に暇な男だと見たのか、実によく話してくれて30分以上も話し込んでしまう。

気安くなったついでに、マスターに釣具店を教えてもらい、釣り餌を買いにいく。店が解らなくて捜すと、間口が狭くて看板が木の陰に隠れていて解りづらい所に店があった。

みみず１包みとぶどう虫２包み買い求めてホテルに帰る。シャワーを浴びてから夕食のため「すすき野」へ行く。今日は、祭りの２日目のイベントが行われていた。

太鼓と神輿が小雨の降る中で用意していた。開始の時間になると、オープニングは太鼓の共演、太鼓の陣列が25人ほどがいて、舞台上に５人、舞台下に１列20人ほどがいて、７〜８人が一つの組で白装束あり、緑の半纏を着た組ありで、３組に別れて指揮者の合図でそれぞれが太鼓を順々に打ったり、最初の１組と最後の一組が一緒に打つというような変化をつけて叩いていた。

お囃子の山車が笛をピーヒャラ、ピーヒャラ、ピーヒャララ、小太鼓がテンツク、テンツク、テンツクテン、鉦がチンチキ、チンチキ、チンチキチンの音が合奏され、囃し立てられる。男神輿の上には二人の男が乗って、下で叩く拍子木のチャン、チャン、チャン、チャンと叩く音に合わせて「ほっ、ほいや、ほっ、ほいや」の声を掛けると、担ぎ手が「ほいや、ほいや」と発声してほっ（上）ほいや（担ぎ手）、ほっ（上）ほいや（担ぎ手）になる。

お囃子と掛け声のリズムに併せ、神輿は緩やかな動きで町内の練り歩きに出て行った。

珍しいのは、神輿の上に二人の大人が上がって掛け声を送っていることだ。一般的には「神輿は神聖なもので、神輿に人が乗ると汚すことになる」と聞いたが、所変われば神輿も変わる、と言うことだろうか。

それにしても祭りとはいいものだ、何処の地に来ても、お囃子の音色は心を明るく、軽やかに、楽しくさせて浮き浮きして来るから不思議である。

昨日の店が、安くて質もよくてうまかったので、今日も「富士」へ行く。３階に上がって行き、昨日と同じ所へ座ったら、昨日の板前さんがいて「いらっしゃい、2日続けてありがとうございます」と言うから「昨日はおいしい魚をありがとうございました。また板さんの顔を見たくなって来たよ」「ありがとうございます」と息が合う。

昨日おいしかったつぶの刺し身とホヤの酢の物とカツオの刺し身を頼み、３００mlの「男山」吟醸酒を2本飲んでいると、隣に年恰好は私より少し若いが、同年代の男性が座って、板さんと何やら話して、ビールをしばらく飲んでから話しかけて来た。

「失礼ですが、どちらからお出ですか」と聞かれたので、「東京から日本一周で、昨日札幌に着いて、夕べここへ来て美味しかったから連チャンで来ています」と言うと、「多分土地の人ではなさそうだと思った。土地の人は一人でこうした所で飲まないので」と言う。

「お客さんはどちらからお出でになったんですか」と問うと「紋別郡白滝村からバスで人を乗せて来て、今日は札幌へ泊まるので一杯飲みにきた。友だちの女性が来るので待ち合わせをしている」と言う。「それは結構ではありませんか」と言うと、「どちらへ行かれるんですか」と言うから「北海道は3週間で回る予定で、イワナ釣りをしたり、名所は写真やビデオを撮りながら回る」と言うと、「北海道に24の村があるが、私の所はその中の一つで白滝村の役場に勤めている」と言って名前と住所、電話番号を教えてくれた。そして「この店でイトコが板前を奥でやっている」と言う。「板前さんにイトコを呼んでくれるように」言うと、イトコが出て来て「いらっしゃいませ」と一言挨拶をして、もってきたエビの刺し身を差し入れて「ごゆっくりどうぞ」と言って奥に入って行った。

「五味さん、近くへ来たらぜひ寄ってください」と言う。「ありがとうございます。初めての人にそうまで言っていただくと光栄です。その節はよろしくお願いします」と頭を下げる。

「あんたはいい人だ、僕の人を見る目は狂いはなかった」と言われる。そんなことで、ビールを注《つ》いだり、つがれたりして飲めないビールを少し飲んで話をしていたら、30歳前後の気立てが良さそうな、はきはきした女性が現れる。アート系の企画会社に勤務していると紹介してくれた。二人で少しの時間飲んで、退出時に「五味さん、ぜひ寄ってください」と言って出て行った。

酔い心地がよくなった帰りに、すすき野で有名な「寶龍」に寄ってラーメンを食う。この売り物はカニ入りラーメンだが、カニが入ると食うのが面倒なので野菜入りラーメンにした。食べて出た時は、雨が上がっていた。

富良野から網走へ

◇8月7日（土）晴れ

6時に起床する。きょうのコースの確認のために観光案内と地図に目を通す。予定より1日余裕があるので、一気に日高から網走に向かわずに、富良野へ向かうことにする。

駅前通りを北一条雁北通りを右折すると12号線になる。白石区から大谷地へ出て274号線に入って北広島市から長沼町、由仁町で丁字を左折して夕張市まで67km走る。

さらに51km走り日高町の交差点を237号線に左折、しばらく走ると途中に左右平らな落葉樹林になり、双珠別パーキング休憩所がある。

トイレ休憩に入り、車は1台も止まっていないが端に止めてランチタイムにする。昼食用にバーナー、コッフェル、水タンク、クーラーボックスを出す。

一番大きなコッフェルに水7分目を入れる。沸騰した湯に冷麦用の麺を1束入れて、2分弱茹でる。湯を捨てて手早く水洗いして、氷水に浸して麺が伸びないうちに薬味のミョウガとワサビを入れて食べる。夏はこれに限る。薬味のミョウガは、2分弱の湯が沸くまでに刻んで、インスタントのチューブ入りワサビを用意する。デザートに昨日の茹でたトウモロコシを半分食べる。

占冠から金山峠を越えて空知川に沿って59km走ると富良野へ入る。さらに34km走ると上富良野に到着。日の出公園には大きな町営の駐車場があるが、車はすでに8台止まっている。公園の出入口にみやげもの屋が2軒ある。

駐車場からラベンダーが植えられている丘に上がるには、ラベンダー畑に１・５ｍ幅の砂利道が通っている。両側には幅50㎝位の花山があり、紫や赤、黄色、白と色とりどりの花が咲いていている坂道を上ると小高い丘になっている。

丘には2階建ての展望台がある。階段を上ると当たり一面がラベンダー畑で、最盛時には紫の花が一杯で豪快だろうと思う。残念だが花の最盛期は終わった後で、きれいに咲いているものはなく、色がくすんでいた。下方を見るとラベンダー畑の向こうに富良野の市街地が見える。ぐるりとラベンダー畑を見回して、斜面より上の方を見ると十勝岳（２０７７ｍ）や美瑛岳（２０５２ｍ）、オプタテシケ山（２０１３ｍ）などが煙ったように見える。

ラベンダーを撮影する予定で来たので、記念にビデオと写真を撮る。帰りはみやげもの屋でラベンダーのドライフラワーと、ラベンダーの花だけを乾燥させた透明のプラスチック容器に詰められた香りものを各２個ずつと絵葉書を土産に買い求める。

十勝岳温泉に寄ろうかと考えたが、これから20㎞ほども坂道を上がって山中深く入ると、時間がかかることと暑い中を走ると疲労するので意欲が湧かなくて止めにする。道の駅「ピア21しほろ」へ向けて44㎞走る。東山やなぎから、しらはぎを経て樹海峠を越えて22㎞で南富良野の道の駅であり、トイレタイムを取る。

畑を見たらラベンダーが咲いていて、先程よりきれいなので、シャッターを切る。富良野のメロンはおいしいと言われていたので、３個入りを買い求めて自宅宛にゆうパックで送る。

　メロンを販売している人に「夕張メロンと富良野のメロンを食べ比べた場合、どちらがうまいと思いますか」と尋ねると「好きずきだと思いますが、私は富良野の方が好きですね」と言う。「自分で売っているからではないですか」と言うと「夕張の方は癖というか特徴がありますので、私は富良野の方が好きです」と言うことだった。富良野のメロンを試食で出してくれたので食べて見たが、「私は以前食べた夕張の方が、味が濃くてうまみがある」と答える。


　空知川源流に向かって走り、狩勝峠を越えると下り坂で新得町になる。この辺は牧場があるのとジャガ芋やトウモロコシ、大豆などをつくっている。

　今年の作柄はどうなのかは分からない。車を37km走らせると「薬草温泉」と書いた看板が出ていて、小さい建物の温泉があるので風呂代400円を払って入る。

　何の薬草か解らないが、茶色をした湯で暖まることはよいが、夏なので汗がなかなか引かないで困った。セッケンもおいてなければ、扇風機もないサービスの悪い温泉だ。これでは流行らないのではないかと思った。オートバイが3台止まっていた。近くにキャンプ場があるのでキャンパーやライダーたちが来るようで、青年たちが5人が入っていた。

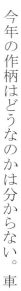

湯から出て、坂を下って来ると暗くなって来た。道を迷いそうで「ピア21しほろ」の道の駅まで行くには1時間余かかりそうだ。

広い畑が続き、街灯のない暗い道を走って道を間違えたり、事故でも起こすと嫌なので横道に入り、寝場所を探してゆっくり走る。木陰があり車の騒音のない所を求めて坂を上がって行くと、樹木に囲まれた丘の上に出た。平らに整地されている。

標識が立っているので降りてヘッドランプで見ると「鹿追健康公園」と書いてある。下の方を見ると、はるか先に鹿追町の灯りが見える。夏祭りなのだろう、太鼓の音がかすかに聞こえてくる。なかなか雰囲気のよい場所だ。ここで泊まることにする。

車中で赤貝の缶詰を開けて、サントリーホワイトの氷入り水割りを薄めにして飲む。暑い時の水割りはいつ飲んでも実にうまい。

スパゲティを茹でて、レトルトのミートソースを温めて食事にする。ワープロで日記を書くが、眠くて止めて寝る。

◇8月8日（日）晴れ

5時に起きて、荷物を一旦降ろして、車のエンジンとバッテリー液の点検をして、整理したついでに積みなおす。

朝食はラーメンとトウモロコシにする。昨日と今日の日記をワープロで入力する。

１３３号から鹿追町へ８kmを走って２７４号へ左折して15km程北上して右折すると、真っすぐな道が22km も続く。今まで走ってきた中で一番長い直線道路だ。

左右は広大な畑でトウモロコシ、大豆もあるが、ジャガ芋が主に植えられていた。ジャガ芋は葉が青々している所、葉が枯れている所とあるが、枯れた所は収穫期なのだろうか？

トウモロコシは、背丈は1m50～60cmくらいだが、実は細くて小さく青々しているので結実はしていないようだ。食用なのか、飼料用なのかは解らない。

大豆は青々したものが殆どのようだが、実ってから採り込み、穀類用として一般的に使用するものなのか、酒のつまみなどに出てくる青いうちに収穫して枝豆とするのか、青いまま真空パックして1年中使用できるものなのか、どうかは解らない。

東へ6km走り続けると士幌へ出る。士幌を北上して上士幌へくると273号線になる。この辺は、広大な農業地帯である。層雲峡への近道は西瓜幕から85号線の鹿追糠平線をまっすぐ北上して然別湖へ出て、山田温泉を通過して幌鹿峠を越えて糠平へ出ればよいのだが、山道は細くて曲がりくねっていたり、初めての道は解らないので、多少遠回りでもやむを得ず遠回りをする。

然別湖で、「おしょろこま」でも釣って見たいと思うが、見送る。

上士幌を経て、糠平ダム湖を右に見て64kmほど山中を走ると、三国峠に差しかかる。結構な勾配で、車はあえいで上るとトンネルになる。一気に走り抜けて20kmほど坂を下ると、途中右手に大雪湖を見て走り終わると39号線に直面、左折してさらに10km下がると層雲峡に着く。

車を止めて写真とビデオを撮る。層雲峡は、黒岳山麓の渓谷の中にある大温泉郷である。旅館、民宿、ホテルなど30軒くらい、みやげもの屋も多い。

地方の人に、町営なのかグループ経営なのか解らないが、公衆浴場・不老の湯を聞いて、熊の岳湯に入浴する。露天風呂もあり、黒岳が目の前に眺められる。

黒岳や大雪山の登山客、観光客などで混んでいる。泉質は無色透明の硫化水泉。出てから遅い昼食をとるため中華ソバ屋に入る。野菜炒めライスと考えていたが、店に入ってメニューを見ると、ご飯ものはお握りとカツ丼だけである。中華と書いてあるので、ラーメン店と言うより、ご飯ものや餃子くらいはあると思って入ったのに、月並みのラーメン屋で、仕方なしにカツ丼を頼む。時間がかかって出て来た丼は、肉もちゃんとしているし、地方にしては良心的な質と味ではないかと思いつつ食べた。

39号線の来た道を戻り、途中で右に入ると銀河・流星の滝があり、層雲峡を代表する滝なので、車を道の端にエンジンを掛けたまま止めてビデオとカメラを撮る。

滝の趣は対照的だが、いずれも１１８ｍの高さから豪快に水がほとばしっている。

滝から39号へ戻り、右折し直進して23km走る。石北峠に向かうと余りにも単調な直線道路が続き眠くなってきて危険なので、道路の端に車を止める。エンジンをかけたままクーラーを利かせて一眠りしようとするが、広い道路ではないので、車が横を走りすぎると、落ち着いて寝ていられない。

昼食をした時に少し休憩時間をとればよかったと思った。10分ほど目を閉じて休憩したらすっきりしたので、車を走らせる。

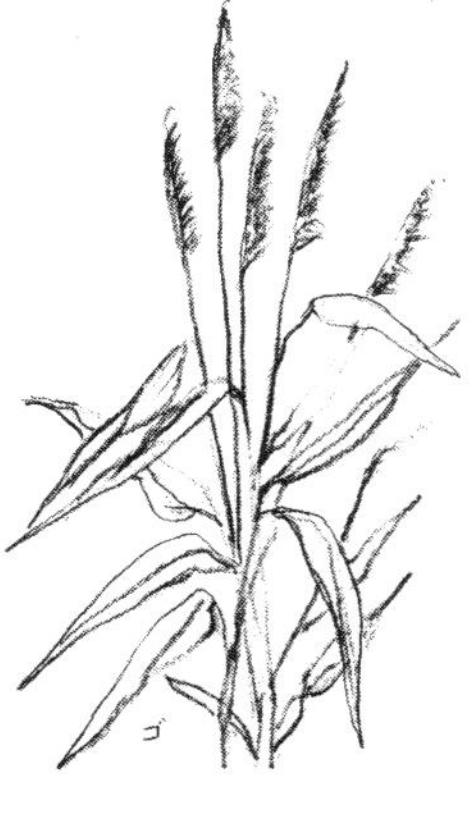

峠を越えて富士見、北見市街まで49kmを走り抜ける。留辺蘂《るべしべ》町を過ぎ、端野町で右折して美幌町へ出て39号線をさらに25km走る。

途中、女満別空港へ寄って駐車場の様子を確かめて見る。予定では女満別から空路、本人だけ東京の自宅に一旦、帰ることにしていた。車はこちらに止めて置く予定だった。「3日以上の駐車はご遠慮ください」という札が立っている。

どうしたものかと思案した結果、レンタカー店が3軒あるので、手前の三菱のレンタカーの事務所へ寄って4日以上車を止めることになるが、駐車場はないかと聞くと「ここは開発中なのでそのようなものはないよ」と支配人に言われる。20歳ちょっとの女子事務員が、「1週間止めている人もいるから大丈夫だよ」と言ってくれたので、ほっとしてお礼を言って出ようとしたら、「もしもだめなようでしたらここへ止めてもいいよ」と支配人が言ってくれた。心に染みる有難い一言だった。

心から礼を言って車を網走に向ける。15分程で22km走ると市内に入る。2軒のホテルに行ってフロントで聞いたが、2軒とも満室。2軒目のホテルで周辺のホテル案内の電話番号一覧をくれたので、ありがたく心から礼を述べる。

来る途中で、ビジネスホテルの看板が出ていた「幸楽」へ電話をしたら、OKだった。地図をみたら網走湖まで6km戻ることになる。気をつけながら走ると右側に平屋の建物で「ビジネスホテル幸楽」の看板が出ていた。

値段は素泊まり3500円と、今までで一番安い。ただし、クーラーはないし、シャワー室もしぶき除けが着いておらず、バスの背も低い。シャワーを浴びながら洗濯する。

フロントへ行き、支配人に近辺の食堂を聞

く。「玄関を出て右に5分ほど歩くと、通りの反対側に中華屋さんがある」「他にはないですか？」「ない」と言う。支配人が「このところの暑さは記録的で、こんなに暑い日が続くとジャガ芋が質のよいものができなくなる」と言う。「どうしてか」と聞くと「自分でも作っているが陽に灼けた芋はおいしくない」と言う。

夕食を食べに外に出る。言われた通りに歩いて行くと、向かい側に中華ソバ屋があるので入る。奥さんはぶっきらぼうで愛想が悪い。「これでよく食べ物屋がやって行けるな」と思った。おやじは職人らしく数字や細かいことは不向きと見える。

どこからか虫が厨房に飛び込んできた。見るとカブトムシのような飛び方なので「雌のカブトムシではないか」と私が言う。奥さんは何の虫か解らないので「早く捕まえてよ」とおやじに言う。おやじがはたき落として足で踏み潰したので、「何の虫ですか」と聞いたら「雌のカブトムシ」だと言う。踏み潰さないで、捕まえて外へ放してやればいいのにと思ったが、どうしようもない。

帰って、テレビに１００円を入れて野球を見ながら、明日の飛行機の時間を確認する。

今までは冷房はつけてなくても過ごせて来たが、今年は例外な暑さだという。この暑さだと網走と言えども、夜は冷房なしでは安眠ができないだろうと思う。窓を開けて寝たけれど暑苦しくて何回も目を覚ましてしまう。

◇8月9日（月）晴れ

5時に起きて日記を書く。7時のニュースを見る。夜暑くて寝汗をかいたのでシャワーを浴びる。食事時間より30分遅れて7時30分に食堂へ行ったら、この日、自分を含めて9

人の宿泊者だが、８人全員がすでに食べ終わっていた。

部屋に戻って８時15分のＮＨＫドラマ「すずらん」を見る。高校野球は京都・福知山と岩手・盛岡中央高校の試合を見る。福知山のそつない守備とエースの球が切れがよく、岩手は打ち崩せない。このままでは福知山が勝つだろうと思っていたら６対２で福知山勝った。

９時30分にチェックアウトして車内で髭を剃る。今日の網走は暑いが、クーラーを最大に効かせて女満別空港に向けてスタート。車が少ないのはほっとする。

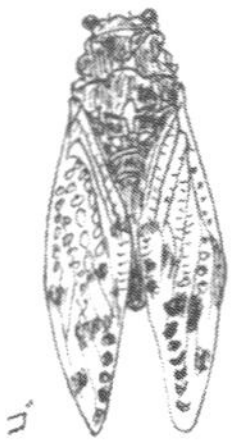

女満別から空路一時帰宅

10㎞ほど走り空港の手前に来ると森がある。砂利道に入ると木陰で涼しい所があるので、クーラーに入れておいた釣り用の餌は、車中だと暑さで氷が溶けると死んでしまうので、土を掘ってビニール袋のまま埋める。餌は戻り道で寄って生死の確認をすることにする。野菜は腐るから藪の中へ捨てる。空港の駐車場へ行き、空いている場所を探して止める。昨日のアドバイスを生かして、停車させて結果を見ることにする。

１時間30分ほど早いが空港へ入る。テレビで野球を見て待つことにする。フライトのアナウンスがあったので、搭乗待合所へ入るために荷物の検閲を受けて入る。

搭乗する際に、自動の切符改札所で引っ掛かってしまう。恥ずかしいかな、チェックを忘れて入ってしまったからだ。改札の係員がチェック場所に電話すると、係員が走って搭乗券をもってきて間に合ったが、お手数をわずらわせる失敗をしてしまう。

ＪＡＬは予定時間通りに出発できるとのアナウンスがあった。機内に入るとジャンボのため両方の窓側に人がいるくらいで、真ん中は殆ど空席である。先発の、30分早いＡＮＡ機の方が人が多かった。どちらにしても満席には程遠い状況だ。これでは赤字路線になっているのではないか、と心配してしまう。

１時30分羽田着、予定通りの飛行時間で無事到着する。東京駅で自宅に電話をして、着いたことを伝え、釣り仲間で出版プロダクションの盟友・加藤海二さんの会社の電話番号を聞く。

昼食は、東京駅地下街の弁当食の店に入る。マグロ刺身とエビの天麩羅２本、煮物とお新香とみそ汁付きを９９８円（税込み）で食べる。その後、神楽坂の誠美堂へフイルム８本の現像・焼付けを依頼するために立ち寄る。

ここまで来たのだから「会社へも顔を出して行こう」と思い、木村屋で、１００％ジュースの贈答用を５２５０円で買い求めて、重いけど持参して古巣の会社の社長室へ届けた。社長がいて「旅はどうだい」「なんでそんな気になったのか、目的は何か」「定年の心境はどうだ」「泊まりはどうしているのだ」などと聞かれる。

「順調に行っているが、自然には勝てない。北海道も7月の中頃から月末にかけて大雨が降り、国道に架かる橋が流されて迂回をしなければならず、迂回には近道はないので大幅に時間が狂った。さらに8月に入っての記録的な猛暑は地元でもびっくりしており、この暑さが続くとジャガ芋にはよくない」という話の受け売りをする。「お陰で日焼けして黒くなったが2kg痩せた」と伝えた。

「旅の目的は、定年は制度なので会社とは区切りはつくが、人生は終わりではなく、折り返し点のスタートだと考えた。今後の人生をどうするか考えるには、家でゴロゴロして職安通いをしても、もったいないので、旅をしながら外から自分を見直して見るのも一つの方法ではないかと考え、実行することにした。心境と言えば、元気で働けるのに制度でやめざるを得ない気持ちは、今までは会社が倒産して会社を変えて来たこともあるが、そうした気持ちとは違って誠に複雑な気持ちだった。何と表現してよいのか形容しがたいのが率直な気持ちだ」と述べた。

「宿泊は、基本的にはビジネスホテルで、釣りをした場所は宿がなかったり、連絡も取れないので車中泊にした」など40分ほど社長に話す。

営業職場に顔を出した後、元同僚と馴染みの神楽坂の店で一杯飲む。

今日は長崎被爆54年の原水禁大会が開かれている。国会では、盗聴法改悪案が衆議院を自自路線に公明が賛成に回って、国会がブレーキの壊れた自動車のような重要法案が数の力ですいすい通ってしまう。危険この上ないことだ。

◇8月10日（火）晴れ

７時起床、久しぶりに自宅で高校野球をみてくつろぐ、シャワーを浴びて昼はソーメンを食べて、招待状をもらっていた上野の東京美術館へ平和展を見に行く。

沼田秀郷先生は腰が痛いと言っていたので、どうされたかと案じていたが、新作と旧作２点を出品していた。矢田健爾先生は曼陀羅、佐藤さんは２点の内１点は大きい力作を出していた。宮本和郎先生はスイスの山に花が咲く絵・50号くらいか。根岸君夫先生は永井先生の「顔」を出していた。石野泰之先生は景色、永井潔先生は静物、箕田源次郎先生は人物子ども。

帰りにヨドバシカメラに寄り、ビデオテープ90分５本入りを買う。東陽町に着きバスで南砂４丁目のオートバックスへ行き、車の窓の日除けと傷直しのパテ、補修カラーペイント、カラーペンなどを購入して帰る。

高校野球第４試合は、甲子園球場が夕立で中止になった。夕飯後に「澤の井」の生酒を飲む。疲れているためか、すぐ酔いが回り眠くなってしまう。就寝。

◇8月11日（水）晴れ

今日は甲子園が雨のため高校野球は中止で順延になった。９時30分に床屋へ行ったが２時間は待たされそうなので、ハローワークの予約受付に間に合わなくなるため自宅に戻りワープロで日記を書く。昼食後１時になったので、暑いのと時間がなくなったのでハローワークへタクシーで行く。

着いて書類を提出しようとしたら、肝心な写真付きの申請書を置き忘れてしまい、急いでタクシーで家に取りに戻る。待たせたタクシーでトンボ返りで駆け込む。すぐ書類審査が行われ、5分ほどで認定され、名前を呼ばれて書類を渡された。

　暑いので地下鉄で一駅だが「木場」から乗り、「東陽町」で降りて団地内の行きつけの床屋「あすか」へ寄る。


　海二さんに電話を入れたら、仕事がトラぶり忙しいので待ち合わせは8時にしてほしい、と言う。それまで自宅で記録の整理や日記をワープロ入力する。7時に家を出て神楽坂まで行く。誠美堂へ写真の現像を取りに寄るが、留守で少し待つが、戻って来ないし暑いので待ち合わせの「菊ずし」へ行く。腹も空いているので飲みながら待つことにする。

　誠美堂に電話をしたら、マスターがいたので経緯を話すと、「菊ずし」まで届けてくれた。8時になったので海二さんに電話を入れると、すでに出ていてもう着く頃だと言う。待ったらすぐ来た。

　釣果と写真を見せて、大槻川の支流で釣れたことを話す。今度行く時には、長時間歩く釣りから、無理をしなくてよい釣りの場所として「ここへ行こうと」と言うことになる。

　閉店の時間になったので、私が声を掛けたのだからと支払いをして出る。「もう少し話しますか」と聞いたら「胃潰瘍なので自重するよ」とのことで礼を言って別れる。


　国会では、盗聴法、「国民背番号」法が可決。

第3章　北海道再上陸・家族旅行

網走へ家族とともに

◇8月13日（金）晴れ

5時起床、今日は、妻と娘家族3人揃って女満別まで行くので、ベランダの花に水をやり、おにぎり3個（たらこ・さけ・葉唐辛子漬け）、吸い物、お新香、ひじきなどで3人で朝食をする。妻は赤旗新聞の配布をすませた後、6時40分揃って家を出る。

盆休みで移動する人が多いため、東京駅は早い時間にも関わらず、子ども連れ家族が多い。京浜東北線で浜松町まで行き、モノレールに乗る。4分間隔で出ているため1本見送って3人が座って行く。羽田空港は大勢の人がいる。すぐチェックインをして並ぶが、搭乗の順番を待たされる。

危険物の検査が厳しくて時間がかかる。金属類は手に持つよう言われて、カメラ、ビデオなどは別にしてチェックゲートを潜ったら、ピピッピピッと音が出る。もう一度潜りなおしても鳴り、体にガイガーを当てても鳴らないのにゲートでは音が出る。スペアキーを首から下げているので、これに反応しているのかもしれないと思った。ガイガーを当てたり、触っても何もないのでOKになる。

ANA搭乗口の19番まで急いで行くが出発

5分前になっていた。さすが夏だ、ジャンボ機は満席である。無事に離陸したので、空の一時は、高校野球が私の地元・城東高校の試合なので、座席備え付けのヘッドホンで聞くが、1対1の接戦だった。途中で4対1と点を取られ、最終回に1アウト満塁のチャンスなのでうまく行けば同点か、さよなら勝ちになるかと思ったが、結果は6対2で負けた。

飛行機は予定通り無事女満別空港に着く。空港の駐車場に止めておいた車に行く「3日以上の停車はご遠慮ください」の張り紙が出ていて心配したが、駐車場は満車になっていたが、注意の紙は貼られていなかった。

荷物を整理してスタートする。妻が助手席に、娘が後部座席に座る。スタートする時、充電器やヒゲソリなどの箱が落ちて、車のライターの差し込み口になる充電器先端の接触部分の金具が取れて、不明になる。探してもないので、使い物にならない。後で部品の購入なり、新規購入をすることにする。

木陰に埋めておいた餌を見たら、何と生きていた！　車中の涼しいところへ置く。

先ずは網走刑務所と資料館の見学に向かう。空港から網走に出るまでは、トウモロコシやジャガ芋などが見渡す限りの広い畑に実っているのを見て北海道は広い、凄いと娘の陽子が感動。

10㎞程走る。刑務所入り口の光景は映画で見たり、写真で見たり、白鳥事件の村上国治さんに聞いたりしていたが、実際に中に入って見ると極寒の地で独房、集団部屋、規則を守らない人の暗居独房（暗室で1週間、重湯《おもゆ》だけ与えて反省させる）など見物すると、実際に使用していた部屋だけに、独特の臭いが染み込んでいてあたりに臭っている。

独居房は、２畳程の狭い部屋で寝起きと大小便もそこでする。冬は寒さで凍え死ぬほどの零下９～20度で居ても立ってもいられない。狭い部屋で体操をしたり、歩き回る話を村上国治さんから聞いたことがあるが、自分なら耐え切れるだろうかと思ってしまう。

それにつけても盗聴法案が国会を通過して、思想弾圧がされるようになると小林多喜二や宮本顕治氏などのように、治安維持法の名の元で弾圧され投獄されることが再びあってはならないと思う。しかし、今の政治は、民主主義や人権にとって基本的に重要な法案が自自公多数政党によって改悪されるのを見ていると、大政翼賛会再来ではないかと心配になる。

気分を変えるために北の自然資料館に行く。映像室では、ワイド画面が北の大地と自然を四季にわたって映し出すのを見る。オホーツク海からやってくる流氷や動物たち、流氷の下に潜って発見した「クリオネ」１cm前後の光を放つプランクトンの一種、何とも神秘的な生き物である。

知床に向かって走る途中、ガソリンスタンドへ陽子が行って、電気屋かオートバックスがあるか尋ねたら、教えてくれたので、その案内にしたがって網走市内の目抜き通りを走って探した。しかし地理不案内で見つからず時間だけをロスしてしまった。

知床、ウトロのグランドホテル目指して244号線へ出て、濤沸湖《とうふつこ》を右に見て走ると原生花園は若い人たちで人盛りができていた。それを過ぎ、オホーツクの海を左手に見ながらＪＲ釧網本線に沿って51km走ると、斜里町になる。ＪＲ線は斜里町から右折して内陸へ入って行き釧路まで行く。

斜里町から3 4号線に変わり、さらに左にオホーツクを見ながら海岸端を走ると、途中にオシンコシンの滝がある。駐車して、交替で記念撮影をする。

41km走って、ホテル着が5時30分になる。この地では一番大きなホテルで、支配人やフロントなどが揃って物々しいお出迎えである。

案内さんについて6階の廊下を隔てて左右の部屋へ案内される。左側の部屋は陽子用でシングル1部屋、右側が妻と私の部屋でツインベッドだが、なかなか広くてよい部屋だ。

夕飯は6時30分にしてもらい、先ずお風呂に入ることにする。7階が普通の浴場で、8階が露天風呂でオホーツクの海を見下ろせて眺めがよい。

夕飯は大部屋で決められた席に案内される。刺し身盛り合わせ（マグロ、鯛、ホタテ、イカ）鍋（ホタテ、シイタケ、玉ネギ）ジャガ芋、コーン、セロリのバター炒め鍋、突き出し（すずき羊羹、肉のゴボウ巻き）たくあん2切れ、酢の物がつく。

ビール1本をとり1杯だけ飲む、後は陽子が飲む。私はお酒3本（サービス）を飲みながら食べたが、全部は食べ切れなかった。

◇8月14日（土）晴れ

5時起床、ホテルの窓から漁港を見る。小さい2～3人乗りの船が漁に出て行く。船の大きさによって漁法が違うのか、船の行く方向が違うのが分かる。

また不思議なことに、同じ方向に向かう船

は一定の所を通って目的地に向かうようだが、なぜそうするのかは分からない。多分安全に通り抜ける船道になっているのだろう。中には真っすぐに行く船もある。

６時に朝風呂に入る。時間を区切って男女の入浴室を入れ替えるお知らせが出ていたが、行ってみると昨夕とは入り口が左右入れ替わっていた。昨夜は浴槽に温かい浴槽と熱い浴槽があり、温かい浴槽も、熱いのと温かい浴槽の板が張られていて滑ったりしたが、今日入る浴槽は、底がコンクリートになっているので滑らなくてよかった。

朝食は、和洋のバイキング13種類をおかずにする（サケ切身焼き、イカ塩辛、めかぶ昆布、ホウレン草、のり佃煮、太蕗の油炒め、新香、セロリとコーン炒め、納豆、温泉玉子、蒸しジャガ芋、甘納豆、輪切りパイナップル）。

地図を見ながら打ち合わせを行い、部屋を出てホテル内にある土産物屋に行く。買った品は自宅へ向けて宅急便で発送する。

９時にホテルをスタート、根室へ向けて走る。今日が一番長い距離を走ることになる。８㎞で羅臼の知床峠（７４０ｍ）に差しかかるが、霧が発生して３ｍ先が見えなくなる。霧除けランプとヘッドランプを点けて慎重にゆっくり走る。対向車線の車も慎重に走っている。

ガイドによると、頂上は展望台になっており眺めがよいのだが、何も見えないので素通りする。晴れていれば展望台から国後島が見えるのではないか、と思うと残念だ。

羅臼から11㎞走り丁字で右折して、３３５号線になる。標津町まで49㎞を海岸沿いに根室海峡を左に見て、右に草原を見ながら国後国道を薫別を経て忠類から標津町までは、真っすぐな道が８kmほど続いている。薫別から標津町辺りが一番国後島が見えるのだと思うが、残念ながら見えなかった。さらに標津町から２４４号線47kmを海岸線をまっしぐらに走る。北海道の海の広さ、平野の大きさを見ながら走ると別海町になる。別海から約４kmで風蓮湖が左手に見えて来る。風蓮湖の外れに木造の平屋建てのレストランがある。

昼時なので昼食に入る。眺めがよくて空気がきれいで、豊かな気持ちで食事ができた。陽子は便秘のためコーヒーだけ。妻はカレーライス、私はステーキ定食１５００円、値段の割に肉も１５０ｇと量もあり、柔らかくておいしかった。

風蓮湖をバックに記念写真を撮って出発。16km程走ると厚床の交差点につき、左折して左右に牧場を見ながら33km走ると根室市街地に着く。

左右に道が別れる。右の道路から納沙布岬へ行くことにして町を抜けると放牧場が広がり、乳牛が牧草を食んでいるのもいれば、寝そべっているのもいて、今年は特別に暑いためか牛もうんざりしているようだ。

日本最東端・納沙布岬

20km走り日本の最東端と言われる納沙布岬に到着。平和の塔5階の展望台へエレベーターで上がり四方を眺める。晴れてはいるのだが、ガスっていて歯舞諸島は残念ながら見えなかった。「北方領土を返せ」の石碑が建っていたり、「北方領土は日本の固有の領地だ」など掲示板のＰＲが目立った。

帰りは、来た道とは反対の道を走る。この辺は殆どが牧場になっているのを左に見て、右に根室湾を見ながら22km走り、根室の市内に戻る。交差点を真っすぐ抜けて７km余で花咲港へ着く。

生きた花咲カニを好みの大きさのものを3匹選んで、目の前で茹でてもらって3人で食べる。茹でたての熱いカニを挟みで切って食べるのだが「おいしいね」「うまいね」とそれぞれが口にしながらペロリと食べてしまう。今までに茹でカニがこんなにしっとりして歯ごたえがあり、味わい深くておいしいカニは食べたことがない。毛ガニの繊細な味とも違うし、大味のタラバガニとも違う。

泊まるホテルの近くのオートバックスに寄ったら、充電器があったので購入する。値段は東京より10200円と2000円程高いが、品物も前のものと違って頑丈そうなのがあって本当によかった。これがないとヒゲ剃り、ビデオのバッテリー、ワープロの電源が取れなくなるので必需品である。安心して旅をするためには、品物が高いの安いのと言っていられないので文句なく買うことにした。

グランドホテルにチェックインする。名前は一流で平成天皇が宿泊したと言う。しかし、金額は一流だがサービスは二流だ。部屋にクーラーはない。温泉浴場はないがシャワー室はある、部屋は古いがしっとりした雰囲気で落ち着きはあるが、サービスはビジネスホテル並みだ。
夕食は6階である。我々3人は他のお客とは別枠で、離れた見晴らしのよい窓際に席が設けられている。

先ほど食べて来た花咲ガニが一人一匹ずつついていた。カニづくしで酒を５００mlを１本飲みながら食べた。

◇８月15日（日）晴れ

４時に起きて日の出を見て写真を撮る。水平線の彼方から昇ってくる８月15日の日の出、今日は54年目の終戦記念日である。１９４５年のこの日はどんな夜明けだったのだろう。

終戦記念式典には小渕総理が出席して式辞を述べていた。折しも国会では「日の丸・国旗、君が代・国家」の重要法案がろくな審議もせず国民に図ることもないまま、自民党、自由党、公明党の多数による暴挙で８月９日可決した。今までは、君が代はメロディーだけが流されていたが、今日では全員起立で国歌の斉唱が行われていた。盗聴法の名のもとに「警察が堂々と通信傍受・盗聴を行う自由」が自民・自由・公明の３党により６月１日に強行可決された。君が代だから歌いたくない者はて強要され、「君が代だから歌いたくない者は許さない」と言う考え方がエスカレートしたらどういうことになるのだろうか？

「おい、こら、貴様はなぜ歌わない。憲法違反だ、国賊だ、非国民だ」と「おい、こら警察」「スパイ公安警察」の再来にならなければよいがと心配になる。

重要法案が多勢に無勢の形で、国民に真実を明らかにせずにどんどんまかり通る現実を見ていると、大政翼賛会並みであり、民主主義の危機である。気が付いた時にはものも言えない世の中になっていた、と言うようなことにならないように事の重大さを国民の前に明らかにしなければならない。そのためには、平和、自由、民主主義をだれが破り、誰が守っているのか、大企業や銀行擁護ではなく、国民が主人公の立場で明らかにしているのは日本共産党だけであると改めて確信する。

選挙で勝利して国民が主人公の政策が実現できる世の中を作るために、あらゆる権利を守って勝利をするために闘っていく以外に、うまい方法や近道はない。声を大きくして国民のニーズを守るようにみんなと一緒に闘わなければならない。終戦記念日に当たって気持ちを新たにした。

ホテルを９時に出て、昨日走った道44号線を32㎞走ると厚床になる。交差点を通過して千代が丘を過ぎ、姉別原野を走る。18㎞を走る中、直線道路が10㎞くらい続く。走っていても起伏があるから、一直線の果てが見える訳ではないが、真っすぐなことは間違いない。走っても走っても真っすぐが続くので、感動的な「マッスグー」にびっくりしてしまう。

北海道では直線道路が10㎞くらい続くのはどこにでもあるので驚かない。浜中町、厚岸町を過ぎて、休憩所があったのでトイレタイムを取る。47㎞程走って釧路につく。

根室から釧路まで１２４㎞。釧路で昼食を取るため市内を探し回る。大道路から脇の路地に入ってソバ屋に入る。釧路の駅の周辺は食べ物屋が少ないことと、お盆ということもあって店が空いていないところが多い。

私は、店限定の手打ちソバを頼み、陽子はザルソバ、妻はタヌキソバにしたが、二人が私の手打ちソバを味見しておいしいと言う。

お腹を一杯にした後、釧路湿原へ53号線を30㎞位走る。湿原の看板を見落とし通り越してしまい、阿寒標茶線まで行ってしまう。

往復で６㎞程のロスをしたが、未知の地・広大な湿原の大地をドライブしたと思えばグッドだ。

標茶まで行ったのなら、コッタロ湿原に寄った方が湿原の中に入れるからよかったのに、釧路湿原展望台まで戻ってくる。

30分ほど湿原を見るコースを3人で歩くが、湿原の中に入るのではなく、湿原が見える展望台へ行き、湿原を少し近くに見るだけである。湿原を見るというのは、目の前に見るのでもなければ、湿原の中を歩くのでもない。あくまでも遠くから見える、見ると言うもので何

ともばかにしたものだ。湿原を守ることだからと思いつつも「靴の底から足を掻いているようなものだ」と言う気がする。
同じ道を25km戻って、プリンスホテルにチェックインする。夕飯は出ないとのことなので最上階のレストランで洋食の食べ放題3500円を予約する。6時に行くと、バイキング形式で料理が並んでいる。
最初に地ビールで乾杯、後は白ワインと赤ワインをグラスで飲みながら、つまみながら飲めば飲むほど料理が食べられなくなり、飲み代がかさむことになる。「食い放題を喜ぶのは若いうちだ」ということが身に染みて分かる。自分では結構食いしん坊で、量も食べられると思っていたが、こうやって実際に食べてみると食えないものである。ああ、昔がなつかしい、そんな気持ちである。

◇８月16日（月）曇りのち晴れ

７時、レストランへ行き朝食。陽子はパン食、私と妻は和食にする。

今日は家族で過ごす旅の最終日だ。ホテルで会計を済ませて、陽子はみやげに「知恵のパズル」を購入して飛行機内での退屈しのぎにするとのことだ。

ホテルを後にして帯広空港へ行くのだが、時間に余裕があるので十勝市内と帯広を回ることにする。釧路から国道38号線へ出て根室本線に沿って太平洋を左に見ながら海岸沿いに白糠町まで28㎞走る。

音別町まで25㎞を海岸沿いを走るが、右手は小高くなっているので景色は解らなかった。音別からは海岸を離れて畑作地帯に入ってジャガ芋やトウモロコシ、大豆などを見ながら浦幌町まで19㎞、豊頃町まで14㎞、十勝川に架かる豊頃大橋をわたって幕別町まで22㎞を走る。

広大な畑作地帯にジャガ芋、トウモロコシ、大豆、青野菜などを眺めながら走る。「凄いね、さすが北海道だよ」とビデオを撮りながら陽子が言う。さらに15㎞走ると帯広の市内に入る。長崎屋４階のロータリー駐車場へ車を止めて昼食と買い物をする。ソバ屋がよいと言うことでソバ屋に入る。

私は３色割子ソバ、妻は冷やしタヌキ、陽子はとろろソバを食べるが３人とも、味は不可もなしでまあまあと言う所かと一致。

私用の食料品の野菜は１階で、ナス、キュウリ、タマネギ、キャベツ、シイタケ、ラッパタケと氷２袋を買う。全部クーラーに入れて飛行場へ向けてスタート。２３６号線広尾国道を17㎞南下して、大正本通りを左折して１㎞程走る。新帯広空港線１０９号線を右折して５㎞ほど走ると帯広空港まで順調に進行して、2時に空港に着く。周りは広大な農業地帯である。

チェックを済ませて2階に上がり、土産品を購入したら荷物が増えて、機内持ち込みは1個のため、2個は荷物としての手続きをしなければならず、荷物チェックが厳しく時間を取る。早く来てよかったと言うのが実感だ。

飛行機の出発15分前にチェック終了。冷やし物は、ガイガーを当ててチェック、小さい物は、ガイガーを当ててチェック、小さい荷物は手で触ってチェックする。今までに見たこともない厳重なチェックだった。

記念写真とビデオを撮って、妻と陽子は搭乗口へ去って行った後、車に戻り少し様子を見るが、飛行機がどちらへ飛んで行くのか方向も分からないので3時20分に駐車場を出る。

帯広空港から再びの独走行

来た道と同じ道は楽しくないので、畑の中を真っすぐな新しい道を走る。ジャガ芋、大豆、ビートなどが植えられている農業道路を走る。空港から26km、帯広市街地へ出て24 1号線を通り抜け、21km走り士幌まで行く。

道の駅「ピア21しほろ」でトイレと休憩をして、水と氷、つまみに焼き豚の塊と丸箱に入った三角チーズ1個を補充する。

30km一気に走って糠平湖を通過してさらに22km走ると、道の駅とは違うが上士幌町に三股の休憩場があるのでここで車中泊することにして止める。荷物の詰め変えを行う。

周りにはだれもいない。椅子、テーブル、水ポリタンク、蛍光灯、コッフェル、バーナー、クーラーを外に出して焼き豚をナイフで切り取り、チーズ1個をつまみに、ウイスキーの氷入り水割りを4杯飲む。いつ飲んでもうまい。濃さを自分の体調に合わせて自由に調整できるのでいいのかもしれない。ナスとラッパ茸、タマネギを煮てラーメンに入れて食べる。ラジオを聞きながら就寝

◇8月17日（火）晴れ

5時起床。日記を1時間ほど書く。朝飯は、昨日買ってきたきつねうどんにラッパ茸とタマネギ、ナスを入れて食べて、8時にスタート。今日は層雲峡から旭川へ出る予定だったが、村上国治さんの姉で、国治さん支援の本『国治よ母と姉の心の叫び』を出版していた長岡千代さんに会うつもりだったが、連絡をしていないので予定変更をする。

真っすぐな道が続くので、対向車線の車に気をつけるようにしないといけない。10kmほど走ると三国峠の頂上に出る。展望台に停車する。前回は素通りしてしまったので休憩する。見渡すと広い森林地帯が続く。連続写真を撮ったり、ビデオに収める。

30km走り層雲峡に着く。先日来たので写真とビデオだけ撮ってUターンする。39号線を17kmほど走り、石北峠を越えて北見から右折して常呂川へ入ろうとしたが、無加川の支流の林道の途中で行き止まりになる。途中で竿を出して見たが、ピクリとも当たりがしないからすぐ止めて木陰の涼しい所へ車を移動し、冷やしそうめんを作って食べる。キュウリに味噌をつけて丸かじりする。キャベツにそうめんのつゆを掛けて葉っぱのまま、ばりばりむしゃぶる。食後にトマト一つを食べて昼食を終える。

釣りで汗をかいたので、川へ降りて体にセッケンをつけて洗う。さっぱりしたところで本来の常呂川支流に入るため車を戻す。

北見市方面に車を17km走らせ、温根湯まで下ると留辺蘂《るべしべ》の道の駅になる。あまりの暑さに休憩をしてソフトクリームをなめる。

端の方に大きなトレーラーが泊まっている。見たことのない荷物を積んでいるので、運転席で休憩している運転手にノックをして聞いてみると、トラクターだと言う。「トレーラー1台では全部を運べないので、もう1台はタイヤやその他をつけて運んでいる」と言う。フェリーで名古屋から40時間かけて運んで来たそうだ。

「今日は暑いね」と言ったら、「名古屋より暑い」とのことだ。「暑いから気をつけてください」と声をかけて車を出す。

留辺蘂の市内に入り17kmほど走って置戸町で右折してから鹿ノ子沢温泉方向に走る。

この辺はトウモロコシ、大豆、ビートなどを主に栽培している。鹿ノ子ダム（置戸湖）を通過して十勝三股を左に進路をとる。朝の内は涼しかったが、昼間の暑さは東京より暑いかもしれない。体感温度33度はあるのではないかと思う。熱帯性高気圧の張り出しでフェーン現象の暑さだ。山野のある所でこの暑さは、今まで経験したことがない。

瀬音に導かれて川釣り三昧

常呂川の上流まで37km走って来て、最後の橋の直前を川に沿って右折して車を50m進めると行き止まりになる。車を止めて4時30分から入川する。川幅が広くだらだらとした流れで、ポイントは少なそうだ。北海道の川はこうした川が多いと釣り情報で読んでいたので覚悟して入る。

大きいのを2尾目標に、小さいのは全部リリースすることにして、竿を出しながら吊り上がる。15cm前後の小さいイワナは釣れるが

リリースし、20cm以上を2匹釣ったら止めにすることにして釣り上がっていく。

流れの緩いところで20cmが上がった。だらだら川でポイントが少ない。今日入ったばかりの新しい足跡があり、大きなポイントには殆ど当たりがない。小さいのを6匹リリースする。ちょっと流れが速い水深40cmほどの所へ竿を振り込んで流して来ると、目印が動き、くくっと手ごたえがあるので魚の動きに合わせると、竿のしなりで大きいことが分かる。

6・3mの新しい竿だが抜こうとしてもなかなか上がって来ないので、竿を岸側へ寄せるようにして引き上げる。25cmの太ったイワナだ。白っぽい肌にグレーの斑点、下部に小さい赤い斑点がついている。

オショロコマを狙って来たが、イワナの川だ。さらに釣ってはリリースしながら川を遡る。岩場に沿って流れるトローっとした緩い流れで、上には枝が垂れ下がり、底石があって薄暗くなっている。「ここには必ずいる」と睨《にら》んでそーっと近づく。道糸0・8号1m、ハリス0・6号30cm、仕掛けは1・3mにして、重りを軽目にして餌はぶどう虫、上の枝に注意して糸をひいて、すっと振り込む。

目印は水面より30cm上をゆっくり流して行き、3分の2ほど行った所でかけあがり、ツンツンと小さく目印が動く。軽く合わせるとツツーっと引き込む。手応えは確かだ。引き抜くと27㎝の牡イワナだ。目的の2匹が上がったので、納竿とする。時計を見ると5時30分なので1時間ほど釣り上ったことになる。

川の中を歩いて戻る。車が汚れているのでフロントガラスとボディ全部を洗い、置戸町の道の駅とも言える綺麗に整地された広い駐車場に駐車する。私の車が1台だけだが、泊まることにする。

今夜は冷やしておいた十勝ワイン360mlの赤と、日本酒は根室の地酒を飲むことにする。つまみはカマンベールチーズ、キャベツのそうめんつゆかけ、ビーフジャーキーで飲みながらイワナの焼けるのを待つ。こんがりとした焼きたてを食べる。腹が一杯なので夕飯は抜きにして、いい気持ちで就寝。

◇8月18日（水）晴れ

この駐車場のトイレは、自動で夕方5時以降になると、上の管理事務所が閉めてしまうのか、両方とも開かなかった。朝も9時にならないと開かず、これではトイレの意味がないではないか、と思った。

昨日、河原で採って来たトリカブトの花と、外来種の花だろうか、私の知る限りでは見たことがない名前の分からない花を私製はがきに3枚描く。その後、日記を書く。

食事は、簡単ラーメンをシイタケ、ナス、タマネギ、ミョウガ入りで作る。新聞のニュースでは、お盆休みのさなかの14日、18人が濁流に飲み込まれた神奈川県山北町玄倉川の事故が報じられていた。1歳、5歳、9歳が二人ずつ計6人、大人12人で合計18人。5人は助けられ、死者4人、行方不明9人という痛ましい事故だった。

13日午後から夜にかけて、熱帯低気圧による大雨で川の水量は一気に増した。上流のダムを管理する神奈川県企業庁の職員が２度にわたって避難するよう呼びかけ、地元警察署員も避難を警告したと言う。夜、ダムの放流を知らせるサイレンは断続的に21回鳴っている。一緒に来ていた３人の男性は危険を感じて川原を離れ、難を逃れている。避難の警告を受けても気にしない、サイレンが鳴っても気にしない、自然を甘く見て事故が起こるべくして起こった感じがする。

私も仲間たちと泊りがけで山深い所へ泊まり込みで釣りに行くが、山の場合は大雨が降ると、すぐ鉄砲水になって一気に水位を上げて流れてくるから逃げきれないで死んだ知人もいる。

雨が降っていない場合でも、川より一段高い山の安全な所、これができない場合は、やむなくテントを張ることがあるが、河原の高台で最近水が来たことがない所に張る。この場合、雨が降っている場合は、降っている時間、水の音、水量を絶えず気にする。

１、天気はどうだろうか。

２、川原には絶対テントは張らないこと。

３、いざと言うときに逃げられること。

これをみんなで確認をしてテントを張るようにしている。

食事を終えたら10時30分を過ぎてしまった。車は白滝村の湧別川の源流になる上支湧別へ向けてスタート。置戸町の道は国道ではないが、真っすぐでよい道だ。少し狭いが、対向車線に気をつけてスピードは控えめに37km走る。地元のナンバーだが飛ばす人もいる。

留辺蘂の国道に出て町中に入って郵便局を探しながら走ると、〒のマークがある雑貨屋に入る。50円切手を２枚買って葉書に貼り、店の前のポストに投函する。氷を２袋買いクーラーに入れる。

２４２号線の置戸国道へ34kmで出る。遠軽町を左折して３３３号線を16km走り、丸瀬布町の道の駅でパンとジュースで昼食にする。

郷土館があるので入って見ると、グランドピアノの音響板は、ここの桂の木を70％使っているという。桂材を使った木製品が展示販売されており、特にほしいものがある訳ではないので、珍しいジュンサイを２袋買い、車内のゴミを捨ててスタート。ちなみに、ジュースなどの缶を捨てる箱はあっても、ゴミを捨てる場所を確保しているのは観光地では珍しいのでありがたかった。

27km走って目的地の白滝村着は４時を過ぎてしまう。釣り場で竿を出せる場所へ着くのは４時30分を回ってしまう。河原のすぐ側まで車を入れて止める。今日は何が釣れるか解らないので、５匹釣ったら終わることにして支度をして入川する。

思ったより河原は広い。その割には水量は多くなく「徒渉《としょう》」ができるほどだ。念のために熊除けの鈴をもって入ったが、ダンプが土砂を運びに頻繁にくる場所なので、鈴はポケットに仕舞う。

大きな流れ込みに竿を振り込む。ゆったりした駆け上がりで、一投目から小さいのが直ぐ食いついて来たがリリース。20㎝以上でないとあげないことにする。３匹リリースした後に、20㎝のイワナが上がる。ここのイワナは、体が余り黒くなく、赤い斑点が入っている。同じポイントでイワナを２匹上げて移動。

広い河原で、大きい石は少なく気持ちがよい。その代わりポイントが少ない。５分ほど歩くと少し流れが強い。手前の背の脇に、波のある上流から餌を振り込み、深場のたまりの駆け上がりまで来たら、ククッと引く。

軽く合わせると、引きが強く、竿がしなり

ながら走る。大物ヤマメかと思って、やり取りをして手前まで寄せて引き上げると、22cmのニジマスだ。

リリースしようかと迷ったが、明日の食事のタンパク源のために5匹は上げなければならないので取り込む。

いくつか小さいイワナをリリースしている途中で、根がかりしたので引くと糸が切れる。遊びと可能性を試すため、0・3号の糸を道糸にして養殖ぶどう虫を振り込むと、一発で当たりがあった。

合わせると強い引きだ。またニジマスかと思い、糸が細いので慎重に取り込むと先程と同じ大きさのニジマスだ。これも取り込む。

ポイントを変えるため、だらだら流れる小石の上をしばらく歩くと、岸側に寄って深みとたるみをもった所がある。ここなら大きいのがいるのではないか、と期待して泡立ちの上に振り込み、駆け上がりまで流してくるとちょんちょんとした当たりが来た。魚の動きに合わせ引きあげると18cm位のイワナ。リリースする。

もう一度岸寄りに振り込み、駆け上がりまでくると、ガツンとした当たりで走る。ヤマメかニジマスかどちらかだろうと思って慎重にやり取りして、手前まで引いてくると22cmのニジマスだ。

これで5匹になったし、5時40分なので納竿する。

魚の腹を裂いて、大きなフキの葉に魚が触れ合わないように、1匹ずつくるんでザックへ入れて、車まで戻ると6時になっていた。

見ると、車の横に河原ナデシコが咲いていた。6本摘んでウーロン茶の空き缶に水を入れて指す。川を離れて村の市街地へ行く。

旅は道連れ世は情け

札幌のススキノで「富士」と言う飲み屋で一緒に飲んだ平野さんに「通ることがあったらぜひ寄ってください」と言われていたので、電話をかけようと電話番号を探したが、先日一旦帰京した時に、自宅に資料としておいて来てしまったことを思い出す。家に携帯で電話をするが圏外なので通じない。公衆電話を探して走ると、お寺の横の広場にジュース類の自動販売機を設けて、休憩所になっている所に公衆電話があるので改めて家にかけるが、留守だ。

思案して明日のことを考えて、半分ほどに減ったガソリンを給油するためにスタンドへ行く。

店主に「役場で大型バスの運転手をしている人の名前は何と言いましたかね？」と聞くと「平野さんかい」「そうそう平野さんです。電話番号分かりますか」と聞くと、村の電話番号簿で探して教えてくれた。ポリタンク二つに水をいただく。

礼を言って先程の公衆電話の所へ戻り、平野さんに電話をすると、本人が出る。

「迎えに行きます」と言うことで、すぐ車で来てくれた。家は公衆電話から少し歩いた所にあった。「泊まって行きなさいよ」と言うことで、せっかくだからお世話になることにする。

「夕飯を食べてないんでしょ、食べに行きましょう」と、歩いて焼き肉屋まで案内してくれる。肉を焼きながらビールで乾杯、後は酒を飲みながら、走って来たコースや状況を話すと、平野さんは北海道は年中走っているため、土地や道路事情、宿泊所をよく知っている。

　意気投合して話がはずむ。家に戻って風呂を借りる。出てから頂き物だという７２０ml入りの酒を出してきて、開栓してついでくれる。つまみは、自分で採って来たウドを酢味噌で和えた珍味と、自製のキュウリの漬物を出してくれた。

　ウドの酢味噌和えの作り方は、ウドを湯がいて皮をむき、適当な大きさに切って酢と砂糖、味噌少々で和える。１回に食べるだけの量をビニール袋にパックして冷凍しておく。あとは、食べるだけ出して解凍するだけでOK。キュウリは、塩で揉んだキュウリを、ミリンと塩と砂糖を混ぜて小さいビニール袋にパックして冷凍しておく。食べる時に解凍して使う手法を教えてもらう。

　朝７時に札幌へ向かうことになるので、11時に２階の部屋で就寝。疲れたのかぐっすり眠る。

◇８月19日（木）晴れ

　５時に起床、車から地図を取り出して今日のコースの確認をするため下へ降りると、平野さんはすでに起きて朝食の準備をしている。

　トイレを借りて用を済ます。朝食はしじみ汁、生鮭焼き、生卵、焼きノリ、ウドとキュウリの漬物、トマトを出してくれた。ご飯２膳いただき、６時50分丁重に礼を言ってスタート。

　18km走って北見峠を越え、上越で２７３号線に右折して石北トンネル（３９９０m）を過ぎると、下り坂でカーブが多い。

北海道では今までこれほどのカーブのある道路には出合わなかった。あわてる必要はないので慎重に下る。

下りきった所には、牧場だった廃屋が４軒ある。先祖が苦労して山間を切り開いた土地を離れて、どうしているのだろうと思ってしまう。

車を走らせるがこの辺は牧場が主体でトウモロコシ、大豆が目につくが馬鈴薯は作っていないし、ビートも作っていない。

43km走り、道の駅「香りの里たきのうえ」で休憩する。紋別までは真っすぐな国道で34kmで車も少ない。紋別で２３８号線に左折して右手にオホーツクを見ながら走る。

この通りは大型の車が多い。真っすぐだが、特殊車が橋に差しかかると車線をはみ出すので、渡りきるまで待つので橋幅を広げる必要がある。

注意をして興部町、雄武町まで50km走って通過する。音標岬音標川の橋を渡り、左折して舗装路を12km走る。最初の橋を渡るとダート道路になる。次の橋の手前で車を止める。釣り支度をして橋の脇を木につかまりながら川に降りる。

少し雨が落ちて来たが、カッパはザックに用意しているので安心して入る。道路は随分上まであり、工事車が入っている立て札があるが、情報では熊が出るとのことで鈴と笛を持って、注意しながらポイントで竿を振り込むが当たりなし。水量も今までの川で一番少ない。

少し釣り上がると、右と左からの合流点になっていいポイントがあるが、当たりなし。左手の本流に入ることにして少し進むと、砂の上に真新しい熊の足跡が直径17cmほどの濡れ地にあるではないか、ギョッとしてしまう。

これだとまだ近くにいるのではないか、と思うと落ち着いて釣りなどしていられない。全然当たりもないし、熊がいることを知りながら釣るのは気もちが悪いので道に上がる。

一つ目の橋まで戻る。車は、山の中に作られた広場へ止める。二つほどポイントに竿を出してみるが、当たりなし。今までこんなに当たりのない川は初めてだ。あきらめて上がって昼食にする。車の後ろのボンネットを上げて日陰を作る。椅子を出し車体をテーブル代わりにして、キュウリと缶詰を出す。

平野さんがパックに詰めてくれたご飯（大きな梅干しに振りかけ）とアサリの缶詰を開けて、キュウリにパック入り練り味噌をつけて食べていると、キタキツネの子どもが警戒をしながらそばへ寄ってくるではないか。この辺は牧場が専業だ。小動物でも捕って食べているのだろう。太ったキツネではなかった。

真っすぐの町道を10km走って国道２３８号を左折、浜頓別。頓別川へ入ろうと思ったが、川が広くかなり奥へ入らなければいけないしで時間がないので見送る。

猿払川へ入ろうとしたが、これも奥が深いし、気乗りがしないので釣りはやめて92km走って道の駅「猿払公園」でレモンジュースを飲んで休憩する。土産にジャガチョコを二つ買う。この村は完全な牧場地で、村が牧場をもつ。ここで採れたものを町起こし用に製品改良して売っている。

最北端の宗谷岬で、写真とビデオを撮る。土産にキーホルダーを買って、稚内へ向かう。

途中、廃車をスクラップ加工している所があるので立ち寄った。帯広市の長崎屋駐車場で、高さ制限がぎりぎりで入って行ったら、アンテナを畳まなかったので天井のチェック用の鉄棒がもぎ取られてしまったままだった。情報が得られなくなるので、アンテナがありそうな廃車スクラップ屋を探しながら走っていたのでよかった。店に入り、アンテナを譲ってくれるように依頼すると「自分で取り外しがやれるかい」「自分でやります」ということで、同じ車種のアンテナを外してつけた。「お代は……？」と聞くと「100円」と言うので、礼をこめて500円玉を渡す。

54km走って稚内市内に到着する。こんな最北端にこれだけ立派な街があるのかと、びっくりしてしまう。市内のビジネスホテルに3軒当たるが、満室なのであきらめる。

納沙布岬で泊まることにして、車を8km走らせる。途中のスーパーで、マグロ、ヒラメ、タコの刺身と保存用の氷と、粗挽きウインナーを買って納沙布岬へ着く。

キャビネットつきの車が3台泊まる準備をしていた。ここで泊まることにする。浜風なのか風が強い。刺身とピーマンを醤油をつけてかじり、一昨日の純米吟醸酒を飲む。きつねうどんにシイタケを加え夕飯にする。

新聞によると、乳牛が暑さで275頭死ぬ。1994年に135頭だったのが今年は2倍以上とのことだ。市内の学校帰りの子どもが橋下を見たら、川に流した盆の供え物を食べているヒグマを見た、と通報したという記事もあった。就寝。

◇8月20日（金）雨

朝5時目が覚めたら雨が降っている。外に出ると相変わらず浜風が吹いており、気温も下がり半袖では寒い。トイレの水でステテコ、シャツなど下着、靴下、ハンカチを洗濯する。

風が強くて落ち着かないので、海岸端に泊めた車を風よけのある灯台のすぐ横へ動かして、日記を書く。

９時30分にスタート。稚内温泉に入るため２５４号線を日本海側に車を走らせたが、通り沿いにはないため、通り過ごしてしまった。

面倒なのでそのまま車を走らせ、１０６号へ出る。抜海岬を過ぎ、21km走って国道40号へ出るため浜勇知で左折して12km走る。

上勇知で右折して国道40号へ出て走るが、この辺は酪農一筋で、広い草原には雨が降っているのに乳牛が放牧されている。生きた財産をこんな形でよいのかな？　濡れてしまっても大丈夫なのか心配をしてしまう。

21km走って豊富《とよとみ》で84号に左折する。下エベコロベツ川に釣りに入るため車を18km走らせる。目的地まで来て川をみたら水が少なく、雨で濁っていて釣りにはならないのであきらめる。

12時で雨も上がったし、朝食もしなかったので、道路脇の空き地に車を止める。椅子とテーブルを出す。レトルトの白いご飯、粗挽きウインナーを10本入れた玉ネギ、キャベツ、椎茸の野菜炒めを作る。これだけでボリュームがあるのでキュウリに味噌をつけて丸かじりで食べる。

午後1時に出発、77km走って音威子府の道の駅でトイレ休憩。音威子府を過ぎるとソバを作ったり、酪農があったり、カボチャが広く作られている所もあり、今までにない種類の畑作だ。写真を撮りスタート。

美深町辺りから水稲が目につくようになる。30km走って名寄までくると、稲作が主になって、穂先が少し黄金色がかっている。8月末には刈り取りができるのではないかと思われるほどだ。

由縁の人を訪ねて

和寒町で5時になったので、白鳥事件の村上国治さんの姉・長岡千代さん宅へ電話をかけたら夫の留吉さんが出て、「ぜひお寄りください」と言うことで、73km走って5時45分に旭川に着く。

旧知の旭川越後屋旅館へ電話を入れて宿泊場所を確保する。隣の飲み屋さんの2階がすでにキープしてあった。長岡夫妻と刺身（マグロ・イカ・ホタテ）と焼き石で魚を焼く料理（イカ・ホタテ・みる貝）、鯛とカニ和えなどおいしいものを沢山いただいたらご飯は入らない。

10時になったので失礼をして旅館まで行く。少し飲み過ぎて風呂に入れる状況ではないので就寝する。涼しくて寝心地がよく、ぐっすり眠る。

◇8月21日（土）晴れ

旅館の部屋で5時に目覚めたが、トイレに行った後、7時まで眠る。7時30分に朝食の知らせの電話がなり、食堂になっている和室へ降りて行くと、テーブルの上に弁当用の入れ物におかずが入っていて、飯は小さい飯櫃《めしびつ》に、みそ汁はお椀がついている。おかずは焼きノリ、納豆、卵焼き、生野菜サラダ、焼き鮭、たくわん2切れ、梅干し1コ。

9時に長岡宅にタクシーで行くことを電話で伝え、旅館を出ると、女将《おかみ》さんがタクシーを拾うところまで一緒に来てくれた。女将さんは、千代さんと書道の仲間・友だちと言う。

長岡宅へ着いたら、留吉さんは用事で出掛けるところだった。千代さんは「出掛ける前に一休みなさって行かれたらいかがですか」と言って冷えたスイカを出してくれる。食べている傍らで「何で国治は死なねばならなかったか分からない」と溜息のようにつぶやいた。千代さんは「国治よ　母と姉の心の叫び」を出版した際、私が担当し、白鳥事件の支援活動でも旧知の方だった。

10時に留吉さんが戻って来たので、お礼を述べてお暇《いとま》しようとしたら、千代さんは「頂き物だけど」と言って冷蔵庫から4コ入りケースの桃を「道中食べてください」と、ついでに庭先になっていた赤い熟れたトマト２コをもいでくれた。

心遣いがありがたく、礼を述べて車を出す。東京へ就職する時に「体に気をつけろよ」と、そっと言ったお袋を思い出す。

旭川を後にして恵庭まで走るため12号線を滝川市～砂川市～美唄市～三笠市～岩見沢市～江別市～札幌を経た所で午後4時になったので、吉田隆氏宅へ電話をしたら留守なので、車を走らせ5時頃に旭川から１７１㎞で恵庭市内に着いたので、もう一度電話をしたら吉田先生が出る。

「5分少しずれたら出掛けていたかも知れない」と言う。「島松の公民館で介護問題の懇談会をやるのでその準備をしていた」と言う。

吉田先生が教員で、東京の世田谷区に住んでいる時、地域で知り合いの保母さんが若くして逝去された。その時、元仲間たちが「遺稿集を作ろう」と刊行委員会を作り、吉田先生が編集総括責任者をされて『さよならわかせんせい　またきなこ』が１９９０年、光陽出版社刊で刊行された。

先生は、刊行委員会と光陽出版社との窓口として色々とご苦労をされた。出版記念会には私と編集の山本恵子さんが出席をする。それ以来のお付き合いになる。

その後、吉田先生は郷里の北海道に転居され、ご本人の少年時代の樺太での凄まじい戦争体験を『海峡の少年』として１９９３年、光陽出版社から刊行した。11月27日の出版記念会は札幌市で行われ、この編集者でもある恵子さんと私が出席した。

吉田先生との再会は会場で待ち合わせることにして、車をそちらへ向ける。私もこの懇談会に出席し、勉強をさせていただくことにする。「介護保険問題について提言」の集会は6時30分から始まり、東京の機関紙印刷の元社長の高田さんが司会をして、吉田先生が１時間ほど報告後、1時間質疑をして8時30分に終了。

会議を終えて、仲間の車で一旦吉田先生の自宅まで戻り、私の車はおいて、夕食を食べに「花ちゃん」の店まで送っていただく。

「先生、今日は参加者もまあまあで内容的にも高い質疑ができてよかったんではないですか、ご苦労様でした。乾杯！」また「先生との久しぶりの再会の場が、このような勉強させていただく場で、参加出来ましてありがとうございました。旅に出ているとスケジュールに流されて勉強もできないものですから、本当にいい場所へ参加出来て光栄でした。保険料は取られるが介護なしでは、人ごとでは済まない明日は我が身、ですから、きちっと押さえることが出来て本当によかったです」と心から礼と感想を述べた。

イカ、ヒラメ刺身や焼き魚、ナス焼きなどを食べながら5年ぶりに先生と飲み交わす。

先生は「飲むと食べない」と言う。「特に理由でもあるのですか」「食べると酒が飲めなくなる」「それは体によくないですよ、たくさん飲む時は、飲む前に油ものを食べて胃膜を保護してから飲めと言われてますよ」と勧めながら飲む。「塩をなめながら酒を飲むと言うことがありますが、物資の豊富な時代にあれを毎日やったら体を壊してしまいますよ」など話してから、今日の介護問題の成果や評価とこれからの具体的な取り組みなどを聞いたり質問をする。

夜11時まで飲んでタクシーで戻ったら吉田先生の奥さんが帰っていた。奥さんは「北海道歌声祭典が初日なので、札幌まで行って来た」と言う。「明日もあるので」とお茶を出してくれ、明日の準備をして休まれる。

札幌からこちらへ越されたのは、「恵庭に越して来たのは、娘が手稲からだと通勤が大変なので思い切ってこちらに家を建てることにした」という。「暖房は吹き抜け暖房にして全部の部屋が暖かくなるようにした。北海道は暖房費がかかるし、すぐには暖まらないので、冬が居心地の良いようにした」と話してくれた。1～3階までぶち抜きの鉄筋コンクリート建てで丈夫で実利的に出来ていた。

シャワーを借りてから、お茶を飲みながら私の旅の目的や明日の予定などを話したのち、休ませていただく。

◇8月22日（日）曇りのち晴れ

６時起床。７時50分に奥さんは、歌声祭典2日目で食事もせずに弁当を持参して、私たちの食事の用意だけして出掛けられた。７時30分頃から先生と二人で朝食を取り、先生は赤旗日曜版を配りに行く。私は赤旗の日刊紙を久しぶりに見る。

先生は８時40分頃戻って来て、お茶を一緒に飲む。先生は今日10時から全日自労の会議があり、報告の準備をして出掛けると言うので、支笏湖、洞爺湖への行き方を先生に教えていただき、私は９時にお礼を述べて失礼をする。

支笏湖へは１１７号線を走る。市街地から離れると、左右は林になる。車が少ない一直線の山道を走るので迷うことなく進む。山に差しかかるに従ってあいにく雨が降ってくる。恵庭湖を過ぎると途中にラルマナイの滝、白扇の滝と三つの滝があるので、車を止めてビデオとカメラを撮る。

今日は雨が降ったり止んだりの天候で、カーブの多い山道なので四駆に切り替えて走る。４５３号線に出て、恵庭岳（１３２０ｍ）まで40km程走る。麓を左折して14kmくらい走って支笏湖へ到着。

支笏湖は面積77・3平方km、浜名湖より少し大きい。深さ363mで田尻湖に継ぐ第2の深湖である。透明度は25m、貧栄養湖でアメマス、イワナ、養殖でヒメマスを多量に産する。雨でかすんで見えないが、ビデオとシャッターを押して通過する。

支笏湖温泉を越えて、丸山を右折して支笏国道を湖を右に見ながら走る。丸山から美笛まで21kmを湖岸沿いに走る。美笛峠を越えて大滝村の三階滝まで16km走り、左折して453号線を有珠郡壮瞥町の幡渓をへて37kmで洞爺湖に到着。

洞爺湖は中ノ島が見えるが、カルデラ湖で面積69・5平方km、深度179・2m、透明度は17m、壮瞥町から湖岸に出て、2号線を洞爺湖を右に見て走る。

遠くは煙って見えないが、シャッターを切り通過する。新山登山口703号洞爺湖公園線を左折して、しばらく進むと昭和新山が見えて来た。

大きな駐車場があるが、満車状態で混雑しているのと料金が高いので、入るのをやめてUターンして703号線へ戻る。昭和新山の見える所で車を止めてシャッターを切り、ビデオを回して坂を下ると、453号線に出てそこを右折して田園地帯を走り抜ける。

洞爺湖から30km程走ると、伊達市長和町の国道37号の丁字路にぶつかる。左折してしばらく走り、右手に内浦湾を見ながらJR室蘭本線と平行して34km程走って15時に室蘭港に到着する。

室蘭は日石製油所、日鉄セメント、新日本製鉄所がある工業都市で、コンビナートのタンクや広大な土地に大きな建物が続く。地方にしては、空がどんよりして空気が淀んでいる。

北海道を後に青森へ

フェリー港の指定の駐車場所に止める。青森に渡る室蘭フェリーの乗船時間を調べると、予約してないので23時25分発の乗船の他には時間帯がない。着港が違う所なら19時台があるが、それだと予定が狂うので23時25分の申請をする。

チケットの支払いは20時から受付けとのことで、それまで埠頭で待つことにする。快晴でもなくどんよりとした雲を透かして太陽が照りつける。湿度と気温が高い、不快な天気だ。

車の備え付けクーラーに入れて冷やした、長岡さんから頂きものの桃を、車中で2個皮をむいて食べる。トマトも1個食べる。桃は大きくよく熟れていて丸かじりすると、果汁がしたたり落ち、濡れタオルで手を吹きながら食べた。冷たくて、甘みとコクがありおいしかった。1個の値段が２５０円前後はするのではないかと思う。

時間はたっぷりある。室内は冷房が効いて椅子もあるが、落ち着かないので外の日陰があるベンチで2時間弱、日記を手書きする。

埠頭に福岡〜室蘭間の長さ１２０ｍほど、高さ15ｍくらいの大型フェリーが、小さいポンポン船に曳航《えいこう》されて入港して来た。今まで見たカーフェリーでは一番大きいのではないかと思う。

沿岸には、接岸用ロープ止めが前3箇所、後ろ3箇所ある。船上には前と後ろにそれぞれ一人のロープ担当者がいる。接岸用の太ロープに先端は、50cmくらいの丸い輪になった先に20ｍほどの細い補助ロープをつけ、丸めて上から投げ下ろす。

ウインチ担当者は、太い接岸ロープをウインチで下へ降ろす。下ではロープ引きが３人いて、投げられた細ロープを一人が全力で引くと、太いロープが水面に落ちずに陸地へ引き上げられる。二人は太い接岸用ロープを引いて輪をロープ止めにかける（ロープ止めは直径35㎝前後、高さ50㎝前後で上の部分は10㎝くらいの突起が角を丸くして滑り止めになった所へロープの輪をかける）。

ロープ止めに輪がかかるとウインチで巻き上げて、太いロープのたるみを引き締め、接岸が固定されて完了する。前後各３人が、限られた時間で一緒に同じことを3箇所で行う接岸作業だった。それから下船が始まる。

今までに船に乗ることはあっても、こうした光景は見たことがなかったので、珍しくて子どものようにじっと見てしまう。曳船されて来てから接岸固定まで30分ほどの所要時間ではないかと思う。

車へ戻って休憩する。車内の冷蔵庫の上の缶置き場には、ウーロン茶の空き缶に水を入れて飾った花（河原なでしこ、クローバーの花、名前を知らない花）を絵手紙用として３枚描く。

腹が減ったと思ったら、19時30分になっている。３階のレストランに行き、このところ肉を食べていないので、ヒレカツライスを食べる。ヒレ９００円、ライス消費税込みで１０４０円なので値段の割りにはまあまあの味と量だ。

20時が過ぎたので乗船手続きと片道２万２８０円を払い、搭乗口の確認と注意事項を受けて車に戻る。

20時30分頃「搭乗手続きを済ませたお客様は、３番乗り場まで車を移動して待機をしてください」のアナウンスに従い、車を移動する。搭乗開始までには、まだ時間があるので少し眠る。

搭乗開始のアナウンスがあったので起きて乗船する。最低必要な洗面具、タオル、貴重品のカメラ、財布を一つの袋に入れ、免許証、羽毛シュラフをもって3階の大部屋まで階段を上がる。部屋は、船の最後部だが70％ほどの人数がすでに入っていて、一番後ろに陣取る。

「本日は東日本カーフェリーをご利用くださいましてありがとうございます。只今から船内のご案内を申し上げます」「毛布は２１０円、人に迷惑となる行為はしないでください。売店、自動販売は……」などと若い女性の注意事項のアナウンスがある。

自動販売機で買った３００mlの缶ビール１本と裂きイカをつまみに飲む。24時に消灯のアナウンスがあり就寝する。

今日は、東京の自宅を出てからちょうど1ヵ月になる。２週目あたりまでは一生懸命に目的遂行を目指してやってきたが、1ヵ月経った今、ここまで時間と金をかけて来て、これでいいのか、もっと違うやり方があるのではないか、何のために自分はやっているのか、などと疑問が起こったりする。しかし一方では、じたばたしても始まらない、目的に向かってすでに車を乗り出したのだから、悔いが残らないよう、しっかり初志貫徹あるのみだ、と開き直りの自分がいる。

結論としては、終わってみれば何か生まれるであろうことに期待して頑張って達成するしかない、である。そのためには、内容豊かな旅になるように極力努力して、無事に終えることが何よりの課題であることを再確認して眠る。

◇8月23日（月）晴れのち小雨

５時に起床のアナウンスが流れる。「温かいおいしいコーヒーが入りました。お目覚めにどうぞお買い求めください」と続く。

隣の一角に寝る場所を取った６人（おばあちゃん、父母、男の子２人、女児）のうち、一番小さい5歳位の女児が寒さからか、ぐずっている。父親が抱きかかえて暖めている。

旅を知る人は、明け方は思ったより気温が下がることを知っている。毛布を借りればよかったろうにと思ったが、何をするにしても不公平がないよう６人分を揃えるとなれば、すべて金がかかるので、出来るだけ節約をしなければならない親の気持ちが伝わってくるようだ。

私は見かねて「シュラフをどうぞお使いください」と言うが「いや、結構です」「遠慮しないでお使いください」と言うが、「ありがとうございます。結構ですので」と固辞されると、それ以上は言えなかった。

父親に抱かれた女児は、眠ったのではないが、心の温もりを感じつつなのか、じっとして抱かれていた。父親が子どもを可愛がる微笑ましい光景だ。母親は他のぐずる子どもたちにバスタオルをかけていた。

到着5分前には車内でスタンバイをしなければいけないので、下に降りて車内でエンジンをかけて船が到着するのを待つ。６時25分、定刻で青森港に無事到着した。

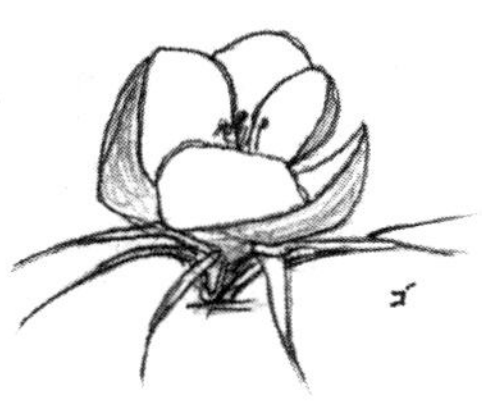

第4章　本土みちのく走り抜け

三内丸山遺跡を歩く

下船して7㎞ほど走らせる。1992年に始まった発掘調査で一躍注目を浴びている三内丸山遺跡に立ち寄る。早朝8時過ぎなので見学者は夫妻一組と私だけなので、ゆっくり見て回れた。

遺跡集落は今から約4500年から4000年前の再現だと言う。ぜひ一度来たいと思っていたので期待をしてみて回る。

手元に資料がある訳ではないし、質問できる係員がいる時間帯ではないので、案内板を見ては、写真とビデオを撮りながら1時間ほど見て回る。

先ず目に入るのは、大型掘立柱《ほったてばしら》建物（復元）で、太さが直径1ｍもある柱は栗の木が使用され、6本の柱の間隔は4・2ｍ、高さ14・7ｍの建物がそびえ立っている。3段の床には丸太が敷かれている。縄文時代で最大の「物見櫓」か「お祭りの施設」などを目的とした大規模な建物があったと推定される。

柱から50ｍ位離れた所に、当時の集会所や作業場あるいは共同家屋として使用された説があるという、大きな寄せ棟の茅葺き屋根の大型竪穴建物（長さ約15ｍ、幅約10ｍ、今から4500年～4000年前）が再現されている。

その他、一般縦穴住居である小さい建物の切り棟や寄せ棟が６棟、床上式倉庫又は住居が３棟と住まい方や用途によって造り方が違うのには感心してしまう。佐賀県の吉野ヶ里遺跡とも少し違うようだ。

国道７号線に出て車を走らせたが、道を間違えて反対車線・秋田野辺地方面に入ってしまい15分ほどのロスタイムとなったが、一旦幹線を離れて上り車線になる所まで引き返す。

国道７号線を浪岡町、常盤村、藤崎町を経て40km走って、弘前の道の駅で朝食のみそラーメンにお握り１個を食す。朝市でナス、キュウリ、タマネギ、ミョウガと十勝ワインを１本購入する

５０００km走ったので、青森でオイル交換をしようと思ったが、まだ７時前でスタンドが開いていていない。大鰐町、碇ヶ関村を経て、矢立峠を境にして秋田県に入る。大館市街を右折して７号線羽州街道を走って鷹巣町へ来て、大堤で真っすぐ７号を行けば能代市内、丁字を左折すれば森吉町の２８５号線と１０５号線が一緒になった分岐点、ここを左折して鷹巣まで68km走らせてガソリンスタンドへ入ろうと、探しながら走る。

最初のスタンドに入ったら担当者が食事に出ていて、２軒目は配達に出ているので１時まで待てば大丈夫だと言われたが、こちらがだめなのでパスして３軒目に入る。東京からＵターンして来たという45歳くらいのほっそりした男性が額に汗してやってくれた。

オイルとエレメントを交換するが、純正部品がないので、つけ口が合うエレメントで、今までの物より少し小さいのが心配だが取り替える。

昼食場所を聞いたら、この辺にはよい店がなく、ラーメン屋とお好み弁当だと教えられるが、食欲がないので見送って次の所で食べることにする。

暑いので自動販売機で１００％のトマトジュースを２本買い、１本は大汗を流しながら奮闘してくれた作業員に「ご苦労様でした、これ飲んでください」と差し出したら「仕事で当然のことをしただけですから、そんな気を使わないでください」「まあ、そう言わずに暑いのは一緒だし、気持ちだけだから堅いこと言わずに」と言って手渡す。「すいません、それではいただきます」。自分用に１本飲む。

エンジンは軽やかになる。13km走りさらに真っすぐ行くと２８５号線で五城目方面、左折する１０５号線の分岐を見落としてしまい、２８５号線を真っすぐ走る。

道の駅「阿仁町」で休憩して食堂を探すが、ラーメンしかないので、１００％ジュースと桃とトマトを食べて済ませる。

スタートしてしばらく走ると「五城目方面」という案内が出て来たので、これは間違えたと思い地図を見ると、やはり間違いなのでＵターンして小沢田まで引き返す。小沢田を右折して10kmほど走ると１０５号線の阿仁街道で、神成の丁字路に出て右折する。23km走ると打当川と比立内川の分岐点に来る。

以前来たことがある打当川２１６号線へ左折して、秋田内陸縦貫鉄道に沿って阿仁マタギ奥阿仁方向へ走る。

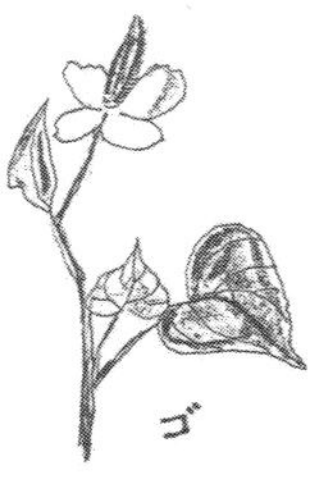

この川で釣りをしようと10km走らせて来ると、「この河川は全域２００４年まで禁漁です。ご協力ください」の立て札とノボリ旗が立っている。引き返すのも心地よくないので、この先は初めて走る山道だが、峠を越えて25km走って下り切ると国道３４１号線の丁字に突き当たる。

小和瀬川の単独釣行の恐怖

宝仙湖の橋を渡り左折して道なりに６kmほど行くと、発電所の手前に小和瀬川があるので、そこへ入川することにして砂利道を走る。橋を渡って行くが、車の置き場がないので、戻って二つ目の駐車ができる場所へ止めて入川する。

時刻は午後４時30分なので、20cm前後を２匹釣ったら終わりにすることにして釣り上げる。小さいのはみんなリリースして、22cmと20cmのイワナをキープして納竿する。

濁り沢の駐車のできる所まで戻り、ここの広場で泊まることにする。シャツ、パンツ、ハンカチ、靴下を洗濯する。霧雨のような小雨の中、車の後ろのドアを上げて雨よけにしてテーブルセットと椅子を出して夕飯の用意をする。最初に魚を焼く。魚に塩を振り、焼き網に乗せる。弱火で時間をかけてじっくり焼くことにする。先ずクーラーで冷やしておいた、十勝ワインの赤のコルク栓を抜いてアルミカップに７分目注いで、一杯飲みながら直径３cmほどのホタテの中干しをつまみにする。

冷やしソウメンを作りながら飴色に焼けた魚を２本食べながら、本格的に飲むが、野菜が不足しているのでナスの塩揉みを作る。それでもなお、つまみが寂しいので、あらびきウインナーを３本焼いて食べる。麺つゆにミョウガの薬味を入れて、氷で冷やしたソウメンを食べて満足して就寝。

◇8月24日（火）曇りのち雨

5時起床。朝から雨で釣りの意欲を削がれるが、インスタントラーメンにタマネギ、ナスを入れてミョウガの薬味で食べる。

釣りの最中に腹が減り、喉が渇いてはいけないので水を持ち、乾燥メロンはビニール袋に入れて、カメラ、財布、免許証、携帯電話など貴重品は防水ビニール袋にパックして、ザックに入れて目の前の濁り沢に入る。

釣り上がるがウグイばかりがかかる。こんなに段々があり、イワナのいそうな川相と雰囲気なのに、どうしてウグイだろう、と考えながら1時間ほど釣り上げるが、まだウグイだけだ。イワナが釣れても小さいのでこの川は諦めて上がる。

昨日の小和瀬沢に入るため車を移動する。念のため一つ目の駐車場で止めて、川へ下りる。だらだら川ではだめだろうと思って竿を振るが、やはりウグイが来たので、すぐ辞める。

道路へ出るのに、岩場を藪こぎをして上がる。上りきる寸前に動くものが見えたので、よく見ると40cmほどの赤マムシが木の根本へ這い込むところではないか。ギョッとしてしまう。タイミングが悪かったら、どうなっていたかと思うと身震いがする。

2番目の駐車場へ車を移動して止めて、昨日より上から川に入る。大きなポイントと思われる所には、ほとんどいない。トロッとした所、流れの背脇などから上がってくる。5匹釣り挙げて、高さ5mほどの滝が落ちている大きなプールへ竿を出すと「根がかりしたかな」と思って引くと動いて重いではないか。「これはでかいぞ」と思って竿を立て、しばらくやり取りをして手前に引き寄せる。28cmの太った子持ちイワナだ。

その後22cm、20cmの2匹を釣り上げて、進行できない所へ来て12時になったので岸に上がり腸《はらわた》をとる。終わりにしようとしたら、突然に大雨が降って来た。

この雨だと、あっという間に鉄砲水になると思い、急いで下る。とにかく橋の所までたどり着こうと急ぐ。左岸の山から流れ込んでいる滝の横を上がった方が早いと思い、滝の手前を上がって見るが、橋の高さの所に道はない。

山を8分目ほど上がってから、これは間違えたと思って引き返す。この間の時間は30分ほどなのに、川は濁流と化して、先程は横切れた滝もとても人間を寄せ付けるような状況ではない。

先程歩いて渡れた脛《すね》の上ほどの水位は、歩いては渡れない90cm近くに上がっている。7m余の川幅の水面より1mほど上の右岸の岩場にいるのだが、上は垂直のような岩場が取り付いているので、上に登り上がることもできない。

最初、歩いて来た所へは歩いてはとうてい渡れない。ますます水量が増えて来て、茶色の水が轟々と音を立てて流れる。このままでは危険だ。

向こう岸に渡るには、頭から飛び込む方がよいか迷ったが、この深さと幅なら足から飛び込んで手でかき分けた方が無難ではないかと判断する。

身につけていた邪魔になる帽子、メガネ、えさ箱、たま編みをザックにしまう。ベルトを締め直して、カッパのチャックを閉め、ボタンをはめて、カッパの帽子のボタンもはめて、ザックの紐を絞める。

幸いにも水芯は自分のいる岩場を流れている。１・５ｍを飛びこせば流されることはないだろう。はやる気持を押さえて、どこへ飛び込み、どう抜けたらよいか、そのためには出来るだけ水芯を避けた所へ足から飛び込み、足が地に着くか着かないかで、手で水をかき分けて一気に泳ぎきるしか方法はない。岩場に取り付いている体のバランスを立て直して、一呼吸して、出来るだけ蹴る左足に力を入れるように、気持後ろへ体を引いて「えいっ」と掛け声をかけて、岩を力強く蹴って右足から飛び込んだ。

水芯を越えたので、流される前に足が地に着いた。着くと同時に手で水をかき分けて、一気に泳いだので、思ったように岸に着けた。もっと水量がある場合は、頭から飛び込んで一気に向こう岸にたどり着く方が安全かも知れないと思ったが、まずは何事もなくてよかった。

ほっと一息入れて、川から山の斜面の岩に取り付きながら、滑る足を立ち木に掴まったりして注意しながら上がると、橋の高さのところへたどり着いた。

平坦な山の中を歩いて道路に出て、濡れた体でとぼとぼ歩いて車まで戻るのだが、その間も雨はザバザバと降って、水が道まで溢れだし、川のように流れる。車が走れるか心配になるくらいだ。

　疲れと冷えからか、右足のふくらはぎに痙攣が起きて来た。ようやく車にたどり着き、４輪駆動に切り替えて、一刻も早く抜け出さなければと思い、カッパを着たまま運転をする。

　川のようにザバザバと雨が流れる山道を慎重に運転して、夕べ泊まった濁り沢の駐車場まで戻り、着替えをする。着替えて再スタートする頃には、雨は小降りになった。それにしてもすごい降りだった。

バイク旅の人、青春を共にした人

　新鳩の湯へ向けてスタートする。昨日来た道を10㎞ほど戻り、宝仙湖の橋を渡って丁字路を右折して２㎞程走ると新鳩の湯に着く。やはり目の前の川も水量が増えて、濁流が轟々と流れている。

　駐車場に草加ナンバーのバイクが置いてある。こんな小さなバイクで来ているのかと感心してしまう。風呂だけ入ろうかと思って橋を渡ったが、１日余裕があるので温泉に１泊できるか、と入り口で聞くと「大丈夫です」と言うので泊まることにする。

　この温泉に入るには、60ｍ弱の吊り橋を渡らなければならない。５人以上一緒に渡ってはだめだと書いてある。一人でも結構揺れるので、傘をさしながら気をつけて渡る。

　疲労して足が痙攣するので、とにかく風呂へ入ってゆっくりする。６時の夕食までには１時間以上あるが、テレビも電話もない所なので、ラジオを聞こうと思って取りに行った際、傘をさしながら、カメラや魚を持ったので、ラジオを落としてしまった。スピーカーと蓋が二つにパカッとはずれて、電源の線がハンダ付けから取れてしまい、音が出なくなってしまった。あれこれいじって見たが、うまく行かないので、セロテープをもらって仮止めをしたら、鳴り出したので、それ以上さわらないようにして聞く。

釣った魚は、焼いてもらうため調理場へもって行きお願いしたら、「いいですよ」と快く言われる。「夕食ですよ」と声をかけられたので、食堂の畳の部屋に入る。

私の他にもう一人いたので、先ほどのバイクを思い出し、「あのバイクの方ですか」と聞いてみると「そうだ」と言う。「よくやりましたね」と話すと、埼玉県の草加から何の目的も計画も立てずに、妻に「ぶらっと行って来る」と出て来て「１０００ccのバイクで、８月始めにスタートして、北海道を回って、秋田まで下がって来た」と言う。50歳前後になる男性だ。「降らなければ乳頭温泉まで行きたかったのだが、雨で諦めた」と言う。「会社でリストラに遭い失業中で、再就職先をあわてて探してもよい所はないので、旅に出てからでもよいだろうと、バイクを新しく買い求めて出掛けてきた」と言う。

事情は違うが、同じような動機で旅に出る人がいるものだと意気投合してしまう。魚を８匹焼いてもらい、「小さいのは旅館の人で食べてください」と言ったが、女将が５匹持って来たので、私は３匹、草加のバイクの人に２匹進呈。残りの大きい３匹は、友達への手土産にしたいと女将に話したら、旅館を出るときに氷も一緒に入れて渡してくれた。配慮がとてもありがたかった。

ＢＳテレビで大リーグの野球を放映しており、ドジャース対ブリュワーズ戦で、ドジャースで日本からドジャースに行って活躍する野茂が先発で投げていた。結果は８対４で野茂は敗戦投手になる。

久しぶりに見る大リーグの野球だが、いつ見てもダイナミックで楽しい。終わって部屋へ戻っても何もすることもないので、ラジオを聞きながら眠ってしまう。途中ラジオの音で起きてスイッチを切る。

◇8月25日（水）晴れ所によって雨

５時起床、今日は早朝から晴れで暑くなりそうだ。車までワープロとヒゲソリを取りに橋を渡る。夕べの濁流も増水も治まり、平常になっていた。

風呂へ入り、気分を転換してワープロで日記を書く。食事後もチェックアウトの10時ぎりぎりまで書いて、二日分を書き上げる。

出発の支度をして宿代６７３０円（お酒３本燗付でお新香を頼み、魚も焼いてもらってこの値段は安い）を支払う。「魚焼きとお新香はサービスです」と言う。礼を言って宿を後にする。

旅館と吊り橋の写真を何枚かシャッターを切り、ビデオに収める。足回りは、素足にサンダル靴を履いてスタート。

３４１号線を走る。途中で雨がパラパラ降り、曇ったり晴れたりの天気で蒸し暑い。３日間携帯電話が圏外で連絡がとれなかったので、21km走って田沢湖の休憩所の公衆電話で自宅に電話を入れる。自宅からも電話したが、圏外で繋がらなかったとのことだ。山形の鶴岡書房の電話を調べてもらう。

秋田の、私の青年時代の旧知である後藤亮介さんの家に電話をしたら娘さんが出る。しっかりしたお嬢さんで警戒心も旺盛だ。

「どなた様で、どんな関係ですか、どのようなご用件でしょうか」と問う。

「お父さんが東京にいた時、青春時代を共に過ごした仲間です。田沢湖から電話をしていますが、後藤さんに会って行きたいと思い、突然ですがお電話しました。何時にお帰りになりますか」

「5時30分に帰って来ますので伝えておきますが、会社はラインに組み込まれているので電話は出られないと思います」

「帰ったらよろしくお伝えください。遅くなるようでしたらまた電話をします」「今日は予定は空いていると思います」と、よく理解しているお嬢さんだ。


角館から左折して105号線を58km走り、道の駅「なかせん」で昼食にする。ウェイトレスさんに「どれがお勧めですか」と聞いたら「冷やし中華」を勧められた。どんぶりの見かけはそう変わらないが、麺がしこしこして歯ごたえありながらも、滑らかで、つゆも癖がなくておいしかった。

大曲りから左折して13号線に入り、しばらく走って途中でスーパーに寄り、氷とウイスキーのホワイトのジャンボを購入する。

横手を過ぎて湯沢まで39km走る。ガソリンが半分になったので、道を聞くためにも給油する。湯沢を右折して、羽後町へ行くため398号線へ入る。この辺は秋田の穀倉地帯で、雄物川が横を流れている。広大な秋田平野で北海道とは違う田園風景だ。稲穂が少し黄ばんで頭を下げているのが、運転しながらもわかる。今年の稲作は豊作とのことだが、果たして反当たりの出来高はどの程度になるのだろう。
13km走って福島の地名が見られる所まで来た。この近辺に違いないだろうと思って、時間が早いので畑の脇の木陰のある所に車を止めて、日記を書く。一段落して5時40分過ぎになったので、後藤さんに電話を入れると帰宅していて、本人が出る。「家は通り沿いだから表に出て待っている」と言うので、行くとすぐ分かった。庭先に車を止める。

自宅に上げて貰い、29年ぶりの再会に感動する。土産に釣ったイワナ焼きを珍しくもないがと出す。奥さんもお嬢さんも当然初対面だ。

挨拶をしてお茶をいただいて休憩をしながら、湯沢に宿を探すため、奥さんが電話をかけてくれる。最初のローヤルホテルは、シングルが6500円というのでお願いする。

「酒は飲まず、煙草は吸わないのだから、金が貯まるだけではないか」と訊くと、「趣味でこんなことをしているのだ」と言って別棟の納屋に案内された。耕耘機《こううんき》の車体にホンダ360ccの軽自動車のエンジンを乗せて、回転力で雪を噴射させる雪かき用ラッセル車を造ることを手掛けていた。

「今年の雪には間に合うのかい」「やってみなければ分からない」「出来たら知らせてくれよ」などと語り合う。納屋には旋盤機やフライス盤など色々な工具が揃えられていた。「俺は工業高校出身だから機械いじるのが好きなんだよ」と言う。

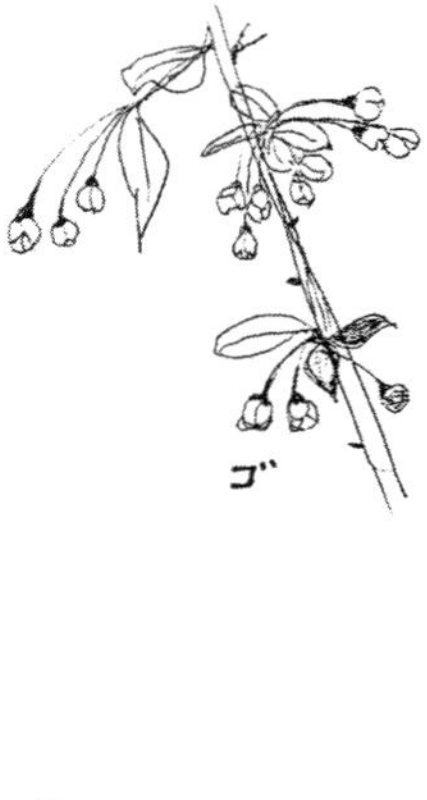

昼間電話に出たお嬢さんは、「電話販売の人と勘違いして、ごめんなさい」と言った。「いや、しっかりしていてよかったですよ」と応える。

「食事でも一緒にしませんか、湯沢へ出たらどうです」と奥さんが言う。「そうしよう」と奥さんとお嬢さんに礼を述べ、後藤さんの車が先に走り、私はその後をついて行く。

湯沢市のローヤルホテルでチェックインだけして、車は2台ともホテルの駐車場に止めて、夕飯を食べに10分程歩いて和食の店に入る。

後藤さんは酒が飲めないので、つまみの刺身、焼き鳥、お新香、豚汁などでご飯を食べる。私は地酒の冷酒を180cc2本飲む。「もう少し飲みたいので、小さいのはないか」と聞くと、ないので同じものを追加する。「マスターも1杯助けてください」と声をかけて注いだら「日本酒はふだん飲まないのだが」と言いつつ付き合いで飲んでくれた。

酒談義になり、マスターも含めて話をしていたら、マスターが、小さいグラスに注いでくれた。飲んで見ると、火を噴くような辛さだが、マムシのエキスが出ていて、何かに効きそうな感じがしたが、果たして何に効くのか？

東京の青春時代の人や活動が次々と話題になり、心地よい時間がすぎた。12時になったので失礼してお金を払おうとしたら「せっかく来て頂いて、それはないよ」と言われる。「私が強引に押しかけて来てお願いしたのだから」と言っても「そんな気を使わなくてもよい」と言われてお言葉に甘えることにした。そんなはずでは無かったのに、散財をさせてしまった。

後藤さんはホテルまで一緒に戻って、ホテ

ルの駐車場に止めておいた車で帰って行った。私は４０２号室でそのままバタンキュー。

◇8月26日（木）晴れ曇り

朝晩は少し涼しくなったようだ。５時頃目が覚めた。早く起きても仕方がないので、もう少し寝ることにして休養を取る。

８時15分になったのでシャワーを浴びて、朝食は１階のレストランへ降りる。新聞を見ると、民主党の党首選に鳩山有紀夫氏が立候補、横道氏も立候補で菅氏と３人が争うことになる。誰がなったにしても、しこりになって分裂の種を残すことになるのではないかと思ったりする。

９時30分にチェックアウトする。昨日、後藤さんのお孫さんの写真を撮ればよかったのに、撮ってないので、改めて撮影をするため13km走る。

お嬢さんが家にいたので、昨日のお礼を述べて、シャッターを切りたいと言うと「私は化粧も何もしていないので勘弁して」とのこと。礼を言って失礼しようとしたら、娘を抱いて、送りに出て来たので、シャッターを押させてもらう。見送りを背に受けて、車を走らせる。

山形・酒田、鶴岡、藤沢周平

来た道を13km戻って13号線へ右折して尾勝峠のトンネルを抜けると山形県になる。坂を下り45km走ると金山町で３４４号線に右折する。

酒田へ向かうことにするが、予定では新庄回りで行くことにしていたが、大通りは車も多いし、うっとおしいので、新庄の手前の金山から右折して真室川町、八幡町経由で酒田へ抜ける早道を通ることにする。

真室川は山の中の町だ。「真室川音頭」を思い出してハンドルを回しながら歌ってしまう。「♪わたしゃ真室川の梅の花こーりゃ、あなたまーた　この町のウグイスよ、花の咲くのを待ちかねて、つぼみのうちから通うてくる♪」この歌がどうしてこの町を表すのか解らない。

真室川を鮭川に沿って29km走ると峠があり、青沢越トンネルを過ぎると八幡町で10kmほど下ると南前田辺りに、広くなって静かで川のせせらぎが聞こえる広い場所があるので車を止める。釣り用のシャツとパンツ、靴下を洗濯する。車の荷物の整理もする。それでも時間があるので昨日と今日の日記を書く。

11km程走り八幡町の市街地を通り抜け、さらに10km程行くと酒田のバイパスの交差点になる。ここまで来ると最上川も下流域の酒田平野で、庄内米の産地だ。河口は酒田港になっている。

国道7号線に左折して、5km先で最上川にかかる新両羽橋を渡る。さらに7号の羽州浜街道を24km走ると鶴岡市の市街地に来る。地元の人に「生協コピア」へ行く道を聞きながらたどり着き、生協コピア内の民主書店「鶴岡書店」の佐藤社長と会う。しばらくぶりの再会に笑顔で握手をして積もる話がはずむ。

まず以前、印刷見積もりを頼まれた、藤沢周平氏の小説の舞台となる手書きマップの原型を見せられた。ついで、山形には6名の有名な芥川賞・直木賞作家がいて、そのうち庄内地方からは藤沢周平（直木賞）、丸谷才一(芥川賞)、奥泉光(芥川賞)、佐藤賢一（直木賞）がいる。藤沢周平の「蝉しぐれ」「暗殺の年輪」「三屋清左衛門残日録」の3冊を購入した。ついでに生協でズボンを1本買い求め、「裾丈の詰めは明日の12時にできるので、それでよいか?」と問われ、「それより早くならないか」と言ったが、「無理」とのことでそれを受け入れて依頼する。

佐藤さんが知っている宿泊所を手配してもらう。「山王荘」に行ってチェックインするため地図を書いてもらう。探しながら行くが、一つ手前の通りを曲がってしまったりで手間取りながら到着する。改めて佐藤さんが迎えに来ると言うので、風呂へ入って待つことにする。

迎えに来た佐藤さんに、小学館の営業の今野氏を紹介される。3人で佐藤社長の行きつけの寿司店に入ると、予約をしておいたらしく別部屋に案内され、お通しなどがセットされていた。

北海道の熊と秋田のマムシの話、沖縄の那覇と旭川の同じ1月間の温度を比べたら、旭川の方が気温が高い話、乳牛が死に、ジャガ芋が出来が悪くなり、動物は死ぬ大被害、北海道の稲作は豊作、などの話題で盛り上がる。

2軒目はスナックへカラオケを歌いに行き、今野氏は5曲歌い、社長と私は3曲ずつ歌う。しばらくカラオケで歌っていないので、リズミカルには歌えなかった。若い人は巧いので聞き惚れてしまう。

12時になったので帰ろうとすると、今野氏と社長は話があり残るというので、お先に失礼する。タクシーで宿へ戻って就寝。

◇8月27日（金）小雨

7時起床、旅館にワープロを持ち込んでいないし、ノートも持って来ていないので、日記は書けないので、昨日買った藤沢周平の本3冊の内「三屋清左衛門」を読み始める。藤沢周平作品は今まで読んだことがなかったが、時代物を書くには、その地方の歴史を熟知し、資料に当たらなければ書けない、と思った。

8時朝食、畳部屋が食堂になっている。お膳に着いた時は私が最後で、残っている膳を一人で食べた。他の人たちは仕事に出て、残っている人はいないようだ。佐藤氏によれば民主商工会の会員さんとのことだ。

9時半に山王荘を出て、生協コピアに向かう。道路は空いており、駐車場もガラガラだ。駐車場の一番端に車を止めて、昨日の日記を書きながら待つことにする。昼近くになってくると駐車場がほぼ満杯になる。私の横に車を止める人は、不思議そうに見て行く。

11時30分になったのでズボンを買ったレジに行く。店員に確認の声をかけ、ズボンを受け取る。

社長がいたら昼食を一緒にしようと思って、鶴岡書店へ顔を出したら、「出かけて戻っては来ない」と言われたので、小阿仁で買った純米吟醸酒を「佐藤社長に渡して下さい」と依頼し、お礼の伝言をした。

昼食は、コピアの生協食品売場へ買いに行く。うまそうな寿司と炊込みご飯を買って、車へ戻って寿司を食べる。炊込みご飯は、クーラーに入れて夜食用にする。

コピアを出て国道7号線に出て15kmほど走ると日本海の見える海岸に出て、ＪＲ羽越本線と平行して走ることになる。生憎な天気で雨が降ったり止んだりして、湿度も高く釣り意欲の湧かない日だ。15km程走ると、温海川河口に到着する。

釣りの予定を入れて、３４５号線まで行って源流で釣ることにしていたが、雨の降っている中を釣り支度をして釣ると、その後、濡れたまま走らなければならないのが苦痛なので、止めて通過する。

新潟・温泉、美術館めぐり

山側の３４５号線を走る予定だったが変更して、このまま海岸沿いの国道を８㎞走って鼠ケ関を境に過ぎると、新潟県に入る。山北町の勝木で7号線を直進して41㎞走る。

村上市の朝日村を経て、上助淵で二股に分かれるので、２９０号へ左折して直進し、桃川峠を越えて上野新を右折し、高田まで走って荒川に架かる高田橋を渡ると、国道１１３号の小国街道へ出る。国道１１３号線を山形県の小国方面に向かって５㎞程走り、鶴岡から１０３㎞で関川の道の駅へ到着だ。ここで泊まることにする。

温泉に入るため、上岡で荒川に架かる温泉橋を渡って右折すると、高瀬温泉に着く。露天風呂に入浴できないかと、ぐるっと回って見るが一般に開放している様子がないので、Ｕターンして湯沢温泉に向かう。

村営の共同浴場があり、一般開放している。駐車場へ車を止めて１５０円払って入浴する。少し温めの硫黄含みの癖のない泉質だ。浴場にビールのアルミ缶を持ちこみ、泉水を詰めて冷やして飲むそうだ。この温泉は、道の駅とは川を隔てて目と鼻の先にある。

風呂から出て橋を渡って国道へ出て、道の駅「ゆーむ」に駐車してから辺りを散歩をして見る。広大な面積の道の駅で、観光を兼ねた村起こしをしていることが解った。

関川村健康保養センター「越後関川・桂の

関温泉」の泉質はナトリウム、カルシウム硫酸塩温泉で入館料５００円、気泡浴場、大浴場、露天風呂、サウナ、歩行浴槽、リラックスルーム、カラオケ・シアタールームなどがある。

開設以来40万人が来たとの標識が出ていた。ここに温泉があることが解っていれば、こちらに入ったものを、地図には温泉があるとは示されていないので、川向こうの湯沢温泉に入ってきてしまった。

全国の道の駅でも温泉を併設している所は少ない。ここは日帰り温泉施設があり、家族で楽しめる温水プールや、大きな筒状の、透けて見えるトンネルもある。その中を湯が流れて子どもらが一周して降りてくるのが見える。

資料館あり、山野草を栽培したり、バイオテクノロジーで養殖したりして販売もしている。檜や桂を材料にして加工した飾り物、こね鉢、お盆などの家庭用品があり、山菜やニジマスの甘露煮などの一般的な郷土品も並んでいる。

夕食は、生協コピアで買った炊込みご飯にして、つまみはウインナーとタマネギ、ピーマンを焼いて久しぶりにウイスキーの水割りを飲む。

◇8月28日（土）雨のち晴れ

5時起床、今日は距離を稼がなければならないので、道路が空いている早い時間を走りとおして、状況を見て休憩を取ることにする。

トイレで洗顔、電動シェイバーで髭を剃り、歯を磨き、６時半出発。小国街道の１１３号線を12㎞弱走る。荒川町の十字路交差点を左折して国道７号線を進み黒川村・加治川村を経て26㎞走ると、新発田インターへ出る。

新潟市までは、幹線道路である国道を28㎞走る。新潟平野・田園地帯を道路は続く。黒崎インターで、４０２号線へ出て、海岸通り１１３号線へ出ようとしたが道を間違えたようで、県道16号線を18㎞走る。

時間が早くて食堂はやっていないし、コンビニもない通りなので、小さな商店で蒸しパンと牛乳を買って食べる。雨が降ってきて、小雨になったり、強く降ったりのうっとおしい天気だ。

松尾野で右折して46号線を３・３㎞走ると、角田浜で丁字路を国道４０２号線で左折して海岸通りをまっしぐら24㎞走ると寺泊、そこを通過すると金山の右側道路端に相澤美術館がある。何も知らないで「田舎町の通りに、こんなすばらしい美術館がどうしてあるのだろう」そんな気持ちで、珍しさから７００円払って鑑賞する。

館長曰く、相澤美術館と謳ったが、現在、学芸員を置かないここは「相澤コレクション展示館」と言う呼称が一番似合うという。ここへ入って感じたことは、金が有り余って作られた美術館とは少し意味が違う。コレクションを展示する美術館が創設されるには、コレクターの熱い思いがあることは当然だが、その作家たちとの未来を見越しての付き合いや出会いや励ましの結果が、ここにはあると思った。

「日本の小企業の生きる姿の中で、一つの試みとして美術館を取り上げた。その意味を全国に知ってもらうことで、日本各地方にそれぞれ個性的な美術館を、企業が取り上げるきっかけになれば、一つの捨て石として存在意義があろうかと思う」と館長は述べている。

相澤さんの心意気を学んで、地方の有志は福祉への財貨の投入、美術館の創設なりと力を入れてもらえるとありがたい。

海の色は重たい北陸路

美術館を出たら、雨は小降りになっていた。出雲崎町まで走る。ここから352号線になる。柏崎市の関町で8号線へ右折する。柏崎からJR信越線が上越市まで国道8号線と平行して走る。柿崎町、大潟町、頸城村を経て上越市からはJR北陸本線が国道8号線と平行して走る。8号線の名立町をすぎ、能生町の道の駅でトイレ休憩にする。

道の駅は広大な面積の駐車場と休憩所を設け、町おこしに町を挙げて取り組んでいる。漁港から上がりたての魚介類の直接販売用の建物もあり、産地採り立ての野菜なども売られている。

15km弱走って糸魚川を通過、28kmを走る間で親不知のトンネルを抜けて、右手に親不知の海岸を見る。この辺は左手に低い山が続いている。

青海町の境川を境に、橋を渡ると富山県で朝日町になる。JR北陸本線も朝日町から陸中へ入り富山へと続く。新潟から富山の境の朝日町までは、右に日本海、左に新潟の穀倉地帯を眺めながら約177km走ってくる。朝日町から国道8号線も海岸を離れて陸中を走る。

新潟の海岸は、日本海側の切り立った断崖絶壁の上を走る親不知、子不知のように眺めはよいが、怖くもあるところだ。

昔は、竹が花・先が鼻間は海岸の岸壁の際に沿って、親が子を抱きながら歩き、波が寄せて来て思わず子を離してしまうくらい嶮しい所からこの名前が付いたという。

新潟と富山の境になる境川の最下流の海側を電車が走る。それに沿って道路が走り、砂丘の延長線上が道路になっていると思えるほど近くを走る。

つかの間の光景ではあるが、今までと違うからか、安定感を抱くと言うか落ち着いてほっとした気分になるのはなぜだろうか。そんな気持ちで、雨が降る道を広い海岸を眺めながら走る。海は冷たそうな青黒い色をして、崖も黒茶色っぽくて重たい感じの風景だ。新潟平野や富山平野は田圃の米が黄金色になって、あと1週間ほどで刈り取りが始まるだろう。

昼食はトラックなどが停車をする食道に入る。野菜炒めギョウザライスで腹を満たす。

糸魚川を過ぎて富山に入ると国道8号線は、海岸を放れて陸中を走る。黒部川を渡り黒部市、魚津市の片貝川橋と早月川を渡って滑川市。滑川を渡って富山市に入る。立山から流れる常願寺川を渡り、岐阜県北アルプスは槍ヶ岳、穂高などから源を発し、神岡鉱業所が鉱毒を流して「イタイイタイ病」で知られる神通川を渡ってからしばらく走って新堀川を渡ると大門町。新湊市で高新大橋を渡ると高岡市になり、四屋で大きく左に曲がる。新潟の境からここまで約56km走る。それから10km程直進すると、暗くなりかけて来た。

これから先は道の駅がないので、高岡市の福岡町で右折して、公園のような所を探すと元取山（１９６ｍ）の麓に、賀茂神社がある。そこには神社参詣用の駐車場らしいが、アスファルト白線で仕切られた場所がある。静かな所だ。

トイレがあるので泊まろうと思い、トイレ近くに車を止める。トイレは手洗水が出るので、先ず溜まった洗濯物（シャツ、ランニング、パンツ2、ステテコ2）を洗う。最近のトイレは、自動手洗いで水を節約するためか、水が続けて出ない。しかしここの自動手洗いは、手をかざせば出るので、すすぎも充分できて助かった。

暗くなって車中で動静を窺うと、どうやらここは若者たちが集まり、「愛を囁く場」であるらしい。手前と右の2面が住宅で、正面が山で、左手が神社につながる石段になっている。ここは町の人の目があるようで、気軽に泊まることができそうにない。諦めて国道8号線へ戻る。長距離トラックなどが止まる小矢部市深沢の休憩所で、泊まることにする。

四屋からここまで21km走るが、ここはトイレも何もない、ただの休憩所だ。車の天井を開けて湯を沸かす。レトルトの牛肉入りご飯を作るため、１７０ccのお湯を注ぎながらご飯をかきまぜて、5分ほど蒸すとできあがり。ソーセージ、タマネギ、ピーマンを茹でて、辛子醤油につけて食べながらウイスキーの水割りを3杯飲む。

9時過ぎに激しい雨が降り出す。あわてて天井を閉めて就寝するが、トラックの運転手が一晩中クーラーをかけたまま眠るので、エンジンの音がうるさくてこちらは寝不足になりそうだ。道の駅から比べると狭い場所なので、逃げようもないので仕方なしに寝る。

◇８月29日（日）午前中雨、午後晴

５時起床、雨が降っている。朝食はタマネギとシイタケを茹でた具を入れて、簡単なインスタントラーメンにする。昨日、距離を稼いで時間に余裕があるので、日記を書く。このまま金沢入りには時間が早いので、能登半島の輪島塗を見に行くことにする。

七尾市から約７km弱走ると、和倉温泉。左折して能登鉄道と平行して七尾北湾を右手に見ながら田鶴浜を経て19km走って中島へ、さらに直進すると16kmで穴水である。二股の分かれ道で右手に行くと海岸線を能登町、珠洲市へ行く半島ぐるり回りになるが時間が足りなくなるので、そちらへ足を延ばすのはやめて二股を左に走って、まっすぐ約26km行くと輪島市へ着く。

こんな突端の半島で、海岸がある外れと日本海の北風の強い所で、どうして塗り物が盛んになったのか不思議に思う。漆器の生産地として室町時代から知られていて、黒赤緑の３色を用い、膳、椀、皿、盆などが多いが、堅牢無比な日本漆器の代表である。特徴は、下地に輪島地粉（付近の小峰山の粘土を焼いて作った特殊なもの）を利用して、堅牢性を第一にしたこと。装飾には沈金《ちんきん》を施す。

湿潤な気候、桧の原木の自給、地粉を漆液に混ぜて堅牢性を増す技術、沈金技術の独特さ、生産における社会的分業・小規模な家内工業の集団の発達などが、行商制に支えられて輪島塗りの特色を今も保持している。人口は併せて３万前後ではないかと思われる。

せっかく尋ねて来たのだから輪島塗りの販売センターに寄って、見物をする。さすが伝統工芸品だけあって良い物は高価。このような器を使っての食生活を創造するだけで、豊かな気分になるが、管理や手入れが大変では

ないかと思う。貧乏人の生活には馴染まないような気持ちになる、それでもせっかく来たのだからと1個５０００円也のグイ飲みを買う。

帰りはコースを２４９号線に変える。来た道を戻れば海岸が左手に見えるようになるが、半島をぐるりと回る格好に海岸を右手に見て門前町、能登金剛・松本清張作「ゼロの焦点」のヤセの断崖まで34㎞走る。途中の赤信号で地図を開いて見ていて、青信号に変わったと見違えてアクセルを踏み、実は赤信号と気付いてあわててブレーキを強く踏む。前の車にぶつかる所を、間一髪で避けた。

寝不足で注意が散漫になっていたのか、自分ながらびっくりしてしまう。さらに15㎞程で能登金剛、巌門で昼食にするために本線から右折して少し行き、海岸の岸壁の上にある大きな観光食堂の駐車場に止める。

ビデオとカメラを持ったままではよいのだが、鍵を入れたまま閉めてしまう。間が悪い時にはへまが重なるもので、いつもはスペアキーを首から下げて身につけていたのに、外して車内に入れたままロックしてしまう。ＪＡＦへ電話をして開けてもらう。やっぱり昨夜の寝不足が元で、注意力が散漫になっていると しか考えられない。休憩をして注意をしながら行くことにしよう。

昼食は刺身定食を１２００円で食べる。給仕のお姉さんが「どうしたんですか」と聞くので「車内に鍵を入れたままロックしたので、ＪＡＦに来てもらった」と話したら、「たまに鍵を車内に置き忘れてロックする人がいるので、店でも用意しているんですよ」と言ってくれた。

ビデオと写真を撮ってから、２４９号線へ戻って金沢へ向けてスタートする。

第5章　北陸・山陰・関西を馳せ巡る

志賀《しか》町、羽咋《はくい》市を過ぎて159号線を七塚町まで55km一気に南下する。宇ノ気町で左折して津幡検問所前で国道8号線に出て14km走ると金沢市内の森本町まで来る。さらに直進して香林坊手前の武蔵を右折して、駅前通りのシティホテルの駐車場に止めてチェックイン。211号室でシャワーを浴びて、夕食は旧知の友人一家・星野さんと会食する。

◇8月30日（月）晴れ

昨夜飲み過ぎたせいか寝覚めが悪い。7時30分頃起きて、用便、洗顔、歯磨き、髭を剃り、朝食に降りる。和洋のバイキング形式の朝食だ。

9時半にチェックアウトしたら、昨夜、会食した知人の星野さんが赤旗の日刊紙を届けておいてくれた。早朝配達のついでの心づかいを嬉しく思う。久しぶりに一通り目を通す。「三浦梅園の哲学と今日的思想」の書評が(富)の名前で載っていた。星野さんにお礼の電話を入れてホテルを10時に出る。

冤罪「山中事件」の支援の中で

8号線を松任市、小松市を過ぎ45kmで加賀の黒瀬町交差点を山中温泉方向へ左折して、冤罪「山中事件」の被告の父・霜上鉄男さんの所へ顔を出したいと思いアドレス帳を見たが、載っていない。

電話１０４で問いあわせて霜上さんに電話をしたら、「葬式があって丁度、今帰って来たところだった」と言う。救援会活動を通じて何度もお会いしていて、ご自宅にも一度伺ったことがあるが、忘れてしまって解らないので、車で迎えに来てもらい、後をついて行く。13時30分に着く。

山中殺人事件は、塗師職人の霜上則男さんが別件逮捕・自白強要で「一審死刑」を宣告されたが、無罪を訴え、本人・家族・広範な救援活動で１９９０年無罪を勝ちとった。則男さんの父・鉄男さんとは「無罪確定」以来８年ぶりの再会だが、ご夫妻とも元気である。鉄男さんは79歳で血圧が高く、足腰も痛く、耳が遠くなったと言っているが、見かけは矍鑠《かくしゃく》としており、とてもそのようには見えない。

その後、則男さんは、大型ユンボの免許をとり、土木の仕事をするため自宅から通っている。朝は6時から弁当持参で行く。「母さんが4時30分起きして弁当つくらないけんので、父親の私がいなくなったら二人ともどうするんやと思う。家業の蒔絵の仕事は、時代に受け入れられない物になって来ているのではないか。不景気が重なって仕事が少ない。仕事が余計来ても年を取っているのでしんどいが、殆ど無いに等しい」と鉄男さんは力なく言う。

昼時になり寿司をごちそうになる。5時頃まで話して、お礼を言ってお暇《いとま》する。土産だと菓子をくれた。

今日は何処へ泊まるという所はないので、これから探す。明日の夜は富山駅前で「風の盆」が8月31日から3日間行われ、八尾では9月1～3日に行われる。八尾だけだと混雑するから２カ所で行うというので観ていくことにする。

明朝は渓流釣りをしたいので釣り具店を探すが、なかなか見つからない。国道沿いで上州屋が見つかった時は、午後6時を過ぎて暗くなってきた。

山中から37km走って山に近い方へ車を向けるが、辰口町へ来たら激しい夕立に遭い7時30分になる。

猛烈な雨と雷で、これ以上進むと何処へ行くのか地理が解らなくなるので、広いスペースを見つけて車を止める。

回りを見ると左手は山で、右側はそれほど広くない田園地帯になっている。車も通らない静かでよい場所なので、ここに泊りと決める。ソーセージ、タマネギ、ピーマンを茹でて、つまみにしながらウイスキーの水割りを飲む。簡単にラーメンにする。

◇8月31日（火）晴れ

6時起床、地元の人が犬を連れて散歩しながら、こんな所に何で車がいるのだろうと、不思議そうな顔をして通って行った。

飯を食わずに前に流れている小川の源流を見に行ったら、山の入り口が公園になっている。上流は小滝がいくつかあって散策渓谷になっていた。

戻って55号線を鶴来町へ出て１５７号線に右折する。河内村役場から左折すると手取川第３ダムを左に見て橋を渡り、右に直海谷川を見ながら金沢セイモアスキー場がある保養センターを通り過ぎる。さらに坂を上がって25km走った所でY字路を右にそれると、川原に沿った駐車場があり、止める。

８時頃、川に入るが28度と真夏並みの暑さだ。一昨年来た場所で30分ほど竿を出すが、時間が遅いため澄んでいる水に陽が当たっているのと魚がいないことで、全然当たりがない。水量はあるが川は荒れてしまっている。釣りはあきらめる。

朝食の準備をしながら洗濯をするため、バケツに洗剤を入れて洗濯物を浸けておく。

椅子、簡易テーブル、ポリ容器の水など必要品を出して、久し振りに冷やしソーメンにする。３束茹でて食べきれないと思ったが、動いた後なので食欲充分で全部食べてしまう。

腹こなしと汗を拭うため、河原に入り身体にセッケンをつけて洗う。浸けておいた洗濯物（タオル６枚、釣用シャツ、ステテコ、下着のシャツ、釣用ズボン下、靴下）を洗い、堅く絞って大きな石の上に広げて干す。日差しが強いのと、石が熱くなっているので、どんどん乾いていく。

昨日あれだけ雨が降ったから濁っていると思ったが、こちらには降らなかったのか、その気配が感じられない。水がきれいだし、余りにも暑いので汚れている車を洗う。日陰に車を動かし、昨日の日記をワープロで書く。12時30分、気温が32度と暑い中をスタート。

鶴来町道の駅に寄り、昼食（握り寿司と天ぷら、茶わん蒸し、緑茶）１２００円＋消費税、良心的な値段だし、ネタもまあまあで旨かった。

車は１５７号線から松任市の乾町で国道８

号線へ右折して、昨日来た道を金沢市、津幡町、小矢部市、高岡市を過ぎ富山市めがけてまっしぐらに走らせる。

市内に入り神通川に架かる中島大橋を渡って中島を右折して、金沢セイモアスキー場から富山駅まで１０３km走って5時に到着。

ホテルへ電話をすると、１回でＯＫになる。自動販売機で缶のお茶を買い、婦人警官に「駅前で盆踊りがあると聞いたがありますか」と聞くと「ありますよ」との返事だ。

駅のそばの小さなホテルで、建物の１階に駐車場があり、車をバックで入れてチェックイン。フロントは女将さんが対応する。

和食がおいしい店を聞いたら、５分ほどの「五万石」を教えてくれる。時間があるので、福井・小浜の牟久宅へ電話を入れたらご夫妻が在宅。明日もいるので小浜へついたら電話をくれれば近いので迎えに行くと言われる。


洗濯をしてシャワーを浴びて涼んでから、教えられた「五万石」へ行く。サラリーマンが２人で飲んでいたが、帰ると私だけになる。和服を着た中居さんが暇《ひま》をもてあましていたので、私のビデオを回して見せてやると「あら、すごい。こんなに小さくて、こんなによく写るなんて」とびっくりしている。

魚料理は３０００円コース、酒１２００円サービス込みで計４６４０円だがおいしかった。踊りの開始に30分遅れて、６時半になってしまう。

駅前に行ったら「風の盆」が真っ最中で、回りに見物人、地元の踊り手で輪が大きくなり、舞台にも上がっている。長年踊り続けているプロをビデオに映そうとするが、回りの踊り手が映像を遮り、狙ったものが思うようには撮れず、雰囲気だけになってしまう。

年寄りの胡弓で、中学生くらいの女子が歌っている。小さい頃から歌っているのだろう、歌の間といい、声、リズムがなかなか堂に入ってうまいものだ。全部を見る必要もないので、カメラとビデオに収めて引き上げる。他の場所でもやっていたので行って見るが、すでに終わったようで散会して、みなバラバラ帰って行くので、ホテルに戻る。

◇9月1日（水）晴れのち雨

ビジネスホテルは部屋も小さくて、サービスがよい訳ではないが、、宿代が安いのが魅力だ。

6時起床、シャワーを浴びて洗濯をする。出発までに乾くか解らないが夕べ汗をかいたのでパンツとシャツだけ洗い、堅絞りで干す。今日は朝から暑いので10時前に、まだ乾かない下着を着てスタート、生乾きの下着が、むしろ気持ちよい。

富山から8号線で加賀を過ぎて黒瀬町まで走る。黒瀬から３０５号線へ右折して福井県へ入り芦原町、三国町を過ぎて糸崎町から右手に日本海を見て、越廼村を通過して越前町へ出る。海岸有料道路は右に海を見ながら走るが、入って5分程で土砂降りの雨になったり、小雨になったりを繰り返している。国道から小さい通りに入ると海岸がある。海をかかえた町の風情は、農業の町や村と違う独特な雰囲気を持っている。両側には道を挟んで似たような店構えの軒が並ぶ。福井の海は北風や風雪に耐えているためか、海岸の岩肌が刺々しく削られている。見るものに迫力をもって迫ってくる。

北陸から琵琶湖を経て京都へ

黒瀬から原発が見える敦賀市を通過して、美浜町、三方町と原発地帯を走り抜け、上中町を経て60㎞ほど走って5時30分頃、小浜駅に着く。雨が激しく降って先が見えないほどだ。バケツをひっくり返したような、と言う表現があるが全くその通りだ。

駅から電話をして旧い友人の牟久さん宅を訪問する。ご自宅はこの地方らしく大きな立派な仏壇のある家で、勧められるままに、この日をこの床の間と仏壇の並ぶ部屋に泊めていただいた。

◇9月2日（木）晴れ

7時起床。朝食時に激しい雨が降る。通り雨のようだ。

出発時に梅干し入り白お握り3個、味付けノリ、ウリとキュウリの漬物のお弁当を容器に詰めてくれたので、ありがたくいただく。記念写真を撮って礼を述べて10時に失礼する。

琵琶湖、比叡山めぐり

41年ぶりに比叡山延暦寺に行くため、8号線を上中町まで昨日来た道を戻る。３０３号線に右折して山間の農村地帯を今泉町まで走って、１６１号線に右折する。

左手に琵琶湖を見ながら30㎞走ると、比叡山に上がる仰木口にくる。上仰木口から比叡山ドライブウエイの有料道路になる。20㎞の距離で２３００円は高いと思ったが、一般道では行けないのだから使用するしかない。「時は金なり」でまあ仕方がないか、と覚悟を決める。

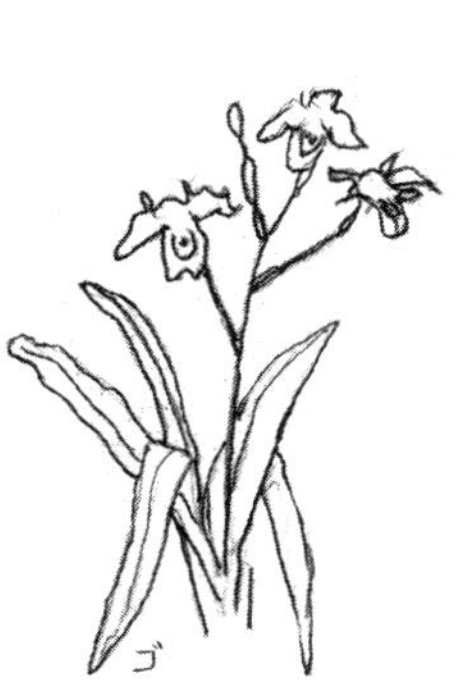

13時頃に中腹まで到着したので、休憩がてら琵琶湖の風景を眺めながら、頂いたお弁当のおにぎりに海苔を巻いて食べる。

快晴でよく見えるので写真とビデオを撮るが、さすがは日本一の湖、長さ68km、最大幅22・6km、湖岸線235・2km、面積681平方km、最大深度103・4m、透明度は7～10mだけあって、残念ながら全貌をファインダーに納めることはできない。

東岸には野洲川、日野川、愛知川、犬上川、姉川などの河川が注入している。西岸には安曇川、夏季の最高表面水温は30度、水深30mで10度、湖底90mでは7度、最低水温6度であるから結氷しない。

用途はかんがい用水、大都会の飲用水、湖辺の工業用水、京阪神工業地帯の動力の電源、豊富な魚族の自然養殖地でもある。冷水性と温水性両魚族が47種、貝類は42種が生息し、日本淡水魚の大方が生息する。冷水性はアユ、マス、シジミ、温水性はコイ、フナ、モロコなどである。以上、1972年平凡社『世界大百科事典』のデーターなので、今日の実情は悪くなることがあっても良くなってはいないと思われる。

京都祇園の旅館「紫」に今夜の予約の電話を入れたら「大丈夫」とのことでキープする。根本中堂がある第一駐車場に車を止めたが、暑くてたまらない。クーラーを利かせて30分ほどワープロで日記を書く。

大講堂、辻堂、根本中堂、戒壇院を急ぎ足で回る。根本中堂では中に入り、僧侶の説明を受ける。

祇園の旅館「紫」と山とみ

3時過ぎに延暦寺を後にして、近道のドライブウェイを使って下りる。祇園まで来て、車で祇園町の中へ入って旅館「紫」を探したが、道が狭く一方通行なので思うように動けず見つからない。一旦、八坂神社の近くへ出て、車を止めて電話をして駐車場を教えてもらう。すぐ近くの建仁寺の境内が駐車場なので、そこに止めるよう指示を受ける。

旅館はどの辺かと聞いたら、５分ほど歩いた所にあることが分かった。これで４回泊まることになるのに、車で探すと見つからないから不思議だ。道が広ければ探せると思うが仕方がない。

宿で、女将《おかみ》に延暦寺で買ってきた薄皮まんじゅうの手土産を渡すと「いつもすんまへんどす、おおきに」と言われる。「それほどのものではありませんので…」とチェックイン。

小さな風呂に入って、出て来たら携帯が鳴る。自宅からで、光陽印刷の社長から電話があり、明日でも、帰って来たら電話をするようにとの伝言だった。

先斗町《ぽんとちょう》の「山とみ」へぶらぶら歩いて飲みに行く。祇園を出る手前で芸妓さんに会う。顔は真っ白に化粧をして、小さなおちょぼ口に紅をさし、振り袖に長いだらりの帯を揺らしながら、ポックリを履いて、カラコロと歩いて行く姿は京都ならでは、だ。

先斗町も客がよく入っている店とそうでない店があるが、何がどう違うのだろう。私の考えでは、店構えが物々しくしてもだめだし、奥が見えないような店は、立派に見えて入りづらいのではないかと思うが、京都は、出入り口は狭く奥が深い店が多い。

差別化をしているのだろうが、明るくて庶民が入りやすい所はよく入っている。鴨川沿いの「山とみ」もそんな店だ。女将《おかみ》の京ちゃんは、加茂川にフランスのポンデザール橋を模した橋を架ける話が出た時に、「それはいかん、そんな橋架けたら、加茂川が死んでしまう」と反対の呼びかけ人になって運動をし、白紙撤回を勝ちとった気骨のある女将さんだ。

京ちゃんとは、東京の安岡冨美枝さんが「蹴散し生きて」の自分史を光陽出版社で発行し、その出版記念会に上京した際に出会った。安岡さんは光陽出版社編集スタッフの山本恵子さんの実母で、京都では「紫」を定宿にし「山とみ」も常連だった。私は記念会で京ちゃんに会って以来京都へ行くと必ず寄せてもらうようにしている。

純米吟醸酒3杯に中とろ、おでんの大根、コンニャク、昆布、ゴボウ巻き、焼きチクワを食べて店を出る。

10時過ぎると京都の町も人通りが減っている。ほろ酔い加減のいい気持ちになって帰りがけに日本ソバ屋へ入る。冷やしうどんと酒1本を飲むが、うどんがしまって歯応えがあるのと、つゆが上品な味で満足して帰る。

◇9月3日（金）雨のち晴れ

6時起床。日記を書く。7時30分に食事のコールあり、坪庭の脇の洗面所で歯磨きして部屋へ戻ると、布団が上げてあり、窓が開けられてある。食事がお膳に乗せられて部屋へ運ばれてくる。飯は小さな飯櫃に、アジの干物、焼きノリ、温泉卵、柴漬、みそ汁と質素なものだ。

宿の「紫」を9時30分に出ると、朝の祇園町は静かだ。散歩がてらお参りをする老女、犬の散歩をしている中年婦人などがのどかに行き交う。駐車場の境内まで歩いて行く。

国道９号線へ出て西京区を経て、亀岡経由で丹波街まで46㎞走り、道の駅「丹波」で休憩。昼食用にスーパーで鮨折りや塩辛、骨付きウインナー、氷を買って食べる。13時過ぎに光陽出版社に電話する。社長と９日に会うことにする。

蒲生で27号線へ出て瑞穂町、綾部市を経て西舞鶴に着く。１７５号線を左折して由良川の橋を渡って右折し由良川沿いに走るつもりが、１本手前の道を右折してしまい、神崎岬・舞鶴温泉まで行く。20㎞程の距離と時間のロスをするが、綺麗な景色を見たので良かった。

天橋立・砂丘・温泉は山陰の風情

由良浜から宮津市を経て30㎞走ると天橋立。観光地を巡り写真、ビデオなど撮りながら２時間ほど見学して、帰り道でみやげにせんべい２コと地酒を買う。

天橋立は江戸時代、既に日本三景の一つに上げられる名勝だった。宮津湾と阿蘇海を左右に分けて伸びる３・５㎞の砂州は、姿の良い磯馴松《そなれまつ》の古木がおおよそ８０００本密生し、海の上に緑のベルトを延ばしたよう。神様が天に昇るための架け橋だというのもうなずける絶景だ。箱庭的と言われる景色だが、「股のぞき」のできる天橋立ビューランドへ登ると、海を左右に分けて一文字に対岸へ延びる砂州が絵に描いたようだ。

５時過ぎにスタートして道の駅「伊根」まで走るが、小さい場所なのか見落としてしまう。戻るのも時間と燃料がもったいないので、適当な場所が見つかるまで先へ行く。

日が短くなり６時30分には暗くなってくる。７時30分頃、道の駅「丹後」にくる。ここで泊まることにする。骨付きウインナーとタマネギ、キュウリを炒めて食べながら、ウイスキーの水割りを飲む。湯を沸かしナポリタンのレトルトを温め、麺を茹でて食べる。

夜の沖合を見ると、イカ釣りの漁火が３つ見える。真っ暗な中での光は寂しげであるが、雨が降っていてもイカ漁が行われていることを思うと、たくましい海の男たちの仕事の光が輝いていると思える。

◇9月4日（土）晴れ

6時起床。小雨が降っており、車内でレトルトの牛肉入りライスとお新香、キュウリ、タマネギ、キャベツ、ピーマンを茹でて麺つゆをかけて食べる。日記を書き、10時スタート。

昨夜は暗い海岸を走って来たが、明るくなって見ると一歩間違えば崖下の海に落ちるような所を走っていて、背筋が寒くなってくる。スピードを下げて慎重運転で１７８号線を走る。網野町から河梨峠を境に兵庫県になる。豊岡市を経て香住町まで79㎞は内陸を走る。香住町から海岸線を少し行くと橋の下を通過する。余部鉄橋の下を通過する。ずいぶん前だが強風で列車が脱線転覆した事故を思い出す。

余部鉄橋は山陰本線の鎧駅と久谷駅の中間で、トンネルとトンネルの間の谷に架けられ、長さ３０８ｍ、高さ41ｍあり、アメリカ人技師の設計によるトレッスル式の橋脚は、日本では珍しい陸橋で１９１１（明治44）年に完成したものだ。カメラとビデオで撮る。

昼時になったので、茅葺き屋根も民芸風の生魚料理「但馬路」に入る。靴を脱いで畳の部屋に座ると、廊下の下が舟形の生け簀になっていて、活魚を食べさせてくれる。値段は３０００円からあったが、品数が少ないので５０００円にしたらタイ、ヒラメ、ヒラマサ、イカ、甘エビ、サザエ、お新香（たくあん、山椒の実和え）飯、吸い物。飯は四角の枠にすだれを敷いてその上に飯が入っているが、一食のおかずにしては量が多く、飯は足りなかった。魚はどれも活きがよく歯ごたえもあり、さすが漁港の料理屋だ。よいものが安ければ言うことなしだが、それは無理なのかもしれない。

１時になったので豊かな気持ちで車を走らせ浜坂町を越すと、鳥取県岩美町になる。駟馳《しち》峠にかかる前に国道９号線になり峠を越えて、岩戸で海岸道路を２時間ほど48㎞走ると鳥取砂丘になる。

土産物屋の駐車場に止めて、運動靴に履き代えて砂浜を歩く。日本最大の砂丘である。砂の照り返しで気温は35度くらいはあるだろう。細かい砂でさらさらして歩きづらいが汗をかきかき頂上まで行く。

土曜日のため観光客も多い。砂に足を取られるので靴を手に持ち裸足で歩く若いカップル、ケガをする心配がないので小さい子どもを裸足で歩かせている親子など、それぞれが高い砂丘の頂上めざして歩く。風紋や砂すだれは見られなかった。

砂丘を歩くのが嫌な人は、人の歩くところとは違う馬車道を、馬車が25分700円で往復している。ロマンチックな海岸だ。

砂丘から国道9号線へ出て千代川を渡り、白兎海岸から右に海、山陰本線と平行して海岸沿いに山陰道を走る。気高町、青谷町を経て走り泊村で22号線に左折。

汗をかいたので三朝温泉に向かう。キュリー夫人が発見したラジウムの世界一の含有量を誇る観光地として有名だ。地図ではそれほどの距離ではないと思ったが、結構走って5時過ぎに到着。車を駐車場に止めて5分程歩いて三朝温泉の大橋のほとりへ出て見る。

土曜で団体客や家族ずれが多く活気がある。不景気を感じさせないほど盛況のようだ。橋の両側には石灯籠があり、浴衣姿の温泉客たちがたむろして笑い声をあげながら、橋の下を見ている。三朝川の河原から湯煙を上げている露天風呂を見ているのだ。共同浴場は3つあるが、この露天風呂こそ三朝温泉の名物・河原風呂なので入ることにする。無料なのがうれしい。河原に、石で囲んだ横3m×長さ5mほどの露天風呂で、ラジウムが豊富で42度くらいの湯が筒から滔々と流れ出ている。先客5人が入っていたが、ゆっくりと浸かり、持参した石鹸とシャンプーで頭と体を洗う。

温泉にくる道は分かりずらかった。帰り道は暗く、迷うと時間のロスと事故の元になるので、遠回りでもすんなり行ける21号線を走って倉石市内を通過、国道9号線へ出て道の駅「羽合」で泊まることにする。しかし、トラックは駐車禁止で幸いなのだが、若者6人がライトを煌々とつけてバーベキューをやっていて馴染めない。トイレの水で洗濯だけして5㎞先の次の道の駅「北条公園」へ行く。ここはトラックが優先で普通車は少なく、冷房のエンジン音が地響きを立ててこちらの車に伝わって来てうるさい。3時頃、目が覚めてしまったので、もう一つ先の道の駅「大栄」まで走って、寝る。

◇9月5日（日）晴れ

8時起床、車の重心が前方になるよう荷物を積み直してみたが、カーブの多い道では、前後のずれより左右のずれが大きいので、左右の揺れを防ぐため後方で左右を固定して前後にずれないようにする。この方が荷物ずれしないことが分かった。

道の駅「大栄」はいろいろある道の駅の中でもひときわ活気がある。日曜日だからかも知れないが、朝8時30分には店がオープンの準備をしている。食堂で、朝食が980円のバイキングをやっているので食べる。ホテルのような金額の張りそうなものは出ていないが、地場産の野菜を使用して加工したヘルシーなものが多いのでよかった。

日記をつけて、10時にスタート。時刻表を買おうと思って本屋に立ち寄るが、漫画や文庫本とビデオなどが主で、通常必要とする本や時刻表を置いていない。こんな本屋が増えている。

米子へ出て皆生温泉を通過して、米子空港へ着く。明日の一時帰郷の搭乗時間を確かめる。境水道大橋を渡って境美保関線を関の五本松と漁港を通って美保関の灯台へ行くが、期待したような素晴らしい場所ではない。何でこんな場所へ来たか、という気持ちが強い。

松江城と安来節そして美術館

昨日と同じ道を走るのは芸がない。遠回りになるが松江に出る。松江城は別名千鳥城、慶長年間5年を費やして完成させた。地元の人たちが白山と言う標高28ｍの亀田山に建っている。城を支える石垣は、野面接ぎごぼう積みと呼ばれる造りである。石の形や大きさは不揃いで、表面も粗い。３６０年経った今でも力強さを感じる。城の外壁は大半が分厚い黒板で造られている。

天守閣入場料は３００円。急な階段を上がると天狗の間で、左手に大山の雄姿が見え、下には松江市街と正面に宍道湖の湖面がギラギラ光っている。城の周辺は公園で、木陰に家族連れの姿が見える。松江城の写真を撮る。

夕方5時頃、安来市まで29㎞走って鷺の湯温泉で風呂に入ろうと宿で聞いたら、風呂だけはやっていないと断られる。2軒目の「安来苑」で聞いたら「入浴だけでもいいし、これからの泊まりもできますよ」と言われ、泊まることにする。風呂は大庭園風呂と銘打つだけあって立派な石が並べられ、入口で男湯と女湯に別れているが、中に入ると半分ほどまで仕切りがあるが、その先は仕切りがなくて共用となる。源泉は61度の単純泉で、湯の放出口は43度位で少し熱めの湯だ。熱い湯が好きだから、しゃきっとした気分になる。

６時から夕飯で、喉が渇いたのでビールを１本頼み２杯飲んで残し、お燗酒を２本飲む。女将さんの話では、安来節のどじょうすくい道場が２軒先にあるという。希望者には体験道場で教えてくれるとのことで、物好きの虫が起きて３０００円払って食後行くことにする。

道場には舞台があり、絣の半纏、半ズボンの衣装、腰ビクとザルの小道具を貸してくれる。芸は恰好から決まると言われるように、着替えてその装束になると、何となくそれらしくなるから不思議なものだ。１時間位は練習したであろうか、酒を飲んだあとの初めての練習なので、汗びっしょりになった。感想としては、簡単なように見えるが、実際にやってみると奥が深く、難しいものだ。一つひとつの動きに意味があり、それをマスターするには練習が必要だ。ビデオテープを１本９８００円で買った。ビデオをよく見て練習してみよう。

宿に戻り、11時風呂に入って就寝。

◇９月６日（月）晴れ

６時起床、朝風呂に入る。風呂へカメラとビデオを持ち込み、撮影する。湯気が立ちこめ、レンズが曇って撮れるかどうか分からないがシャッターを何枚か押す。

道の駅は大きな駐車場があり、大型観光バスを迎え入れている。一つの棟にみやげもの売店とレストハウスがある。鷺の湯温泉と足立美術館をセットで町起こしをしている。

美術館は９時から開館で、９時40分に２２００円の入館料を払って入館。今までいろいろな所を見たが、これ程高い入場料は他にはなかった。

この美術館は横山大観のコレクションが多い。有名人の絵が一堂に観られるのがうれしい。一見して見事なのは１万３０００坪の枯《かれ》山水《さんすい》の日本庭園である。館内から眺める一面の庭園には大きな池があり、池の上を廊下が渡っている。その下には大きな錦鯉がゆったりと泳いでいる。池の周りとその向こうには芝生がきれいに密生して、目が洗われるようだ。低木の黒松や赤松が所々に植えられて、石灯籠が立っている。盛山には落葉樹のモミジやツツジが植えられている。

もう一面から見える庭は、池の続きが盛山の手前にあり、池の先には枯山水のように白い玉砂利が敷かれ、低木の赤松、黒松が所々に、小高い森山にはツツジやモミジ、カエデなど落葉樹が植えられている。また岩山が築かれて5m位の落差をもった滝が落ち、盛山を経て池に流れ込んでいる。今日的な贅をつくした美的な庭園は、莫大な金額が投入されているのではないかと思われる。

10時30分まで急いで、一通り見た。3時間ほどかければじっくり見られると思うが、米子空港発13時10分の羽田行き便に乗らなければならない。

10時40分に美術館を出て、小雨の中を米子空港に向けて車をスタートする。空港近くへ来たら雨も上がり、空港駐車場は、30度位の気温で蒸し暑くなる。

当地米子に5日間車を止めたまま単身上京するので、補助椅子の荷物を片付ける。必要品だけをザックに詰めて空港に向かう。予約していた番号で航空券を購入する。昼休みだが、電話ボックスから東京の佐藤社長に電話をするが留守で、16時に行くことを社長に伝言してくれるように頼む。

飛行機は定刻で離陸する。この時の気持ちは、いつ乗っても緊張して嫌なものだ。今日は気流が荒れて、ガタガタと揺れて乗り心地が悪かった。

午後2時35分、定刻で羽田に着陸する。モノレールで浜松町へ出て、東京駅から東西線に乗り換える。神楽坂の誠美堂へ寄ってフイルム7本の現像を依頼する
16時に光陽印刷に着くが、社長は会議中で

少し待つようにとのメモがある。私宛の書類がおいてあったので目を通す。

社長との打ち合わせを終わると5時30分になった。その後は、やはり馴染みの神楽坂の店で後輩と酒を飲む。自宅に戻ったのは、終電間近だった。

◇9月7日（火）晴れ

ゆっくり休む。この後、23～26日は家族で四国を回ることになる。予定表をワープロで作り直す。

◇9月8日（水）晴れ

6時起床。小説を寝ながら読む。8時にシャワーを浴びて食事をする。9時30分から10時までが職安の認定なので、9時前に家を出る。月一度の職安訪問は、旅先からの帰京を余儀なくさせるが、家族が互いに無事を確かめ合えるよい機会とも言える。

9時50分頃カードを渡されて見ると、失業保険の支給額は、28日計算で二か月分・27万4680円を確認して帰る。朝から30度と蒸し暑い。昨日の予定表を作り替え、コース変更をして1日が終わってしまう。

◇9月10日（金）晴れ

6時起床、藤沢周平の「蟬しぐれ」を読む。本格的な長編時代小説の藤沢作品は初めて読むことになる。今日は米子へ帰る日だ。

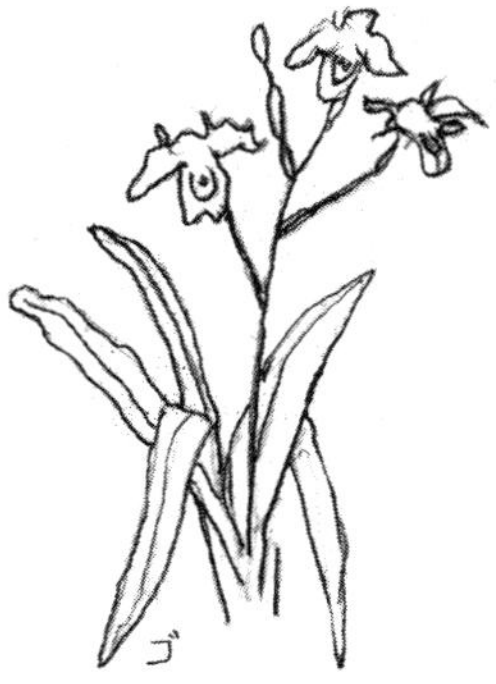

朝食は8時。セロリ、キャベツ、ブロッコリー、昆布を茹でたサラダと茹で卵、みそ汁、飯でメロンのデザートを食べる。まずは航空券の予約をする。

シャワーを浴びて11時30分、冷や麦を食べて12時に家を出る。

空港の搭乗券機は自動になっている。女性係員が用件を聞きながら、該当するボタンをおしてチェックまでしてくれて助かる。乗降口36番は一番外れで、右側に歩く。飛行機へはランプバスで移動して乗り込む。左右3列、真ん中4列の乗席をもつジャンボ機に、乗客は100人乗っているかどうかの人数でガラガラだ。こんなに少なくても経営が成り立つのだろうか、と思ってしまう。

定刻に離陸して、米子に近づいた頃には曇っていて気流が安定しないためか、ガタガタと揺れるが無事に到着。

米子からの再スタート・島根・山口

5日間駐車していた車に戻ると、雨が少し降り出す。ロードドライブ再開である。大きい道はトラックが通るので、江島、大根島の近道を使用して本庄福富松江線の海岸端を走って松江に出る。

雨がひどくなって来たので、通過する。宍道湖の端の国道431号線を走って、道の駅「秋鹿なぎさ公園」でトイレタイム。車の数が少ないのが助かる。39km走って出雲に着く。出雲大社の近くにある門前町の横に道の駅があり、ここで泊まることにする。鉄筋コンクリートの高さ23mの大鳥居がある。

夕飯を食べる店を探し歩く。みやげもの屋、旅館があるが閉まっている。食べ物屋が少なく、店を開けていない。見回すと、ビジネスホテルの看板が目に入る。フロントへ行き、泊まれるか聞いたら空いていたので、車を移動してチェックインする。フロントで女将に食事のできるところを聞くと、少し歩くとソバ屋と寿司屋があると言われて傘を差して寿司屋に行く。

店の構えもよいので、いい魚を食わしてくれるのではないかと期待をして入ったが、貝類のない寿司屋で、魚は一般的なタチウオ、マグロ、イカ、タコ、シメサバくらいだ。サンマは焼いた方が良いと言われ、焼いてもらう。タチウオとイカ刺しをつまみにして酒を1合飲み、あとは焼酎のウーロン割2杯を飲む。タコ、シメサバ、お勧めの赤い魚を握ってもらって食べたらおいしかった。ネタはそれほどではないが、良心的な値段で安いのが良かった。

女将のお袋さんが、傍らのテーブルで栗の皮をたくさん剥いていた。「こんなにたくさんどうするんですか」と聞くと「甘煮にして客に出すのだ」と言う。「へー、すごいねえ」と言うと、小皿に5粒入れて来て「食べてみなさい」と出してくれた。お世辞でなくて褒めた。「栗の黄色がきれいだし、形が崩れていないのでさすがはプロだ」と言ったら「おいしいでしょ」と言う。

いい気分になって外へ出たら雨は相変わらず降っている。5分ほど歩いてホテルへ戻って就寝。

◇9月11日（土）晴れ

6時起床。「蟬しぐれ」を9時まで読む。シャワーを浴びて9時30分、整理したザックを背負って下へ降りて清算する。横にある喫茶店で、モーニングサービスのパンと卵、野菜サラダ、紅茶を飲みながら食べる。

車はホテルへおいて、出雲大社へ歩いて行

く。青銅の鳥居（長州藩主・毛利綱広が１６６６年寄進、高さ６ｍ、周囲約２ｍ）を潜り、玉砂利を踏みしめてビデオと写真を撮りながら歩を進めると正面に、総檜造りの大社拝殿の広場に着く。

たくさんの鳩が、子どもがやる餌をついばんでいる。拝殿に進み見上げると大注連縄《おおしめなわ》が目につく、長さ８ｍ、重さ１５００kgもあるという。

　右回りで本殿へ向かう。現代の本殿は（１７４４年、出雲藩主・松平直政が造営した）大社造りと言われる独特のもの。社殿を囲んで内から玉垣、荒垣が三重に配され厳粛な空気が漂っている。

　出雲大社は、天照大神が大国生命のために広大な神殿・天日隅宮を建てたのが始まりと言う。ビデオとシャッターを切って大社を後にする。

　ガソリンを給油して10時過ぎにスタート、30分程の走りで山陰の耶馬渓と言われる立久恵峡に着く。

　渓谷に屹立する岩を一望できる。屏風岩、烏帽子岩、神亀岩など見る者を圧倒する。

道路は、往きは上の道路で、帰りは下を走る。一方通行になっている。観光地として元々この一本の道路で対向して走り、バスなどが交わすのに苦労をして、他の車が止めてしまうこともあって、険しい所だが切り開いたのだろう。車を止めて撮影する。

更に車を進めて釣りをしようと源流へ向けて進めるが奥が深い。神戸川の源流がどの辺になるのか見当がつかない。１時間走るがこの水量が清流になるには来島貯水池まで行き、さらに走って広島県の境まで、あと1時間は走らなければならず、往復を考えると容易ではないので、途中から引き返すことにした。

12時になってしまったので、佐田町の役場の横の公立食堂に入る。焼き牛肉定食、ゴボウのキンピラ、昆布の佃煮、シジミの味噌汁つき１０００円は安くて旨かった。立久恵で車を止めてカメラのシャッターを切る。

１８４号線を出雲市渡橋中央の交差点まで走って、国道9号線へ左折する。湖陵町を過ぎ、道の駅「キララ多伎」でトイレ休憩、太田・江津・浜田・益田の各市を過ぎて仏峠を境に、山口県に入る。

１７０㎞走り、田万川町の道の駅「ゆとりパークたまがわ」で休憩。夕方の海岸線を24㎞走って阿武町の道の駅「阿武町」で泊まる。ここは温泉があるので、風呂に入る。

風呂は2階にあり、被り湯と水が二つに分かれていて、泡湯、通常の湯に打たせ湯がカーテンで丸く囲ってある。洗い場は1階で蛇口とシャワーがある。疲れをとるため意識的に長時間、湯に浸かる。

風呂から出ると、横に食堂の棟がある。入口で食券を買って注文するようになっている。生ビール、冷や奴、冷やし中華をとりあえず頼む。その後、酒2本とタコのから揚げを食べて車へ戻るとぐったりで、日記を書くことも、本を読むこともできず眠る。

◇9月12日（日）晴れ

暑いがぐっすり眠る。6時起床、日記を書く。日曜日のため朝市が出ている。トイレの洗面所で洗顔する。

山口県特産の、皮が薄く「二〇世紀」のように肌がすべすべした梨を久しぶりに買い、きれいに拭いて丸かじりで食べる。車の冷蔵庫で冷やしたレモンジュースを飲んで9時30分に出発。

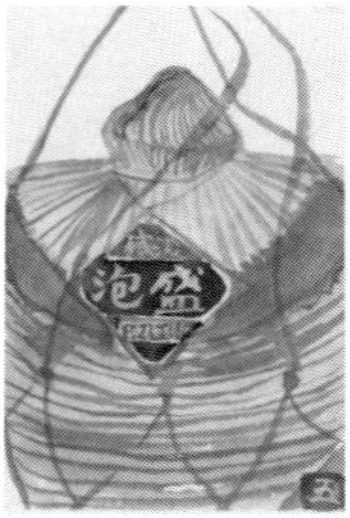

14㎞走って萩の松陰神社へ着く。境内の駐車場へ車を止める。松並木の美しい境内を進み松下村塾を見る。明治23年創建の吉田松陰を祀る神社で、お参りして、ビデオと写真を撮る。

萩は以前に来てしっかり見ているので、今回は武家屋敷の見学、「史跡萩城下町の碑」が建つ江戸屋横町、木戸孝允が20年間居住した旧宅。高杉晋作が生まれた旧宅、菊屋横町に代々藩の御用商人として栄えた菊屋家の土蔵が立ち並ぶ通りを散策する。

津和野は見たことがないので、国道262号線を南下して津和野へ向かう。徳佐下長沢でJRの山口線が国道と平行している。

SLマニアたちが早い時間から撮影しようとスタンバイをして構えていたので、間もなくSLが来るのだろうと思い、野坂峠を境に島根県へ入る。坂を下る所にトンネルがあり、機関車が黒煙を挙げて出てくる。シャッターチャンスを狙うため道端に車を止める。待っていると警笛を鳴らして汽車がやって来た。トンネルを出たところを１枚と後ろ姿を２枚撮る。

中国地方には瓦屋根が目立ち、津和野は赤茶色の瓦の家が特に多い。よく見ると津和野は石州瓦の生産地であることが分かった。関東では黒い瓦が多く、石州瓦は見たことがないのでシャッターを何枚も押してしまう。

38㎞走って津和野に着く。こんな山深い田舎町に白壁の土塀が連なり、史跡が散在する津和野は、昔のよき名残りをひたすら守り続けて、山陰の小京都と呼ぶにふさわしい。

京都の伏見稲荷を勧請《かんじょう》したもので日本五大稲荷の一つ太鼓谷稲荷神社は城山の中腹にあり、赤い鳥居のトンネルが九十九折《つづら》りに延々と続き、その数１２００本。年間１００万人の参詣者で賑わうという。

弥栄神社では鷺舞神事が行われる。全長２７０ｍの馬場では、４月の第2日曜の例祭に、桜並木の下を狩りの騎馬武者が力強く弓を射る流鏑馬《やぶさめ》馬場が有名である。

乙女峠のマリア聖堂は、維新政府に改宗を迫られた長崎県浦上の教徒１５３名がここに幽閉され、１８７０（明治３）年までに37名が殉教したのを悼み、建てられた。

津和野を一躍有名にしたのは、安野光雅氏の紹介による所が大きいという。

昼食は、山の中で刺身定食でもないかなと思ったが、注文する。イワシ、イカ、マグロ、お新香、みそ汁、飯で１２００円。朝は梨とジュースだけなのに腹が減らないのもおかしいと思いつつ食べたが、まあまあの味だった。

森鷗外の生家は離れているので、車を駐車場から出して寄って見たものの、下車して見るほどのこともなさそうなので、通り過ぎる。

北九州へ出るには一般国道だと6時頃には着かないので、高速道路を走る必要がありと国道を急いだが、いくらも行かない阿東町の交通事故で片側は動かなくなってしまった。これではいつ動くか解らないので、進路を逆方向に変えて３１７号へ入る。遠回りの山道を走って、川上村から旭村へ出て木戸山の三叉路を右折して2時間ほど走る。更に３６７号を走り、三の宮で２６２号線に左折して山口から中国自動車道の高速に入った。

遠回りがこんなに時間がかかるのなら、待った方が苦労もなくガソリンも減らずに良かったかな、と思ったが結果論なので仕方がない。山口県は、昔から総理大臣が多く出ている県で政治力があるからか、山深い中まで道路は舗装されている。

高速へ入ってから山の中の道路を時速90km位で下関に至り、関門橋を渡って門司から北九州市高速に入る。さらに１２０km走って北九州市下到津で高速道路を6時に下りる。

宿になるパールシティホテルへ行って、チェックインをする。車は背が高くてホテルの駐車場に入らないので、駅前の平場の駐車場へ止める。

夜は北九州市の旧知の夫妻を訪れ、12時近くにホテルに戻り、シャワーを浴び、洗濯をして就寝。

第6章　九州を自在に走る

◇9月13日（月）雨のち晴れ

　6時起床、日記を書く。シャワーを浴びる。昨夜の洗濯物は時間が遅かったので乾き切れていないが、そのまま着て朝食に降りる。和食だが、米がうまくないのか、食欲がなかったのか分からないが、残せない義務感で全部食べた。生卵、タラコ4分の1。小魚の甘露煮、卵焼き一切れ、味付けのり、きざみ新香、みそ汁、飯。

　チェックアウト。駐車料は1200円。小雨が降っており、小倉城の写真は信号待ちで車窓から写す。

　雨の中の運転なので、慎重に慌てずにを心掛ける。車も多いが規則を守って走っているので、車間距離を十分とるようにして走る。

耶馬渓ダムそして大分の大切な人たち

　国道10号を行橋市を過ぎ、大分県中津市で右折して212号を進むと耶馬渓中前、ここを左折して少し走ると耶馬渓ダムに到着。

　このダムは多目的使用の人口ダムで、湖水には時間で変わる円形の噴水が、向こう岸に近いところに造られている。時間帯によって縦長柱状の噴水になったり、斜め横に広く丸い噴水になったり、上下幅のある水が丸く噴き上がる情景は、夏の暑い時は見るだけで一服の清涼剤になり、安らぎを与えてくれる。噴水の切り替わり時は、次に何が出るのか緊張感がある。しばらくカメラとビデオを撮影する。

昼食時なので脇にあるレストランで昼食。ハンバーグと地鶏添えのメニューが珍しく、1500円の値段も、それほど高くはないので食べた。

一目八景《ひとめはっけい》は大きな峡谷でぐるりと360度一回りすればわかるが、カメラのファインダーでは捉え切れない大きさだ。いろいろな峡谷で素晴らしい所を見て来たがそれぞれが特徴をもっている。所々でシャッターを切りながら激しいカーブの山道を上がり下がりして31㎞走って珠玖町へ出て湯布院へ向かう。

湯布院へ入る前で、道の拡幅工事をしており、4箇所の片側通行で待たされ、予想しない所で時間を取られてしまった。25㎞走って湯布院の広大な草原の山道を一気に登ると、途中に茶屋があって小休止。カメラとビデオを撮る。

由布岳は頂上から３分の１くらいの所まで霧がかかりよく見えないが、風の向きによって垣間見える頂上の姿は、幻想的だ。まるで山水画を見ているようである。来た甲斐があると言うものだ。標高が高いためか、見渡す限り山の傾斜面や窪地も草原になっている。草丈もそれほど伸びていない、実に美しい草原だ。よく「絵葉書のようだ」と言うが、実物があってこそ絵葉書になるのであり、そのままの景色を見てつくづく感動してしまう。このようなスケールの大きい所は関東にはなかったと思う。そういう点でも阿蘇はもっと広大なのを思い出す。

湯布院では、風呂にのんびり浸かって旅の疲れをとりたいと考えていたが、時間がないので、景色だけを堪能して茶屋を出る。

坂を上り切った公園で車を止めて、次の訪問先の松阪定緒さんに電話を入れると、在宅で懐かしく挨拶を交わす。

「これから別府に出るので夕食でもご一緒しませんか、ご存じのビジネスホテルがありましたらキープしてください」と依頼する。

別府駅前は大きな温泉地を抱えているせいか、場所は狭いが混雑している。駐車できそうな所を探したがないので、ロータリーの脇に一時停車をしながらハザードランプを点け、電話を入れる。そこで分かった。私は松阪さんが別府市内に居住しているものと勘違いをしていた。「別府へ出るには1時間30分はかかる」と言うので、私が三重町まで行くことにする。

松阪さんの自宅の近くへ車を止めて電話を入れて待っていたら、奥さんが車で迎えに来てくれた。奥さんの車の後について、予約しておいてくれたホテルの駐車場へ車を止める。奥さんの車に松阪さんも乗って食事所へ案内された。

松阪さんご夫妻は、趣味で撮った写真を一冊の本にまとめて写真集『ひまわり号』を出版したいと来社されて以来のご縁だ。その後も『続・ひまわり号』を発行してこられたが、お二人に再会するのは、出版以来14年ぶりである。ほとんど変わらない若さで意気軒昂だ。

奥さんは看護学校の教師の資格を取って看護婦たちに教え、東京へも年に何回か会議や講師などで来ているという。歳を重ねてからも資格を取って頑張っている姿を見ると、私も参考にしなければと思う。お会いした頃よりいっそう素敵になられ、身長が伸びた訳でもないだろうに、体が大きくなったように感じる。仕事に対する気持ちが溢れ出て充実感と気品が備わって輝いて見える。

飲みながら食べながら写真集『ひまわり号』の話題では「これからも撮り続けていきたい」となお意気盛んだ。JRP（リアリズム写真集団）の大分支部の立ち上げをされたらどうか、と聞くと、「そこまでは出来ないが、私が教えてくれればやりたい」という人はいる。力になるよと言う寺の和尚さんは「コミュニティセンターを作るなら土地を提供してやるよ、と言って30坪の土地を買い受けて貸してくれた」と言う。現在20坪程の建坪で総檜1階建てのセンターが作られて、みんなが集まる文化発進の場となっている、という。

印刷業界でも、大手の設備のコンピューター化、大型化、スピード化の中でダンピングが強行され、中小零細の仕事まで奪い取っている。まさに仁義なき闘いで中小零細は、それとの闘いに勝たなければ仕事にならない厳しさがある。大企業に出入りしている下請け業者は、品質が伴わなかったり納期が間に合わなければ整理され倒産させられている、などを話すと「五味さんはいい時に辞めたのかね」と言われる。

食事代の支払いに当たり、「お誘いしたのだから、私が払いますので」と言っても「わざわざ珍しい人が来てくれたのだから、そんなこと言わないでくださいよ」と言われてしまう。結果的にお言葉に甘えてしまうことになる。

◇９月14日（火）雨

６時、目覚める。ベッドで小説「蟬しぐれ」読了。シャワーを浴びて８時30分の朝食まで日記を書く。

朝食は和食で冷やっこ、生卵、味噌サバの小切り焼き、昆布佃煮、新香（キュウリ、たくあん、昆布それぞれ2切れ）焼きノリ、糸コンニャクとジャガ芋和え煮、みそ汁、飯を食べる。

９時30分に松阪さんが迎えに来てくれるので、チェックアウトと清算をしてロビーで新聞を見ながら待つ。

間もなく松阪さんが見えて、松阪さんの車に乗る。昨夜の話に出た写真工房へ向かうためホテルから２㎞くらい離れた農業地帯に小雨の中を走り、到着すると白くて目立つ建物が窪地に建てられていた。

檜造り、建築費は８００万円。杉の間伐材を無料で提供してくれる人がいて、椅子や物置台が頑丈に作ってある。舞台にして踊っても撥ねても大丈夫のような造りである。１階建ての床は総フローリングで、天井が高くコミュニティセンターとしては素晴らしいものだ。水利は最初は井戸を掘り、ポンプで汲み上げて使うことで金を使って来たが、うまく行かないので80ｍ先から水道を引いたと言う。

松阪さんの当地での活動は幅広く、人口１

万2000人の町長選に勝利した。「政策協定の実現をさせるため、早速要求の具体化をしていくために頑張らなくてはならない」と、意気揚々話してくれた。

地方に根づき、地元の人びとと共に運動することにも敬意をつくづく示したく思い、別れに当たりセンター前に三脚を立てて記念撮影とビデオを撮る。

松阪さんには、ホテルの駐車場まで送っていただき厚くお礼を述べ、車を自車に乗り換えてスタートする。予定より1時間遅れで1時になってしまう。大分の浜松先生に12時頃、大分に着く予定だと電話を入れておいたが、大分駅に着いた時は1時40分を過ぎてしまい、浜松先生を待たせてしまう。

先生とは駅の待ち合わせで初めてお目にかかることになる。先生は昼食を一緒にするために、ホテルの料亭に予約を入れて、私の連絡を待っておられた。

浜松昭二朗先生との出会いは、1999年、先生が光陽出版社刊『現代に生きる三浦梅園の思想』を出版された時で、私の定年退職直前であった。それ以来の出会いになる。

エレベーターで8階へ上がり、料亭に入ると「予約時間が過ぎてしまい、板前がいないので魚料理はできないので他のものにしてください」と言われ、出来るもので洋食のステーキにする。

食前酒としてビールを二人で1本飲み、料理を待ちながら話す。しばらくぶりに飲む1杯のビールは、何とも言いがたい旨さを感じると同時に、緊張していた気持ちのほぐれるような心地になる。

先生は冒頭、「五味さんが定年退社後、車で全国一周をしていることは知っていたが、よく寄ってくれました」と礼を言われる。

先生の本の売れ行きを尋ねると、「書店は４００冊、共産党県委員会で２００冊、三浦梅園研究会を含めて著者の自分が４００冊、合計で１０００冊が手元から放れている」という。ただし、「実際の売れ行きはそんなに動いていないと思う」と話してくれた。「赤旗紙の文化面の『背表紙』欄に書評が載ることになり、神奈川、香川、広島の学習協から注文が入った」とも聞く。

「出版記念会を仲間たちがやってくれることになった。光陽出版社からのメッセージを依頼した」と言う。また、「畑田重夫先生も時間の都合が着けば『記念会』に行きたいと言っておられたが、メッセージだけでもいただければありがたいと申し上げた」などと話してくれた。

トイレに先生が立ったので、会計を済ませようとしたら、すでに先生が先にレジで支払いをしてあり、散財をさせてしまった。お礼を申し上げて3時30分に先生と別れる。

台風下、豪雨中の疾駆

国道10号線を走って顕徳町で右折をしそこない、雨がひどい中１９７号線を真っすぐ走ってしまう。違うと気が付いた時はもう佐賀関町で、引き返すよりは海岸線を走って遠回りを覚悟して長距離を走ることにする。ラジオの予報は高気圧で大雨になるので、注意するようにと報道していたが、後刻、台風に変わったので警戒するようにとの気象予測の変更があった。

これまでの気象予報では、「途中で台風に変わりました」などの報道変更は聞いたことがなかった。気象情報も科学の発達により、刻々と変化をする状態を正確に把握できるようになって、宇宙ステーションから人工衛星で送られるようになった結果であることを新鮮な思いで受け止める。

台風15号が接近中の雨の中を三重町に向けて走る。大分から60㎞を走って臼杵市へ来て502号線に入る。野津に向かう途中暗くなってしまう。猛烈な土砂降りと雷の響きと稲妻が光ったりで、最悪の状態の中を大きな道路まで抜けなければならないが、無事に抜けられるか心配になってくる。

畑に降った雨は吸収できず、高い方から低い方へ土と一緒に道路に流れ出す。道の低い所や窪地がプールになるのに時間はかからず、行く先々の道は川になり、深い所は30㎝ほどの水たまりやプールになった中を走る。低い地帯では、蓋付き側溝が水を飲み切れずに、取水口から逆に噴き上げて道路がプールのようになり、周りの家は床下まで浸水している。

私の前には幸いなことに大型トラックが走り、水たまりを大きなタイヤで弾いてくれた後を走るので、風雨をさけて水の抵抗も少なく走れるので助かった。

通常はトラックの後に着くと前が見えないので、追い越すか後ろへ下がって走るのだが追い越しをできる道ではないので、結果的に後についたことが安全運行を導いてくれた。

しかし、大きな水溜まりになっている所は、いくらトラックでも水を弾き切れないので、エンジンが止まらないように慎重に運転して走り抜けなければならない。マフラーに少々水が入ってもエンジンが止まらないようにシフトダウンして、アクセルは噴かし気味にして一気に通り抜ける。

何年か前に秋田県に釣りに行った時、田園地帯で川より水位が上がり、水が道路にあふれ出し、幅30㎝近いプールが20ｍほど続く所を走り抜けたことがあるが、気持ちの良いものではなかった。心得としては、マフラーに完全に水が入るような水位なら、プールに入らないことが賢明だ。短い距離ならエンジンに水が回る前にエンジンを噴かして、一気に通過すればよいと考えて対応して来た。

臼杵から悪夢の22㎞を走って、３２６号線日向街道になると道路は広くなるが、三重町も道路がプールができたりしている。人が歩いているので水を弾き飛ばさないように慎重に走る。桑の原トンネルを抜けると、宮崎県になる。北川町で10号に合流して11㎞走ると延岡市街地に到着する。雨は小降りになる。

食事をしてそのまま泊まれる所はないかと探しながら走るが見当たらないので、コンビニで牛肉弁当とみそ汁、３００㏄の缶ビールと５００㏄のワインを買う。

広い駐車場が見つかるまで、小雨と風の強い中を22㎞走る。

日向市小倉浜までできたら自動販売機がたくさんおいてある駐車スペースの広い所があるので、道路から離れた一番奥に止めて車中泊をする。サバの水煮缶とスルメイカをつまみにしながら、赤ワインを１本飲む。牛肉弁当とみそ汁を食べて９時30分に寝る。飲んだワインが快い酔いと疲労感で、横になったら考える間もなく寝入ってしまった。

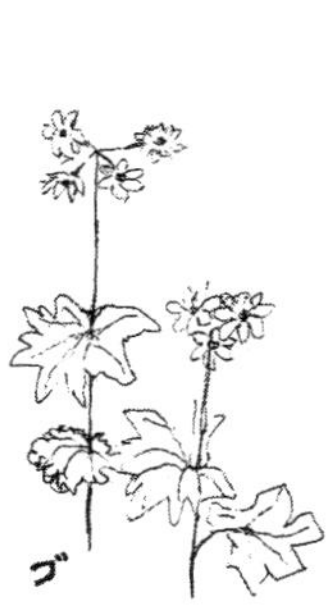

◇9月15日（水）曇り晴れ

台風一過の静けさだが、蒸し暑くて目が覚める。6時起床で日記を書く。暑くならないうちに距離を稼ぐため、朝食は作らずにスタートする。

1時間ほど走った高鍋で大きな駐車場を持つそば屋「山椒茶屋」が、対向車線側に、茅葺屋根の合掌造りの田舎風の構えであり、大きな水車が回っている。

中に入ると柱や梁、天井も旧家のものをそのまま使用している。柱や梁などは手入れが行き届き、半分ほどは屋根裏が見えて、あと半分は2階になっていて団体客も受け入れられる広さになっている。三和土は土間で、土は固めてある。その上に大きな一枚板のテーブルが黒光りするほど磨き込まれて、どっしりとある。椅子も、これまた大木の丸太の切り口を上にして、ドッカと置かれている。その上に絣の座布団がおいてある。

すべてが素朴な木尽くしで、日本の伝統を今日に生かして、それを売り物にしているので座るだけで安らぎを感じる店だ。朝は一般的なうどんかソバしか出せないというので、山菜ソバを注文する。汁物が欲しかったので、熱くて汗をかいたが満足。

店を出て再スタート。風はあるが台風一過の好天気で暑い宮崎市内を通過。220号線を日南海岸へ出ると台風の余波で、海は引き潮にもかかわらず波が荒々しく、岩に打ち寄せている。

広々とした真っ青な太平洋は、午後の太陽を波頭に受けて、キラキラと光っている。海原を左手に見ながら走る。青島を南下してしばらく山間を走り、坂を上がって堀切峠を越えると突然視界が開ける。

宮崎市から17㎞ほどのドライブインで小休

止する。日南海岸屈指の展望地で、海岸線にはフェニックスがのびやかに葉を広げている。眼下には「鬼の洗濯板」と言われる波状岩が作り出す雄大な景観が展開している。平日ではあるが、観光バスや自家用車が10何台か止まっている。新婚の夫婦や若い女性グループなどが多い。ウィークデーなのにと不思議に思ったが、夏休みを1ヵ月遅れで取ったり、自由に休暇を取れる時代だから不思議なことはないかと自問自答して苦笑する。

鬼の洗濯板や駐車場脇に咲いているハマユウ、ハイビスカス、ブーゲンビリア、ポインセチアなど南国特有の花が群生しているので、写真とビデオを撮る。あまりの暑さにソフトクリームをなめて、糖分の補給と一時暑さを癒す。

２２０号線の右手にサボテン公園を見て過ぎると、左右の土手には亜熱帯の植物が生えている。海岸沿いを左に海を見ながら走り油津で右折し、飫肥街道へ出て、日南市役所を経てしばらく走ると飫肥に出る。小京都と言われている城下町を写真に撮る。

少し走ると小さな駐車場だが「清水の里・道の駅」とある。山の斜面に、直径５㎝くらいの塩化ビニール管が差し込まれて、湧き水がドラム缶の水槽に落ちていたので車を止めて小休止。海岸を走った車は、フロントガラスが塩の飛沫で白くなっているので、タオルで拭き取る。ついでに車体も全部拭き洗いする。汗をかいたのでシャツを脱ぎ、顔、腕、上半身を拭き清めて都城めざし再スタート。山中のバイパスを上がり下がりして高岡口に到着、右折をして鼻切峠を越えて25㎞で都城へ行けるが、尾平野の手前で「道路決壊で全面通行止め」の立て札があった。都城へ行くには迂回しなければならない。

特に都城へ行かなければならないこともないし、遠回りになるので進路変更をして高岡口を直進して71号線を走る。お茶やサツマイモの畑がある。その畦道には彼岸花が真っ赤に咲いているので、車をとめてシャッターを切る。人家の脇の道端に咲いている黄色い彼岸花も珍しいので、車を止めて撮影する。彼岸花の群生した所がないか注意をしながら走り、大隅町へ至る。

63号線を直進し、日南市国道10号線・日南街道亀割りバイパスへ出て国分まで走る。大型トラックと車の量が俄然増える。田圃はあまり見当たらず、殆どが畑でお茶とサツマイモ、野菜などが主で、生活は大変だろうなと思う。

10号線を国分市から三芳苑に出る。すぐ下は海岸で、左手に桜島を見ながら走る。車を止めて写真とビデオを撮りたい所だが、道は対向車線で大型トラックが頻繁に走るので止められる場所がなく、通過せざるを得ない。加治木町を過ぎて重富までは内陸に入るが、その先はまた海岸線ぎりぎりを走る。鹿児島市の花倉まで走る、左手の目の前に桜島が迫るようになって来る。さらに走ると鹿児島市街だ。日南市から鹿児島まで約１４０㎞走った。鹿児島市内で泊まってもよいと思うが予定は指宿なので、市内を通過して２２５号線椰子の木ロードを走ると、南国のイメージがますます強まってくる。

　陸内を直進して２２６号線に合流するまでひたすら走ると、平川町に出る。左側は錦江湾で、海岸線を走ると喜入の道の駅があるので寄って、時間遅れの昼食と地図の確認をする。ここには温泉があるし、駐車場も広いので風呂に入って泊ろうか迷ったが、次の日のことを考えて予定の所まで行くことにする。しかも天気予報では、熱帯低気圧で大雨警戒情報が出て、台風16号になると言うので、指宿まで74㎞を一気に走る。

　途中に産地直売の野菜や果物を売っている所があったが、青い皮に少しオレンジ色が着いた早生みかんが販売されていた。南国ならではの季節の先取りを感じた。

　砂蒸し温泉に入る予定でいたが、泊まる場所をキープしなければならないので先に指宿駅の観光案内所に行くが、５時過ぎでクローズ。売店で聞いても「分からない」と言われる。駅員に聞くと、駅を左に50ｍくらい行った左にビジネスホテルがあると言われる。

　注意しながら、迷いながら行くと路地の奥まった所にあった。フロントでシングルを聞いたら空いていたので、素泊まり６５００円でチェックインする。砂蒸し温泉までは車で10分以上かかるので風呂は面倒になり、ホテルのシャワーを浴びてランニング、パンツ、ステテコ、シャツを洗濯する。

　夕食は駅前の赤提灯で水イカの刺身と地鶏の叩き、冷やっこをつまみに純米酒１杯を飲み、焼酎のウーロン割りを3杯飲んで雑炊を食べる。地鶏のツマには玉葱のスライス、水イカのツマにはキュウリの薄切りがたくさん敷かれていて、野菜が不足していたので全部食べて満足した。珍しい焼酎があるので、2本譲ってもらってホテルに戻る。

テレビを見ていたが疲れたせいか眠ってしまい、2時間ほど寝たところで目が覚める。ドラマを終わりまで見て、スイッチを切って寝る。

◇9月16日（水）雨ときどき晴れ

6時起床、日記を書き、シャワーを浴びて9時チェックアウト。車の足回りの点検で前輪が減っているので、次のオイル交換時にはタイヤを前後入れ替えてバランスを確認する必要がある。ランプ系統の点検もしてスタート。

指宿の市街地を出て走ると、開聞岳の頂上は3分の1くらいで雲に覆われて全容は見えないが、雲の合間から見せる姿はコニーデ型の上にトロイデ型を乗せた二重式の活火山畑横に車を止めてカメラのシャッターを押す。

ここの街道はムクゲが植えられて、白やピンク、紫、ブルーなどの花が咲いていてきれいだ。朝食のできる場所を探しながら45㎞走った。見当たらないので枕崎を右折して、コンビニの広場に止める。松茸入りの炊き込みご飯、みそ汁を買ってその場で食べる。

加世田・日吉市は田んぼとサツマイモ畑を見ながら走り抜け、串木野市から右折して入来へ至る。

祁答院町《どういんちょう》・薩摩町は走る予定にはなかったのだが、雨が降る細い道をどこをどう走ったのか分からないが町名は覚えている。30㎞前後遠回りをした。この辺は低い山が多く、狭い田畑には養蚕やサツマイモを中心に家庭用野菜などが見うけられた。

５０４号線に出て横川手前の小さなドライブインで遅れた昼食をとる。野菜入りラーメン、小ライスを頼むと新香がついて来た。テレビで、映画「旗本退屈男」の当たり役、市川右太衛門が16日老衰で92歳で死去したと伝えていた。

薩摩横川・隼人町の交差点を左折して２２３号線を進むと霧島温泉郷に至る。

魅惑の温泉・五木の岬

鹿児島と宮崎の2県にまたがり、標高１７００ｍの韓国岳をはじめ、大小23の火山群がひしめく霧島温泉郷は霧島連山の南面、標高６００～９００ｍに点在する温泉の総称で、デラックスなホテルから簡素な湯治場まである。泉質もさまざまだ。

坂とカーブを過ぎて牧園丸尾を右折して、急坂を上がり新湯温泉入り口で丁字路を左折して県道1号線（小林えびの高原牧園線）の坂を上がって行くと、えびの高原温泉の分岐に出る。

えびの高原の露天風呂は、右へ曲がって走るにつれ、霧と噴煙が混ざったような匂いがして先が見えないほど霧が深い。ところどころに見える噴気孔からシューシューと蒸気や亜硫酸ガスが出ている賽の河原がある。

曲がりくねった高原道路を注意しながら15分程進むと、市営温泉の露天風呂に出る。入浴料２００円を払って風呂場まで行くと、木造の脱衣所がある。

露天風呂は河原湯になっており、40度前後のお湯が流れている。泉質は含明ばん・緑ばん泉。露天風呂の屋根には、長さ２ｍくらいの太い竹を二つに割ってＵ字型の樋を交互に上下に組み合わせている。丸い方は上向きで水を弾き、Ｕ字型は両方から流れ落ちる水を流す樋になっている。

露天風呂の横には木造の宿泊用建物がある。自炊の泊まりで１５００円、夏場は混雑するが、この時期になると平日の観光客は数えるほどだと言う。それもオートバイのライダーだとか、旅をしている人が泊まる程度だ。この高原は、夏でも25度を超えることは年に４～5回くらいで、通常は20度前後で、今日は霧が深く温度計を見たら18度だった。

えびの高原の地名の由来は、韓国岳の麓にある硫黄山の亜硫酸ガスで、秋になるとススキがエビ色になり、高原一面を彩ることからつけられたと言う。

涼しいので、ここで泊まってもよいのだが、食べ物を用意していないのであきらめる。分岐まで戻り右折して坂を下ると、白鳥温泉上湯と下湯が右手にある。白鳥温泉は征韓論に敗れた西郷隆盛が数ヵ月滞在し、その心身を癒したと言う。

白鳥温泉を過ぎて20㎞下ると、えびの市内に着く。２２１号線に入るのに少し道を迷う。飫肥線２２１号線へ出て坂を一気に上がって行くと、一回り半ぐるりと回るループ道がある。少し走って堀切峠のトンネルを過ぎると下り坂になり、人吉ループ橋を下って人吉市内に到着する。
コンビニで、水とインスタント食品と野菜を購入して、今夜は車中泊にする。五木村まで行くと途中で暗くなるし、細い山道で電話の交信も不能になったり、事故を避けて４４５号線を10㎞ほど走った。相良村植竹の川辺川のほとりに、道の駅のような広い駐車場があり、ここに泊まることにする。

◇9月17日（金）晴れ

６時に起床するが、食事を作って食べる雰囲気の場所ではないので、７時にスタート。１時間ほど走ると五木村になり、谷は深く道幅は狭く、水量が多い川が轟々と流れている。谷から１００ｍほどの位置に一車線の狭い道路があり、昼でも薄暗くライトを点けて走ることが励行されている。

台風に崩落した道路が工事中で、時間制限をして走らせている。８時までは通れたのに、5分遅れただけで1時間待たされることになる。9時から10分間通行ができるまで待つしかない。1時間待つか迂回をして前進するか、地元の人に聞く必要がある。燃料もあと半分なのでガソリンスタンドで給油しながら道路状況を尋ねたら、迂回して目的地に到着するには1時間以上かかるし、道もよくないので待った方がよいと言われる。

時間ロスと燃費のロスになるので待つことにして、車を降りて普段では通り過ぎてしまうところを吊り橋の上から清流をビデオや写真で撮ったりした。それでもまだ時間があるので、工事現場まで行き「暗殺の年輪」藤沢周平を読んで待つこと40分後、車を再スタートした。前回の台風で崩壊した所を拡幅を含めて工事が行われている。そこを通り過ぎてしばらく行くと、川から高さ50ｍ位にある直線道路が幅30ｍ位にわたって跡形もなく崩落している。本道の工事をする前に、国道の方の道を通さなければ作業もできないし、交通もストップしてしまうので、川から鉄骨が組み上げられ、幅50㎝×長さ２ｍのコンクリート坂が、下り30ｍの長さに敷き詰められて、仮設道路がつくられている。この仮設道路をゴトゴト音をさせながら渡りきる。日本の技術というものはすばらしいものだと感激してしまう。

頂上近くの手前の休憩所と広場で車を止める。下方に「轟きの滝」があるので40ｍほど下ると、川に吊り橋がかかっていて滝が見られる。吊り橋から15ｍ先に10ｍ程の落差の滝が飛沫を上げており、飛沫《しぶき》が飛んできて清涼剤のような涼しさで癒してくれる。写真とビデオを撮る。

車に戻ると、道の脇の、ドラム缶を半分に切った水槽に、湧き水が塩ビ管を伝って落ちていた。この水は冷たくて気持ちがよいので上半身裸になって顔と体を拭き清める。朝食が遅くなったが、湯を沸かしてインスタントのきつねうどんを食べる。10時過ぎたのでスタートする。

五木村の深山幽谷をテレビで紹介していたが、実際に入ってみるとこれほど山深い所だとは予想していなかった。車でも故障したり、何か事故でもあったら途端に困ってしまう所だ。凄い所へ来てしまったと言う気持ちと、知りたいという気持ちから引き返すこともできず、行ける所まで行ってみようと気合を入れて走る。

五家荘の平家落ち武者下屋敷の一軒家をみようとしたが、道が狭く、駐車場もないし、この先どうなるのかも分からないので通り過ぎる。走りながら思ったことは、人間の生に対する執念は、通常では考えられない不可能なことでも可能にしてしまう偉大さがあると改めて知った思いだ。死ぬ気になれば大変なことも出来ることを、ここに来て再認識した。

峠まで走って上り詰めると、今度は砥用町まで長い下り坂の一車線を下りることになる。途中で材木を積んだ４ｔトラックが上がってきて、右側が崖になり、左が山側なので山側ぎりぎり一杯まで寄せて待つが、「バックをして待てばよかったのに」と文句を言われる。通れない状態ではなく通れるのだから「文句を言うな」と思うが、口に出すと喧嘩になりかねないので、グッとこらえる。

何とか交わして更に下ると、乗用車２台に合うが、先に待ってくれたので苦も無く交わす。更に下ると工事用材を積んだ10ｔトラックが２台続いて上がってくる。カーブが少し広くなっているので、私の方が先に左山側一杯に着けて待つことにする。何とか交わして上がって行ったが、上まで行くには容易なことではないと思う。行けるのだろうかと心配にさえなる。こんな狭い所へ入るのは無謀ではないかと思われる所へ大型が入ってくるのには、仕事だからやむを得ない面と、走った経験があり、運転に自信があるからだろうと思わずにはいられない。

山林を下って来ると、下りきる手前から小

川の縁に小さなバラック建ての家が何軒かある。山の中腹を耕して野菜を作ったりしているが、生計が成り立っているのだろうかと考えさせられる。

下りきる頃には集落が見えて、畑が出てきて稲田も出てきた。しばらく走ると両側に家並みがある小さな町の中心街に出たが、人影も少なく何となく活気のないさびれた感じの町だ。

田畑を左右に見ながら走って、松橋町を過ぎて不知火町、三角町まで来ると、八代湾の海や港が見えて来て家並みも近代的になり、立派な家が建ち並び活気があるようだ。天文橋を渡ると大矢野町になり、天草パールラインの橋を渡ると12㎞で小さな駐車場があるので、車を止めて写真とビデオを撮る。

1時過ぎたので、有明海の街道にある活魚料理店で昼食にする。握り寿司の「松」で、魚の粗汁付きで1500円は種が新鮮で、安い割にはうまかった。

暑い日中を本渡市を過ぎ、五和町で民族資料館を見ようと通詞島へと通詞大橋を渡ると道案内の標識がある。それに従って行くと小高い山の上にレジャーセンターがあった。中には温泉があり、町民の憩いの場所になっているので500円払って入浴する。薬湯と平湯、打たせ湯、気泡の湯、サウナ、水風呂があり全部浸かる。サウナと水風呂は各2回入り、40分ゆったりとくつろぎ、風呂上りに冷たい爽健茶は実にうまかった。ホワイトの水割りならもっとうまかったかも知れないが、先があるので……。

出掛けに温泉の受付で資料館を聞いて行ったが、5時を過ぎたので鍵がかかっていて入れなかった。苓北町のキリシタンの碑を見に行ったが、道路が工事中で行き止まりのため引き返す。

島原半島まで船で渡るため鬼池港へ時間帯を調べに寄ってみたら、6時30分にフェリーが出るとのことで、急いで車検証を見せて乗船手続きを済ませ、２８８０円を支払う。出港5分前に乗船でき、間に合った。「渡りに船」とはこのことかとラッキーな気分で、船人として僅か30分間だが黄昏時の海を見ながら海風にあたる。日中の暑さはどこへやらで、気持ちの良い涼風に身をまかす。

ここは長崎そして大分・佐賀へ

7時過ぎに長崎県島原半島口之津町に到着するが、暗くなってしまう。広い駐車場のある飲み屋か料理屋、または駐車場がないかと注意して走り、昼食も寿司だったが、他にはなさそうなので寿司・割烹の店に入る。刺身の盛り合わせ１２００円と冷酒2杯、上寿司１５００円みそ汁付きを食べて、車中で寝る。

11時30分頃起こされる。「車庫前に車が止めてあり入れられないので車を移動してくれ」と言う。一眠りして起きたついでにそのまま車を移動して走らせると、最近出来たばかりの道の駅が海岸端にあるので、車を止めて車中で横になるが、波が岩にぶつかっては引く音がドドドーン・ザー、ドドドーン・ザーと繰り返される海鳴りが、腹に響いて寝られない。

車を雲仙普賢岳を目指して22㎞走らせると、結構な坂道が続く。両側に畑や田んぼがある道をさらに進むと、人家がなくなる。山裾に来て車を止められる所が道の脇にあったので止めて、改めて眠り直す。

◇9月18日（土）晴れ

昨夜はまとまってきちっと寝ていないため、目覚めが遅く8時に起床。道端は暑いので山の中の日陰に車を入れて、日記を書く。

体は汗でベタベタするが、腹は空いていないので小浜へ下り、町営の小浜温泉・共同浴場の場所を町の人に聞いて入る。風呂場は大きく、大浴場、打たせ湯、中二階に露天風呂がある。海を見ながら昼間から露天風呂に浸かるのは気持ちのいいものだ。ゆっくりと1時間ほど入る。出てから休憩所で生ビール1杯とちゃんぽんを食べて、少し横になって休む。

2時30分頃に瑞穂町の上田篤さんに電話を入れたら夫人が出て、赤旗新聞の配達に出たばかりだから1時間以内には戻る。と言われる。道順を聞いて地図で確認をして走り、ポイントの愛野の交差点を一つ手前で右折したため少し遠回りになったが、人家のない高原の山林道を走るのは潤いがあって気持ちがいいもんだ。

雲仙普賢岳を写真に撮るにはよい場所へ来た。写真とビデオを撮りながら上田さん宅の近くへ来たことを電話する。指定されたコンビニの駐車場で待っていると、ライトバンにスピーカーを前後に1コずつ積載した白い街宣車が見えたので、すぐに分かった。

久方ぶりの再会で握手を交わす。話ができる喫茶店は海岸端にあると言うので、先導してもらってついて行く。

上田さんは、光陽印刷の元社員で郷里の島原に戻り、町議会議員として活動している。今年女の子が生まれて5人の子の父親になった。義務教育を終えて進学するようになると大変だと思う。高校までは出してやりたいが、月18万円の議員歳費ではとてもやっていけない。農業で食い扶ちを賄い、何とかやれていると言う。

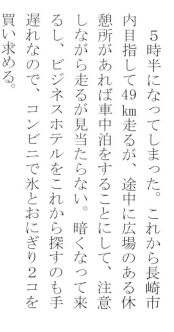

雲仙普賢岳の噴火事故では、二つ隣の深江町が被害に遭った。この町は農業の町で、町議の任期は1年半あるので、それまでに活動も生活も何とかしなければと考えていると言う。地方議員の生活の大変さがよく分かったが、「若いのだから頑張ってください」と握手を交わし店を出て、有明海をバックに三脚を立てて記念撮影をして別れる。

５時半になってしまった。これから長崎市内目指して49㎞走るが、途中に広場のある休憩所があれば車中泊をすることにして、注意しながら走るが見当たらない。暗くなって来るし、ビジネスホテルをこれから探すのも手遅れなので、コンビニで氷とおにぎり２コを買い求める。

長崎市内を外れ多良見町の田舎の方へ行って探したら、泊まれる場所が見つかった。停車してウイスキーの氷入り水割り、カニカマボコ、小さいサラミ1本をつまみにして飲み、おにぎり1個を食べて、就寝9時。

◇9月19日（日）晴れ

6時起床。朝から28度と暑い。朝食は長崎市内へ行って食べようと考えたが、日曜なので早朝、店はやっていない。おにぎり1個とトマトジュースを飲んで軽い腹ごしらえでスタート。眼鏡橋（中島川にかかる日本最古のアーチ型石橋、重要文化財だと言う）を見に市内に入る。

市電の軌道式レールが施設されていて走りにくいのと、細い道が一方通行で、しかも坂道のため、目的地に着くのに神経を使って苦労しながら何とかたどりついた。

道路のパーキングメーターに車を止めて眼鏡橋に行ってみると、コンクリートでガッチリ護岸された上に、昔のままの橋がかかっている。他にも似た橋がかかっているが、コンクリートで補強された橋やコンクリートで橋に似せて造ったものなので、原形を残しているのは一つだけだ。今は護岸が高くされているため浸水もないだろうが、昔は大水が出れば溢れだし床下や床上浸水で水に苦しめられたようだ。写真とビデオに収めて長崎を後にし、国道２０２号線を佐世保に向かう。

稲作の田圃は東北の山形あたりと比較して見ると、実り方や取り入れ時期は１ヵ月以上の差があるのではないか。まだ稲穂が色づいていない田や畑を右に見て、左手に海岸を見ながらしばらく走る。３時間近く走ると、途中にハウステンボスの標識があったが、見過ごして66㎞走って佐世保の市街地に入る。

山に上がれば佐世保の軍港。艦船が見えるかと思って急な坂道を上がって行くとホテルがあり、広い駐車場は観光バスも迎えられ、展望台もあって立派な観光地になっているではないか。早速、眼下に見える佐世保港を見るとアメリカの軍艦・艦船が10隻ほど停泊中だ。写真とビデオを撮った。

土産物屋で昼食を食べようと思ったが、軽食しかないとのことであきらめて山を下りる。

伊万里焼の里・伊万里市を走る。気温は32

度と暑い中を伊万里に着いたが、日曜日で店は休みの所が多くて魅力がないので、唐津へ向かう。

唐津城は慶長13（１６０８）年、寺沢広高が唐津平野を流れる松浦川の河口近くの満島に築いた平城である。

唐津駅のそばに、曳山展示室がある。唐津くんち（秋祭り）の兜や獅子、鯛や竜など14体の曳山が雄壮華麗に保管されている。高さ５ｍ余り、華やかな漆塗りの曳山は見事だ。

吉野ケ里遺跡は、弥生時代後期のわが国最大の環濠集落。魏志倭人伝にある古代日本の姿を彷彿とさせる遺跡である。入って目につくのは東西出入り口の両側の物見櫓で、高さ11・７ｍが復元されている。高床倉庫は50数棟以上発見された。同時代の倉庫の６倍ほどの広さをもち、公的食料を収めた倉庫と見られている。

墳丘墓は、東西26ｍ、南北40数ｍと日本最大である。中央部からは、２５００基以上の土製の甕棺《かめかん》のほか、土壙墓《どこうぼ》も見つかっており、３６０体以上の人骨も発掘された。

有田焼の有田へ34㎞走って向かう。焼き物販売専門店があったので、有田焼のぐい呑み７コを５８８０円で買う。焼き物屋と駐車場が続きになっている所に和食料理の店があったので入る。１８００円の刺身定食を食べる。

この後の目的地・博多では、以前泊まったことがある「デュークスホテル中洲」に電話をして、まずは部屋をキープする。国道を走ると夕方までに着かないので、高速道路を利用することにした。有田町から国道35号線で武雄北方まで16㎞走り、高速道路に入る。佐賀大和、東背振を経て鳥栖市で左折し、太宰府を過ぎて福岡市に入り天神下で降りる。５時半頃にホテルに着いてチェックインする。

ガソリンスタンドを探して車のエンジンオイルとエレメントの交換、タイヤの前後を入れ替えて調整、洗車、燃料を入れて作業が完了したら7時過ぎになってしまった。車をホテルの駐車場に止め、部屋に入りシャワーを浴び、洗濯物を大汗かきながら手洗いする。

喉も渇き、腹も減ったので夕飯に外へ出る。洋食屋で、きのことホタテ炒め、きのこと舌ヒラメの炒め、フランスパン2切れ。生ビール1杯、720mlの赤ワイン1本を飲んで帰り道、屋台に寄って酒を1合飲んで、ほろ酔いきげんでホテルに戻る。心地よく就寝。

再び本州・長州路を走る

◇9月20日（火） 晴

6時起床、シャワーを浴びて下のレストランで和食を食べる。10時前にチェックアウト。昨日、車の総点検をすませたので、荷物の整理とパッキングをしてスタート。

中洲を出て天神橋口を右折し、郵便局で金を引き出して、都市高速1号線天神北ランプから上がって、貝塚を右折し福岡インターで九州自動車道へ入り古賀－若宮－八幡－小倉南－門司－下関ＩＣで下りる。２３５０円。

国道9号線へ出て関門橋を写真に撮り、海岸を右に見て４kmほど進むと下関水族館があり、駐車場に止めて何年かぶりに水族館を見学する。

大きな細長い水槽には、大型の魚たちが回

遊している。小魚はそれぞれの水槽に入れられている。オットセイ、アザラシ、イルカ。シャチなどは大型プールで、曲芸をするものは正面のプールにいる。

アザラシが鼻先にボールを乗せて、三角の3段の階段を上がって行く。胸ヒレを両手で叩くようにして観客に拍手を求める。終わるとヒレを胸に当て、頭を下げて退場して行く。

国道2号線山陽道を走り、山陽町上市で190号線に入り工業地帯と市街地を見て走ると宇部市、徳山市。下松市の末武中で188号線を走ると夕暮れになってくる。今夜は光市で止まることにしてオリエンタルホテルのフロントへ行くとOKで、6235円で泊まる。今日は門司から光市まで120㎞走行。車の調子は快調だ。

シャワーを浴びて洗濯をして、フロントで和食の店を聞いたら、歩いては行けないのでタクシーを呼んでもらい、玄関前まで乗り付ける。刺し身のお造りに、地酒の吟醸冷酒300ml2本飲む。5600円でいい気持ちになって、タクシーを呼んでもらってホテルまで帰って来て、就寝。

◇9月21日（水）晴れのち雨

7時起床。夜に結構雨が降ったようだ。日記を書き、小説を読む。シャワーを浴びて朝食。10時にチェックアウトする。大雨が降っている中、ホテルで傘を借りて、駐車場まで行く間で、側溝から水が噴き出して、道路は川になっている。

こんな大雨の中、朝のスタートをすることは、今までになかっただけに身が引き締まる思いだ。ホテルへ傘を返して、田布施町へ向けてスタート。「駅はここから」と標識が出ているが、標識から10分以上走っても駅が見えない。雨の中を駅を探しまわったが駅前のタクシー会社の事務所にたどり着いた。

その事務所で、これから訪問する西本昭治氏の自宅を聞くと、すぐ教えてくれた。雨の中を聞きながら20㎞ほど走って11時30分頃ようやく探し当てた。車から下りて傘をさして歩いて行くと夫人が迎えに出て来てくれた。玄関で雨に濡れた手足やズボンを拭くようにとタオルを出してくれた。８畳程の座敷に案内されて西本先生と再会の挨拶を交わす。

西本昭治先生は、ロシア文学の翻訳者でガリーナ・セレブリャコワ著「プロメテウス」全16巻を１９６９年に新日本出版社から刊行し、その印刷は光陽印刷が担った。さらに私の定年退職の年にセラフィモーヴィチ著・中西訳「鉄の流れ」を光陽出版社から刊行されたご縁がある。本書は目下、光陽出版社で預かり、普及の途次であった。

先生とは当の本のこと、プロメテウスの全巻刊行のこと、山口県での地方選挙と公明党創価学会のことなど話は盛り上がった。奥さんが昼食を用意してくれてご馳走になる。３時近くになってしまったので、丁重に礼を述べて失礼をする。

国道２号線を広島に向かって行く途中に錦帯橋があるので、雨が降る中を寄り道して写真とビデオを撮る。錦帯橋は３３０年前に、架設の

５つの太鼓橋を連結した木橋で、日本３大奇橋の一つで全長１９３・３ｍ、金釘は１本も使わず、木と木の組み合わせで支えられている。

大雨で水量が増えて濁っている川で、アユ釣り師たち３人が今年最後の釣りをしていた。

国道2号線に戻ってひた走り、広島に6時過ぎに到着するが暗くなってくる。駅の近くのホテルへ寄ったが、満室で断られる。他のホテルの案内書を貰い受けて、５軒に電話をしたがすべて満室だと言われる。聞いてみたら、医学会があるとのことだ。

これでは広島の宿泊はだめだと判断をし、この先の町でホテルがなければ車中泊にすることにして、注意しながら走ると、東広島市の外れに広いドライブインがあった。すでにトラックが10台ほど止まっているので、一番外れの奥の方に止める。時間も遅くなり、夕食を作るのも面倒なので食堂へ行く。おでん５個（大根、コンニャク、牛すじ、ゴボウ巻き、さつま揚げ）、冷酒１本、ゴボウの天麩羅入りさぬきうどんを食べて車に戻り寝る。

◇9月22日（木）雨

6時起床、雨は上がる。寝床の床板が、丁度エンジンの上にあるため熱をもって熱い。寝ても暑くて汗をかく原因になっていることに気がつく。原因がわかったのでベニヤ板の寸法を縮めるため、車中で切りはじめたが、熱くて切りきれないので荷物を一旦外へ出してから板を引き出して長さ25㎝ほど切って丈を詰めた。安定感は悪くなったが仕方がない。

この駐車場は通学路の横でもあり、飯を炊くには適当な場所ではないので、食堂があれば食べることにしてスタートする。

国道2号線を走り、河内から左折して４３

2号線を北上すると、上河内で赤い瓦屋根が美しいので、シャッターを切る。こちらに来てから、関東には見かけない赤い瓦が多く目につき、シャッターを切った。

　石の加工所の高さ1m位の布袋さんの石像が魅力的だったので、カメラに収める。泊まった所から20km走って来ると「串ケ平の深山渓」ののぼり旗が立っている渓谷に入る。河原に下りる道があるので下りて休憩する。

　スパゲティを茹でてレトルトのキノコと野菜のソースを温めて食べる。

　川相がよくて水は「ささ濁り」で大きな石が転がっており、釣りにはいい条件なので、何がいるか分からないが釣りの支度をして川原に下りる。

　釣りには、残っていた養殖ぶどう虫を餌にして、流れがあり深みになる所へ竿を振り込み、目印を見ているとすぐつんつんと動く。軽く合わせると手応えがあり、上げて見ると15cm位の鱗の粗い魚だ。関東では見たことがない。エサがあるだけ20尾くらい釣ったが全部同じ小魚でリリースする。

　清流が上の道路の土管から滝のように落ちている所へ行き、いい汗をかいたので上半身裸になってセッケンをつけて洗う。ついでにパンツ、ステテコ、ズボン2本を洗濯する。終わった頃に雨が落ちてきたので、急いで車の中に走り込む。あっと言う間にどしゃ降りになる。何ともタイミングよく降って来たものだ。

車中で15分ほど様子を見てから、次の目的地である上下町の矢野温泉を地図で確認する。小降りになった所で、入って来た砂利道を見ると、水が川のように流れている。四輪駆動に切り替えて坂を登り切る。

峠を走り抜けると田園地帯に出る。実りかけている田園の稲や大根・白菜などの野菜畑を見ながら5km程行き、道の駅「よがんす白滝」で休憩、昼食にきのこ入りカレーを食べる。野菜サラダの小鉢がついていてありがたかった。750円は普通で、味もまあまあだ。

雨が降る中を走ると、高校マラソンで有名な世良町の地域を通過する。それほど大きな町ではなく、高層建物もない農業と中小企業の町だ。

温泉地の矢野町へ着く。2軒のホテルで「一人客は…」と断わられる。一番大きくて、値段も1万8000円と高い公共の湯・あやめ荘へ電話を入れたら「大丈夫ですよ」と言われ、ホッとしてチェックインする。

ホテル入り口の駐車場はほぼ満車状態なので、玄関横に車を止める。この不景気な時にえらい活気がある所だと思って中へ入ると、ここは地域の人たちが日帰り温泉を1日のんびり過ごすコミュニテイセンターでもあることが分かった。風呂へ入ると単純泉質で透明な、どこにもある温泉だ。

泡風呂、大浴場檜風呂、打たせ湯、露天風呂（黄金風呂は、浴場の半分ほどが屋根付きで洞窟のように囲い、囲った岩場がでこぼこしており金箔が張ってある）がある。また滝風呂は黄金風呂と同じ大きさ、同じような洞窟になっているが金は張ってなくて滝が落ちている露天風呂だ。サウナ、水風呂17度と温度表示がされているのが特徴である。

夕食も、値段の割にはそれほどのものは出ない。つまみ3点盛り、アジの造り、紅鮭肉巻き、新香、吸い物、松茸ご飯。生酒300mlを1本飲むが、あまり口に合わないので焼酎720ml1本と氷、水を頼んで飲む。

残った分は部屋へ持って来てもらって1杯飲む。疲れていたのと夕べ暑くてあまり眠れなかったので、すぐ寝てしまう。

◇9月23日（金）晴れ

6時起床、朝風呂へ入る。泡風呂、打たせ湯、檜風呂、露天風呂と併せて40分ほど入る。

8時から朝食なので、それまで日記を書き、文庫本の小説の読みかけを読む。食事のあと休憩して9時30分チェックアウト。

「新尾道に行くまでに名所がありますか？」と聞いたら、「八田原ダムの世界一長い吊り橋を見て行かれたらどうですか」と観光地図をくれたので、所要時間を聞いて宿を後にする。

雨も上がり、朝から蒸し暑い。昨日来た432号線を世良方面に向かって走り、56号線を走り八田原ダムに至る。ダムの周り4分の3ほど走った所で右折して、404号を少し走るとダムに架かる赤い吊り橋が見えた。

第7章　四国めぐり・家族ドライブ

再びの家族旅行、四国編

八田原ダムを後に、184号線を走って下り新幹線・新尾道駅11時着に間に合った。車を駅前の自動駐車場へ止めて、階段を駅まで上がって待っていると、定刻で到着した車両から妻と娘の二人がにこにこと笑顔で下りてきた。

早速駅前のトーテムポールの前で記念写真を撮って、荷物は車に載せて、陽子が助手席で妻は後部椅子に腰掛ける。これからが「家族」四国旅である。

駅の駐車場を出て、尾道バイパスから西瀬戸尾道のインターになる。ここが有料しまなみ街道の起点で、初めて走る道だ。しばらく走ると雨が降り出し、橋の上は風も強いので慎重に運転する。家族を乗せている意識もはたらく。因島大橋・生口・多々良・大三島・伯方・大島・来島海峡第一・第二・第三大橋と九つの橋を渡って島へ下りると、一般道を走ることになる。

急いでいたり、島に用のない人には、何で高い料金を払ってこんな一般道を走らなければならないのか、ばかばかしくさえ思える。これでは二度と高い料金を払って走る人はいなくなると思う。そんな不満を抱きながら高速道路終点である今治インターまで61kmを走る。国道196号線をひたすら松山市内まで走る。途中でガソリンを給油して、道後温泉に1時に到着する。

道後温泉は観光地なので、さすがに車も人も混雑している。車を民間の有料駐車場に止めて、夏目漱石の「坊っちゃん」で有名な道後温泉本館前で記念写真とビデオを撮る。

道後温泉は、万葉集にも名を残す日本最古の温泉。本館は桃山風破風を施した木造三層楼。屋上の太鼓櫓は1日3回、情緒満点の太鼓の音を響かせる。

私は以前に来て道後温泉にも泊まっているし、時間がないので今回は雰囲気を楽しむだけにして、昼食は温泉前のソバ屋に入る。陽子はザルうどん、妻はとろろソバ、私は夫婦天ザル（そばとうどん付き、天ぷら）を食べるが、うどんが美味いことで3人一致する。讃岐うどんなので、歯応えがあり、しっとりしてうまい。この麺なら毎日でも食べたいものだ。

松山城へは5年前にロープウェイで天守閣まで上がって松山の城下を眼下に見てるので今回は時間がないので、見学は割愛した。

土産も買い、満足した所で出発、56号線を宇和島に向けて内陸の市街地を走るので海は見えない。170市街地以外の山間の道は、田畑を垣間見る程度で約102km走って宇和島に到着。

ホテルの近くまで来ているのに分からず、

20分くらい探してしまう。地元の人に聞くと「直ぐそこですよ」と言われて見ると、角一つ曲がった所ではないか。チェックインするがそれほど大きなホテルではなく、ビジネスホテルに毛の生えたようなものだ。風呂は温泉ではなく、泡風呂と赤外線サウナがあり、両方入って水風呂にも浸かる。雨が降り、風が吹いて、宇和島城も上がれない。窓を開けて見たら、別名鶴島城が美しいのでシャッターを押す。

夕食は6時からで、刺身（カツオのタタキ、マグロ、イカ）、川エビ、ホウレン草ゴマ和え、イカの塩辛、ハムと卵ナベ、みそ汁、飯だが、ビールを娘の陽子と乾杯。冷酒は私が飲む。

部屋に戻ってテレビを見ると、台風接近を報じている。台風18号は今夜半から明朝がピークで警戒を出している。明日の天気を心配しながら寝るが、夜中に風と雨が激しく窓に吹き付けて、音がうるさくて何回も目が覚めてしまう。

◇9月24日（金）風雨のち晴

6時に起床、台風は遠ざかったようだけれど、風が強い。朝風呂へ入ろうと思って行ったが、やっていないのでシャワーを浴びる。7時から昨夕と同じ部屋で朝食、納豆、焼きノリ、アジ焼き魚、きのこと肉鍋、新香、みそ汁、飯と簡単なものだ。

10時にチェックアウト。フロントで道路事情を聞いたら、高知の中村市の観光案内所に問い合わせてくれて、海岸側は道路も大丈夫とのことだ。

山側は崩壊している所もあるようだ、と言うので、海岸沿いを行くことにする。風が強いので、収まるまでコーヒータイムを取って待つことにする。大分県では台風15号が直撃する中を走ったが、これで台風には2度見舞われる。

30分ほどで雨は上がったが、風がまだ吹く中をスタートする。やはり風が強くてハンドルを取られるので、途中で車を止めて2輪駆動から4輪駆動に切り替えて走ると、風の抵抗を受けずにスムーズに走れた。

海岸は台風の影響で波が高く、岩にたたきつけられて、白波が砕けて飛沫が飛んで来る。その景観は抜群で、何回か車を止めてはシャッターを切り、ビデオを撮る。

2時間ほど走って宿毛に到着する。ガソリンスタンドへ寄って給油する。食堂を探したが見つからないので、和食の美味しい店を聞くが、ラーメン屋を教えてくれたので行って見ると、小さな店だがやっていた。

陽子はザルうどん、妻はラーメン、私は野菜炒め小ライスを食べて、四国最南端の足摺岬に向かう。険しい坂道の65kmを1時間半程走った所に温泉郷があり、小さな町になっている。こんな外れに町があるのかと驚いてしまう。

駐車場に車を止めて少し歩き、ジョン万次郎こと中浜万次郎の銅像で記念撮影。岬まで、椿のトンネルを6分ほど歩いて階段を上がると、畳み10畳敷きくらいの展望台に出る。切り立つ70mの断崖、眼下を見下ろすと黒潮が日本列島に突き当たり、弾け散り、飛沫が上がる景観だ。

灯台をバックに写真を撮り、四国霊場第三十八番札所・景観の金剛福寺にお参りをして、弘法大師が刻んだ千手観音菩薩を祀った本堂、多宝塔、高知城主山内忠義公寄進の十三重塔を見て中村市へ向かう。4時50分着。

チェックインだけ済ませて、夕飯は6時30分にしてもらう。台風の風は収まって静かで、夕日の四万十川を見に３人で川原まで歩いて行き、驚いたのは川幅があり水量の多いことだ。憧れの四万十川を散策する。夕日の沈む四万十川は魅惑的で、この感動を切り取りたくて写真やビデオをたくさん撮る。

日が沈んだので、帰りはアーケード街を覗いてホテルへ戻り、夕食にする。ビール１本を陽子とコップに少し飲み、カツオたたき、マグロ、天ぷら、うなぎ鍋をつまみに酒を１本飲む。不足の酒は冷蔵庫で冷やした地酒を部屋で飲む。

妻は、食い合わせが悪かったのか、夜中になって下痢を起こして何回もトイレへ行き、一晩中苦しんだようで、心なしか痩せたように思える。

自分は酔ったいい気分でシャワーを浴びて、ランニング、パンツ、シャツ、靴下、ハンカチを手洗いする。疲れたのかテレビも見ずに寝てしまう。

◇９月25日（土）晴れ

６時起床、テレビのニュースを見る。朝食は７時からバイキング形式で和食（納豆、焼き魚、焼き海苔、佃煮海苔、柴漬、小梅、野菜炒め、板ワサ、みそ汁、飯)、陽子は、洋食を主にみそ汁。妻は夕べのこともあり消化のよいものを食べる。腹の具合は収まったようでよかった。

10時にチェックアウトをして、二人は高知の桂浜やはりまや橋を見て高知市内で泊まり、明日は香川の金比羅さんと栗林公園などを見て高松空港から帰京の予定だ。

これで家族とは別行動になるので、中村駅まで車で送って行くが、5分で着いてしまう。電車が来るまで50分位待つことになる。見送ろうかと思ったら「そこまでしなくてもいい」とのことで、名残惜しいが「気をつけて…」と声をかけて、車は駅を後にした。

独走・ジョウロウホトトギスの花と出会い

四万十川の源流へ向けて走る。途中で釣具屋を見つけて餌を買わなければならないので、地元の人に聞いて行った店では、求めた2種類の餌はどちらも置いていなかった。仕方ないので現地で川虫を採取するための網を買う。

台風の後で水量が増えて濁流が川幅一杯になって流れているので、心配をしながら走る。道を間違えて56号線を中村方面へ走ってしまう。ここから引き返すと逆に遠回りになるので直進して、有岡で右折して50号線を8㎞ほど走って田出尻まで出る。県道と国道は道幅が違う。大きい道を走ったらどうも違うようなので、ガソリンスタンドへ入って給油をしながら、聞いて見た。

「あそこは、初めて来た人は確実に間違う所なんですよ」と言って、50歳前後のおやじさんが、手作りの道路工事状況と周辺の見所マップを差し出して説明をしてくれる。「国道より県道の方が道幅が広いので、みんな間違える」

そう言われてみれば、私もそう思って間違えたのだと気づく。マップを見ると、「必ず間違える場所」と印がついて太書きしてあった。情報を貰い、自信が湧いてきた。

1車線の細い441号線を30㎞ほど走って行くと、用井温泉がある村落が現れ、道幅も急に広くなった所に、不似合いの立派な吊り橋がある。車を止めて見ると、橋の手前の小屋に「四万十楽舎」と看板が出ているのでバス停かと思ったが、野菜の無人販売所だった。

5軒の家がそれぞれの作物をビニール袋に小分けし、値段をつけて段ボール箱に入れて、代金を入れる缶もそれぞれ1個ずつ置いてある。茹で卵3個塩付きで100円。キューリ4本100円、タマネギ3個100円を買う。昼時でもあるので、茹で玉子2個とキュウリに塩をつけて食べる。車の冷蔵庫で冷やしたトマトジュースを飲んで腹がふさがったので、写真を撮って再出発。

しばらく行くと、マップでは岩間部落という所で工事をしている。30分位待たされてしまう。こんなに待たされる位なら迂回できる道はないかと地図を見たが、残念ながら見当たらない。あれば地元の車が迂回するだろうし、迂回路も示すはずだ、と腹を決めて、車から出て沈下橋や濁流などを写真に撮ったり、ビデオを回したりしながら待つ。

走行再開。一方通行を通り抜けて、西土佐村で381号の土佐街道に右折、大正町ではまた工事中で迂回させられ、細い路を走る。この辺までくると道の所々の岩から湧き水が出ているので車を停めて、ポリタンクとポリ容器に給水する。

1本の細い村道から439号線に左折し、四万十川の本流から離れて支流の梼原川《ゆずはらがわ》沿いを走ると谷は深くなる。岩盤の切り立った狭い川には水量が多く、轟々と音を立てて流れている。すごい所だと思って走ると古味野々ダムがあり、ダムから勢いよく放出されている水音だった。「支流でもこんなに水量が多いと源流にたどり着くには容易ではないな」と思いながら走ると二股の分岐に来る。左に入り、県道26号線に進路を変えて、梼原川に沿って走ると、源流に近い所まで来ているので水量は少し減っている。

国道197号線にぶつかる手前で、水路は更に左右に別れる。左折すると梼原川の支流のため水量も減って、釣りをするには丁度良い場所へ来た。ここまで来ると人家は見えない。餌を持っていれば入川してみる所だが、水の流れも早く、川虫が採れるような水量ではないし時間もないので、川相を見物しただけでよしとする。

車は丁字を国道197号線へ右折して4kmほど走ると、右側に道の駅「ゆずはら」があるが、通過して道の駅「布施ケ坂」で停車して休憩する。ここは温泉があり、宿泊もできるので聞いてみたが、予約がないとだめだと断られる。

駐車場脇に今は観光用の水車小屋があり、ガッタンゴットンと音を立てて回っている。水車の脇には坂本龍馬が脱藩したという道があり、山の中に向かっている。足跡をたどって歩く人もいるそうだ。

写真とビデオを撮り、佐賀町の奈路広さん宅へ行くため道を急ぐ。梼原街道は対向車線だが広くて比較的真っすぐなので、走っていても気持ちが良い。

地図を見ると佐賀町へは舟渡から右折して19号の窪川船戸線を走った方が、三角形の一辺を短縮する形になり、近道ではないかと思って進路を変えて走るが、人家のなくなる頃には1本道の細い道路になってしまう。おまけに山道で二つの峠を越すことになる。知らない道は横道に入るものではないことを改めて痛感させられる。交通量が少なく、幸いなことに一台交わしただけだから良かったが、対向車が何台もあれば、どちらかが待たなければ交わせない道なので、時間ばかり食ってしまう。

二つ目の峠を下りる頃には暗くなって来た。中秋の名月をシャッターに収めて、50km程走って窪川町の56号線に出る丁字の手前で奈路宅へ電話を入れる。

奈路さんは、ＪＲＰ（日本リアリズム写真集団）の写真家で16年ほど前に「写真集」刊行の相談を受けた。その後、他社で出版となったが、出版記念会に招待されて出席をした。当社にも組み写真はがきの制作を依頼されて、色々な機会に顔を合わせては、情報交換して来た間柄、地方の文化を大切にする土佐っこで、テーマにした写真集を2冊出版。そのバイタリティには敬服している。

四万十川の丁字を国道56号へ左折して、須崎市を30分ほどで通過し少し行くと佐川町の分岐点まで31km走り国道４９４へ左折してから、電話を入れる。ＪＲ佐川駅前にタクシーで奈路さんが迎えに来ていた。

奈路さんの案内で地元旧知の山崎堯さんの自宅についた。板の間の広間へ案内されると既に10人程の人たちが集まり、年に１回の飲み会の最中だった。各人１本１品を持ち寄って、交流する文化人の会に合流させていただいた。私も焼酎と吟醸酒を出して自己紹介から始める。いつの間にか意気投合して、夜の12時頃まで付き合い飲んでしまう。そのまま、山崎宅に宿泊。

◇9月26日（日）晴れ

7時に目覚める。下へ降りると二人は食事を済ませて茶を飲みながらの団欒だった。洗顔をすませ朝食をご馳走になる。

朝食後に夕べ話題のジョウロウホトトギスの花を見に、山に登ると言うので同行させていただくことにする。

スニーカーに履き替え、カメラとビデオを持参し、Ａさんの三菱の軽４輪駆動車ＲＶ型に山友だちＢさんと３人乗りこむ。山崎さんは、軽４輪駆動のワンボックスカーに奥さんと83歳のＣさん、窯元Ｄさんの４人が同乗した。

車は10km位走ってからダートの道になる。でこぼこに荒れている山道をのろのろと上がって、これ以上あがれない所まで行く。後は歩きで30分位行くと目当てのジョウロウホトトギスの花が咲いている岩場に出た。黄色い花が岩場に下を向いて咲いている。何とも言いようのない感動を覚える。花は、ホタルブクロに似ている。葉はスズランに似ている。

説明によると、このスズランに似た植物は、牧野富太郎先生が探し出した花で、石灰岩の岩場に生える、世界で、四国のこの地にしか咲かない珍しい花だそうだ。二度と見ることができない珍種花なので、何枚かシャッターを押しビデオにも収める。今回は、５分の４まで車で来て、５分の1だけを歩くことになり、運動不足の私でも楽に上れた。

満開の花、半分ほど開いた花や蕾などがたくさん生えている。ちょうど好い時期に見に来られて好かった。実生で生えたものがあり、昨年より増えていると言う。

以前、違う場所だがマスコミで報道されたら、その場所の花は根こそぎ盗掘されてしまい、跡形もないほどだという。環境問題や緑化、珍種保存などは一人ひとりが考えて大切に守って行かねばならないのに、金儲けなのか、一人愛用のためなのかはどうでもよいが、根こそぎ持ち去るとは許せない。厳罰に処すべきだ、と思う。

休憩で、記念撮影をして、山崎さんが持参したパンケーキ一切れとミカンを、それぞれに配ってくれたので食べた。ペットボトルの氷水（水をペットボトルに入れて凍らせて持参）は、冷たくておいしかった。山で食べる糖分とビタミン摂取は、特別なおいしさで活力が湧いて来るようだった。

帰りがけに渓谷を散策して行こうと言うことになり、沢筋にある手入れされた山道を歩く。いくつかの滝を見ながら1時間ほど歩いて、昼食に「漬物屋」という食べ物屋に行く。

ビール３本、そば、うどんなどをそれぞれが食べる。「差し出がましいですが、支払いは私に払わせて下さい」と５５００円を支払う。みなさんは恐縮したが「お世話になったお礼として気持ちばかりです」この後、今日同行の仲間２人が、私のために、越知町の牧野富太郎資料館に案内をしてくれて、見学をする。ありがたいことに資料館の室長がＡさんの友だちで、丁寧に説明をしてくれて、貴重な資料を見せていただけた。一人で見たら、ざっと観るだけで感動もなかったと思う。

山崎宅へ戻り、改めて挨拶を交わして４時に散会する。

高知・徳島・香川県の人と巡り会う

私は33号線へ出て27㎞ほど走って、高知市内に入る。駅の近くのグリーンホテルに泊まることにする。シャワーを浴びて洗濯をしてからフロントで聞いた和食の店に夕食に出る。

歩いて5分位の所の店で、刺し身盛り合わせで生ビール小ジョッキ、生酒３００㎖を飲む。カツオの握りは、わかし汁(漁師料理)を飲みながら食べて早めに帰り、10時就寝。

◇9月27日（月）晴れ

6時起床、２日分の日記を書き、シャワーを浴びる。車の停車時間は9時までなので、8時50分にホテルをチェックアウトをする。駐車場まで歩き荷物を整理し出発。はりまや橋は以前に来ているので通過して桂浜にもう一度行き、大きな駐車場に止める。ウイークデーと朝早いためか車は少ない。

坂本龍馬の懐手の大きな立像は、茫々と広がる太平洋を臨み、夢を馳せているかに見える。

朝食をと思ったが食堂は開いておらず、仕

方ないので桂浜に下りて快晴の太平洋と龍頭岬と竜王岬と砂浜を撮影する。ここの砂浜は柔らかくてきれいだ。サンダル靴が砂にめり込んで歩きづらい。青々と広がる太平洋は、朝日を浴びてギラギラ輝いて、今日も暑くなりそうだ。

室戸岬は予定にないコースで、距離が84kmと少し遠いが、チャレンジ精神を発揮して行くことにして、14号線を走る。

食道を探しながら注意して走る。海岸に近い田舎だと店もないが、まばらでも左右に人家がある所でコンビニがあった。こんな田舎にまでコンビニが出店して来るには、当然リサーチをして、需要と供給のバランスがとれて、経営的に成り立つと判断したから始めたのだろうが、この位の人口で成り立つのか他人事ながら、心配になる。何年続くことができるだろう?

鮭、タラコのおにぎり1個ずつと、みそ汁と砂肝の塩焼き串3本入りを買う。車内で冷房を効かせて、砂肝2本とキュウリに塩をつけて1本食べる。何ともバランスの悪い食事だが、たまにはこういう物もいいではないかと思う。

赤岡町で55号線になる。余半利町までは内陸を走るが、過ぎると右手に海を見て海岸線を走る。ペギー葉山の「南国土佐を後にして」の歌で「室戸の沖で鯨を釣ったと人の言う」の歌を口ずさむ。鯨は食料や工業用として捕獲の対象だったたが、今ではホエールウオッチングなどと観賞用として、人びとに夢を与える存在となった。

その昔は、広々とした海原は、たくさんの鯨が捕獲できた。今では国際的に鯨の保護が謳われているので、捕獲できる種類や数は限られているようだ。

私の子どもの頃は鯨肉は学校給食でよく出て来た。60年代には刺身をよく食べた。今もない訳ではないが、数が少ないから、料理屋でもマグロの赤身より高価なので、なかなか手が出せないし、店でも置けないと言う。

室戸岬には中岡慎太郎の銅像がある。写真を撮る。ここは台風銀座と呼ばれるだけあって、風雨の激しさを物語るかのように巨岩怪石が荒々しく突出している。

ここまで来ると、55号線の海岸線を徳島方面へ向けて走る以外に道はない。海南町まで右に海岸風景を眺めながら走る。海南町を左折して海部川に沿って走る途中に、中部山渓轟公園がある。左折して7km程先に轟滝がある。

7つの滝があるので、1車線の舗装道路を走って行くと、高さ55m、直径10m位の巨大な樽のような岩組みから轟滝が流れ落ちている。水量は豊かで、流れ落ちる瀑声《ばくせい》は、大地を揺るがすごとく豪快そのものだ。滝のそばへ寄ると、滝から起こる風と水しぶきが飛んで来て、カメラのレンズは濡れるし、洋服も濡れてしまうほどのもの凄さだった。

滝の全容を見るには、上に行けば見えるのかも知れない。全ての滝を見るには1時間以上はかかり、暗くなってくるし、写真も撮れ

なくなるので、大滝だけ写真に撮って往路と同じ道を戻る。

１９３号へ戻って左折して上流へと車を進めると、橋を渡ったすぐ右岸に小川谷の道がある。川相がいいので釣り用語の「夕まずめ」の釣りをしようかと車を川沿いに入って行くと、途中に大きな倒木が横たわっていて行き止まりになる。

バックで慎重に下がって、道路まで出る。向きを変えて霧越峠（７００ｍ）と十二弟子峠を越えて、国道１９５号線まで走ることになる。

峠を下りきる前に暗くなってしまい、山中で泊まるか迷ったが、地震でも起きて崩落して通行不能になってはいけないので、天気の穏やかなうちに抜け出した方が良いと判断して国道まで出る。

台風による被害なのか、拡幅工事なのか暗くて分からないが、工事をしている箇所が多くて、通行止めがあったりするので、丁字を右折して国道１９５号へ出て、ホッとする。

駐車して泊まれるスペースが見つかるまで土佐中街道を走ると、釣り具と雑貨を扱っている店があった。「川魚用のぶどう虫か、みみずの餌があるか」と聞いたら「ヤマメ、イワナは禁漁でウグイかハヤだよ」との情報を得る。店主は、半分以上腐って使い物にならない餌を二つ出してきて、「金はいいからもって行きなよ」と言うので有難く頂く。

店を後にして走ると、スーパーのような店があったので氷、ミョウガ、シイタケを買う。さらに20㎞先、相生町の手前で空き地があるのでここで泊まることにする。左は大きな岩があり、右下は深い谷で川の音が聞こえる。

25度の焼酎を氷水で割って3杯飲む。そうめんを茹でて氷水で冷やし、ミョウガの薬味で食べる。

車内は火を使ったので熱がこもって暑いのと、アルコールが回って身体がほてるのが一緒になり、汗をかいたので上半身裸になって、車の天井を解放して寝る。

明け方近く寒くなって天井を閉めて、シャツを着て、腹にタオルケットをかけて寝直す。

◇9月28日（火）晴れ30度

7時に目覚める。ここは車の音がうるさいので、静かな所で食事を作ることにして車内を整理して移動する。

昨日来た道を10㎞ほど戻り、木沢の出会いで香川県に抜ける193号線へ右折して30分ほど走ると十字路にさしかかる。直進して行く道は崩落で通行止め。左に行けば山中、右に行けば上勝町・勝浦町を経て徳島市内に出られる。しかし県道で山中の狭い道を長距離を走るので、万が一、決壊している所があると迂回路のない山道を引き返すことになり、時間のロスなので、国道へ戻ることにした。

途中に、広い場所があるので車を停めて朝食を取る。スパゲティを茹でて、レトルトのキノコと野菜入りミートソースだ。

「出会いの国道」195号線へ出て、那珂川を下に見ながら20㎞走り、鷲敷町で橋を渡ると川は左にそれて那珂川町へと流れて行くが、車は阿南市から那珂川橋を渡り羽ノ浦町、阿波赤石町を経て徳島市へ入る。

インストリートを抜け、国道11号を鳴門方面に向かい、市街地を過ぎた所で吉野川大橋を渡るが、東京の荒川より広いのではないかと思うほどだった。

この川が、「河口堰を作る」問題になっている川だ。そんなものを作る必要性は全くないと思う。昔から今日まで、何不自由なく無事に過ごしてきた。莫大な金を投入して自然を破壊し、環境破壊する必要など全くない。人権に関わることで補修しなければ問題にならないのなら、それを行うだけでよいではなかろうか。

　長浜を境にして香川県になる。北灘町櫛木を左折すると、海岸を右手に見ながら走る。30km走って引田町で昼食のため活魚の料理店に寄り、磯御膳（計１８００円）を食べ終わると腹一杯になってしまった。

　10月が近いと言うのに30度と暑い。大内町を経て1時間ほどで眠気がしてきたので、道路脇の休憩所に車を止めてクーラーを利かせて30分ほど休む。

　一休止のあと気分も好く7km走り、道の駅「津田の松原」で車を木陰に入れてトイレ休憩をとる。高松市で民主書店を経営している清水絹男さんに電話を入れたら、集金に出ていて5時頃に帰ってくると言う。

　高松市までは一時間余で行けるので日記を書いて時間をつぶすことにする。このところ連日暑い日が続く、まさに異常気温だ。車を降りると暑くて身の置き場に苦労する。時間を見極めて、栗林公園通りの公園を右に見て、車は左手にある平和病院の1本手前の道路から清水さんに電話を入れたら、迎えに来てくれて、ホテル徳寿まで案内してくれた。

清水氏は、「民主書店全国研修交流会」で一緒になり、情報交換を行い、ビジネスで努力しあって来た仲間だった。

チェックインを済ませて車を置いて、二人でタクシーを拾って清水氏の行きつけの和食の料理屋へ食事に行く。清水氏はまだ仕事が残っているので飲む訳には行かないと言う。私だけが刺身と天ぷらをツマミに酒を2本飲み、清水氏は食事だけして店を出る。

2軒目は行きつけの会員制のスナックへ私を案内して、清水氏は仕事に戻る。店は「仲間たちが心置きなく話せる場所として始めた。何が何でも売り上げを上げると言う売り上げ至上主義ではなく、コミュニケーションの場として使ってもらえればよい」と言う考えでやっていると言う。カラオケ設備があるが、私の他には客は来なかった。ご主人はNTT勤務の活動家で、昇級差別や賃金差別を受けている話や、私の全国一周単独ドライブと家族の話などで12時まで話す。遅くなったのでタクシーを拾ってホテルまで戻り就寝。

◇9月29日（水）晴れ

7時に目覚めたが、飲みすぎで頭が重いので二度寝する。9時近くに起きて、シャワーを浴びて下へ下りたら7～9時の朝食タイムは終わっていた。

近くに食堂がないか支配人に尋ね、7分ほど歩いて和食の食堂に行った。70歳前後のおばあさんが一人で料理を作って店をやっていた。食品棚の盛皿から大根とジャガ芋、糸コンニャク、さやいんげん、油揚げと肉少々の煮物を取って待つと、白飯とみそ汁、タクアンが出て来た。

10時半にチェックアウトしてスタート。193号線を徳島県に向かって走り夏子ダムまで行く。曽江戸谷川に流れ込んでいる小さな川の落ち込みの深い所で釣るが、20㎝足らずが30尾ほどかかって来たが、全部リリースした。イワナやヤマメだと、タイミングが悪いと針を飲み込まれてしまうが、この魚は口も小さくはないが、針を飲み込むのは一つもいなかった。

川には粗大ゴミや生活ゴミが捨ててあり、気持ちが悪くて、上流には行く気にならずに切り上げる。着替えたら12時になり、讃岐うどんを食べたいので、来た道を戻ると駐車場の広い店があったので入る。

香川県の店は、夏でもおでんを食べさせる店が多い。コンニャクとさつま揚げを2本食ってジャンボうどんを注文する。でかいどんぶりに、野菜の天ぷらが山盛りに乗っかり、玉子1個も入っていて、とうてい全部は食えず残してしまう。おでんを食わなければよかったが、後の祭りだ。この後、琴平に向かう。

琴平町に着く。金刀比羅宮に行くため民間駐車場に止めて、前香川県会議員の山下郁先生に電話をする。「香川へ来ておりますので一緒に食事をする時間が取れませんか」と聞いたら「大丈夫だ」と言う。「5時頃には行けると思いますので、近くへ行きましたらまた電話をする」と話す。

山下郁先生は、日本共産党の香川県議会議員として16年間、県政の改革に健闘された。その実績を『革新の篝火を掲げて』の本として出版。（１９９4年、光陽出版社刊）。この時、私は担当として先生に接し、当地での出版記念会にも参加させていただいた。

先生との約束の夕方までは、時間がある。「こんぴらさん」詣でをすることにした。

参道の両側にはうどん屋、土産物屋、旅館、造り酒屋などの店が並んで賑やかだ。

金刀《こと》比羅《ひら》宮《ぐう》は古くから海の守護神として広く信仰されて来た。参道入り口から奥社まで続く急な石段は1368段。足腰の悪い人には石段駕籠《かご》があり、駕籠と担ぎ屋さんが二人一組で待っている。参道入り口から大門まで上り4500円、下り2800円、往復5500円、8時から17時までと言う。私は当然徒歩で登る。

　石段を歩いて25分ほど上がると、金刀比羅宮の金堂旭社がある。さらに5分上がると入り口から785段で本堂になる。神殿前に張り出された展望台から、讃岐平野や瀬戸大橋などが眺められる。さらにゆるやかな階段、583段を20分ほど上がると奥社がある。
　ここには金刀比羅大芝居・金丸座がある。江戸時代末期の建築で、現存する日本最古の芝居小屋と言う。昭和51年、現在地に移築復元して、昭和60年春、当代歌舞伎若手人気役者が出演して、金比羅大芝居が復活した。
　帰りに地酒を買って帰る。多度津街道、讃岐街道を直進し、坂出市に4時50分に着いて「コープ 坂出」の前に停車して山下先生に電話を入れる。
　待っていると、奥様の運転で山下先生がおいでになる。奥様は、身体の調子がよくないので先生だけが私の車に乗り、きょうの宿の

「ニューセンチュリー坂出」に先生の紹介を得て、チェックインして車を置く。なかなかいいホテルだ。

20分ほど歩いて先生の行きつけの炉端焼き「蔵椿」のカニ料理店に入る。１テーブルごとに仕切られたコタツ式の席に着いた。

まず中生ビールで再会の乾杯。私は生酒を２本飲み、先生はビールを２杯飲むと「もう飲めない。前ならこれからが本格的に飲むことになるのだが、年をとるとだめだな」と言われる。

しかし、77歳だが記憶は好いし、目も悪くはないので、「司馬遼太郎全集」や藤沢周平の本を読み出したという。「今まで読んだことが無かったが、五味さん読んだかい」と言われ、山形県鶴岡の書店さんに勧められて、この旅の中で初めて読み出したと応え、読後感を話す。先生も藤沢作品については「実に味わい深い描写をする、このような作者の作品を読んだことがなかった」と感想を述べていた。

共通の話ができてよかった。「後３年で80歳になる。五味さん、その間にもう一度高知へ行こうよ。それを過ぎると旅行は駄目だと思うので」と言う。

そう言われて、３年前の出版記念会のことを思い出した。記念会の後「後援会の皆さんが高知県に旅行に行くから五味さんも一緒にどうだい？」と言われて「先生のカバン持ちとして参加させて下さい」と同行、楽しい旅をさせていただいたのだ。

「朋有り遠方より来たる、うれしい出会いだ」とも言ってくれる。人生とはすばらしいものだ、と先生との出会いをしみじみ思う。

10時過ぎた頃、奥様が迎えに来て下さり、私をホテルまで送って二人で帰って行かれた。いつ見ても仲の良いすてきなご夫婦だと思う。

今日は、楽しく、味わい深い、印象的な一夜だった。

◇9月30日（木）晴れ

7時に起きてシャワーを浴びて、朝食は納豆、鮭、昆布の佃煮、海苔佃煮、焼き海苔、新香、みそ汁、飯を食べて、新聞を見る。「星野中日、11年ぶり5度目の優勝」、星野は2回目の優勝と楽しいニュースの反面、茨城県東海村の原子力関連施設から放射能が漏れた記事が大きく報道されている。

10時にチェックアウトして、栗林公園へ向かう。民間の駐車場に700円で車を預けて、入園料350円を払う。前にも来ているので主にビデオを撮ることにして回る。平屋の休憩所で12時なので入って冷やしざるうどんを食べる。

地元の製造というだけあって、うまい。土産も売っていて、5000円以上は送料が無料というのも魅力なので、山梨の弟に2箱、つゆ入り半生麺を送る。

1時に茶屋を出たが、帽子を被っても暑いので、見物は適当にして出る。車に戻り、進路の確認をする。

岡山には名所があるので、高松から瀬戸中央自動車道路へ入り、瀬戸大橋を渡ることにする。途中の与島PAで橋の写真を撮るために寄るつもりで走っていたが、PAは上にあるのではなく、下に降りることを知らなかったものだから、気が付いたら通り過ごしていた。残念だがあきらめる。

宿を探すため鴻池SAの売店で買った本で「ホテル　メルパルク岡山」（7300円、1泊2食付き・税込）を見つけて、安いので電話をしたら、OKで一安心する。

ホテルは岡山の駅の近くなので、高速道路

で岡山まで行けば近いのに早島で降りて国道２号線を走る。ラッシュの時間帯なので道路は混雑していて、流れに任せるしかない状態。ホテルは駅の近くにあり、立派な建物で駐車場も広くて楽に止められる。部屋も広くてゆったりしている。お茶のセットは言うまでもなく、茶入りの袋も２コなどと行き届いている。氷入りの水差し、冷蔵庫にも飲物など一流ホテル並みであるのに、値段は安い。トイレはビデ付き、シャワー室もゆったりだ。シャンプー、ヒゲ剃り、櫛、ヘッドキャップ、歯ブラシ、セッケンが備えてあり今までで一番よいホテルだ。

　夜の食事のメニューも「３５００円の料理だが、宿泊と食事セットの込みにすれば安くなりますよ」と対応してくれて、細やかなサービスがありがたい。料理は、タイ・イカ・マグロの刺身、エビのソース煮、ナスをベースにギンナン・シイタケ入りのグラタン、牛肉と松茸の鍋、ユバとキノコ煮、松茸の土瓶蒸し、松茸・油揚入り味付けご飯、デザートはアイスクリーム、もも・アボカド・イチゴ・巨峰の果物、ケーキが出た。

　日本酒は、地酒の純米吟醸と県外の酒もおいてあり、行き届いている。外で飲んで食べるより安心してくつろげて、エレベーターで上がれば寝られるなんて最高だ。

　テレビでニュースを見たら、東海村臨海事故で３人が入院したと報道していたが、助かるのだろうかと心配になる。

第8章　山陽道の美を満喫

岡山の美と歴史に心満ちて

◇10月1日（金）晴れ

6時起床シャワーを浴びて日記を書く。朝食は7時から和食。

今日の行動「岡山城から倉敷市へ行って泊まる予定」を確認する。10時チェックアウトしてスタート。岡山城に寄って行かなければならないのに、頭の中は倉敷のことで一杯になって、通過してしまう。気がついて戻り、公園のパーキングメーターに90分３００円で車を止める。

岡山城天守閣の外壁は黒い下見板のため、烏城と言われる勇姿だ。天守閣は戦後の再建で郷土資料館と展望室になっている。池田氏32万石の城下町として発展した岡山は、今では活気に溢れて中国地方第二の都市である。岡山城・後楽園を中心に美術館なども数多く整備され、文化の香りが高い。

公園から眺めて写真とビデオを撮る。歩いて５分の県立美術館へ行く。特別展で中山巍《たかし》展（５００円）と常設展（２００円）が行われているので、入館料を払って入る。

昼時だが、倉敷へ行く途中で食べることにして、車を出す。両脇に立ち並んだ家の切れ目から見える田園地帯は、黄金色が広がっている。45分ほどで倉敷市の美観地区に着く。市営の駐車場に車を止めて「うどん」の看板が目についたので入る。

少し歩くと大原美術館がある。ギリシャ建築風の本館は倉敷紡績を発展させた大原孫三郎が、地元出身の画家・児島虎次郎に収集させた世界的名画を展示している。分館、工芸館、東洋館も増設され、倉敷観光の中心になっている。美術好きの私にとってこの上ない鑑賞の場である。

本館には、ロダンの彫刻「カレーの市民」像。中でも17世紀スペインバロックの巨匠エル・グレコの「受胎告知」は極めて貴重。

モネの「睡蓮」、ルノワールの「泉による女」、ロートレックの「マルト・X夫人の肖像」、ゴーギャンの「かぐわしき大地」、ゴッホの「アルピイユの道」など印象派とその周辺の作品、マチスの「画家の娘」、ルオーの「道化師」、ブラックの「裸婦」、ピカソの「鳥籠」、シャガールの「恋人」など20世紀の名画が展示されている。

工芸館は、土蔵を生かした建物で陶器室、板画室、染色室に別れていて陶器室は東洋のよき理解者であった英国人バーナード・リーチ、富本憲吉、河井寛次郎、浜田庄司４人の陶匠の作品が丁寧に陳列されている。

板画室は、棟方志功の強烈な主張をもった「十大弟子板画柵」「柳緑花紅板画柵」などの作品が粗削りなタッチで迫ってくる。

染色室はレンガ色の土蔵で、芹沢銈介の作品が展示されている。明快なデザインが印象的だ。

東洋館は、先史時代から唐代までの石仏・俑・銅器・陶器などの古美術品を展示。分館は岸田劉生、関根正二、藤島武二、梅原龍三郎。その他、青木繁、坂本繁二郎、安井曾太郎、小出楢重ら近代日本の洋画とカンディンスキー、キリコ、ポロックらの西洋の現代絵画を公開展示している。

これらを見て外に出ると、倉敷川の「美観地区」に出る。船着き場から倉敷考古館、旧緑御殿、大原邸などをカメラとビデオで撮る。たくさんの観光客が、ゆっくりと散策している。備前焼の窯元で2000円のぐい飲みを1個買って、今日の宿「山王ホテル」へ向かうため地図を見る。

9kmほど走れば着くはずが、細い道が1車線で、通り抜けられるのか分からない。危ぶんで横の道に入ったら、集落がある田園地帯の向こうの樹木でこんもりした丘の上に当のホテルが見えるのだが、上がり口が分からない。地元の人に聞くと「上がるところは一ヵ所しかなくて、田園の舗装された道をぐるりと回り込まないと行けない」と言われて、丘を見ながら一回りに近いくらい回り込んで、上がり口にたどりついた。

驚いたのは予想外に大きなホテルだ。公共というか外郭団体が係わるホテルは安くて、設備がゆったりしてよい。こういう所をうまく利用することが肝要だ。食事所について聞いて見ると「レストランで和洋どちらも用意できる」とのことで安心した。シャワーを浴びて、洗濯を済ませる。

食事をするためエレベーターで地下へ降りていくと、「お一人様はこちらへ」と一番奥の静かな所を用意してくれた。3000円の料理を頼んだら「泊まりとセット料金にした方がお得ですので」と気を利かしてくれたのも嬉しかった。

◇10月2日（土）晴

7時起床、シャワーを浴びる。朝食はバイキング。10時前にチェックアウトする。

車は429号線を総社市に向けて倉敷の駅近くを通過して、吉備路を北上し、途中から270号線を走ると田園風景の中に備中国分寺の五重の塔が見える。

備中国分寺は国分尼寺と共に聖武天皇によって創建、江戸中期に再建されたが、寺域はかなり縮小された。田園風景に溶け込んだ五重の塔の優美さは印象的だ。

田圃では、稲を刈りとるコンバインが行ったり来たりしている。その横には空き田があり、白鷺が8羽ほど餌をついばんだり、飛翔したりしている。

のどかな風景を道路から撮影するが、アングルが今ひとつピンと来ないので、田の畦に入ってカメラを構えていたら、近くで作業をしていたらしい、50歳前後の土地所有者が半袖シャツに短パンの泥だらけの格好で現れた。

「人の土地に無断で入ってもらっては困る。この畦と言えどもモグラが入らないように草を刈ったり管理をしている。あなたがたは趣味で入るのかも知れないが、年間では数多くの人が入って迷惑している。この気持ちを分かってくださいよ」と言う。「はぁ、申し訳ありません。仰せの通りです」と謝る。1枚だけシャッターを切って、早々に引き上げる。「別にどこが傷むとか、減るものでもなし大目に見てもいいではありませんか」とは言えなかった。人の土地に無断で入ることは、田や畑、山であっても基本的には同じことだ。不法侵入だと言われれば、返す言葉はなし、後味の悪い思いをしながら去る。

429号へ出て、日本の三大稲荷といわれる最上稲荷を目指す。入口の備中高松で241号線に左折。入ると直ぐに大きな鳥居が現れる。左手の山の中腹に幟旗《のぼりばた》が見える。左手に大きな駐車場があるが、平日とシーズンオフが重なり、車の数は5台と少ないので手近な所に止める。

稲荷への参道は、狭い道幅の天井がアーケードになっていて、みやげもの屋が両脇に立ち並んでいる。左右キョロキョロ見ながら歩く。「よってらっしゃい、見てらっしゃい、これがおいしいよ」などと声がかかる中を15分ほど坂道を上り、稲荷の社地にたどり着く。階段を上がると境内で、大きな幟旗が何本もはためいている。

京都・伏見稲荷、愛知・豊川稲荷と並んで日本三大稲荷の一つだという。今は最上稲荷教の総本山で、商売繁盛、家内安全を祈願する参詣客が絶えず、行事がある時は、観光バスなどで沢山の人が来ると言う。

写真とビデオで建物や風景を撮って階段を降り、アーケードを下って来ると、手打ちうどんの表示が出ている店では、年寄り夫婦が食事をしていたので昼飯を食べに入る。冷たい茶を出してくれたり、扇風機の風を当ててくれたりサービスがいい。両側に並ぶ店の数はどのくらいあるのかと聞くと、70軒弱だという。今日はこんなに空いているが、正月などは、参道をはみ出すくらい人が溢れると言う。

みやげに、子どもの頃に食べた懐かしい、丸くて小さい柚子入り煎餅と木刀１本と帽子を買う。木刀は、車に乗っているとペダルを踏む以外に体を動かすことをしないので、体が鈍るし、耐久力もなくなるので、健康管理のために朝起きて、木刀の振り下ろしをしたり、木刀を使った柔軟体操をすると、肩、腕の筋肉が鍛えられ、肩凝りもなくなるので、購入した。門前町を降りて来ると、１時半を過ぎた。

車は元来た道へ引き返すより、２４１号線を前進した方が近道なので、61号を右折して山村を経て１８０号にぶつかる。直進すれば国道２号線で、31㎞で東岡山備前市を通過、赤穂市に着く。

現在放映中のＮＨＫ大河ドラマ「元禄繚乱」は「忠臣蔵」が舞台なので、ここで泊まることができればと思い、宮原を右折して７㎞走って播州赤穂の市内に来て見たが、泊まるような所でもないと諦める。相生市で国道２号線に出て走り続けると姫路市内に入る。駅の近辺で一周すると、ホテルが並んでいる。

駐車場があるホテルの前に車を停めて、フロントへ行くと宿泊ＯＫとのことでチェックインする。車はホテル脇の屋根なし駐車場に入れる。

シャワーを浴びて洗濯をしてから、フロントで和食の店を聞いて予約を入れてもらう。タクシーを呼んでもらい、料理屋の前につけてもらう。

ヒラメ、カツオ、イカの刺身をツマミに、３００mlの生酒２本を飲んで、帰りは歩いて駅の近くでラーメンを食う。いい気分でぶらぶらとホテルまで帰ってくる。

◇10月3日（日）小雨後晴れ

６時起床、シャワーを浴びて日記を書く。朝食は7時からで地下の食堂のテーブルに座ると、和食膳が運ばれてきた。飯を食べて、部屋に戻りチェックアウトまで日記の続きを書く。９時50分アウトして、車内で順路の確認をする。

２km程走ると姫路城へ着く。公園下の駐車場に車を止めて歩道を歩いて外へ出る。

姫路城は、白鷺城とも言う。白漆喰の塗籠造りと流れるような優美さが、白鷺が飛ぶ姿に似ているからと言う。これだけの城を完成させたのが池田輝政。以後、歴代の城主によって補修が重ねられて来た。天守閣、渡櫓４棟が国宝。74棟の建物が重文。姫路城内の広場に入り、城の遠景写真を撮り、天守閣の入口で入場券（５００円）を買って大門を入るところで、殿様と大小の脇差を差した侍の衣装をつけた観光課の職員が立っていて、見物人を案内しながら記念写真にも応じるサービスしていた。私も殿様と二人のツーショットを侍姿の職員にシャッターを押してもらった。

天守閣と3、4、5、６階の城内を巡り生活用具や鎧、兜、刀、槍、弓、鉄砲などや文書などの歴史的な資料の展示を見る。７階の最上階は展望室で神棚が祀られ、祈願出来る

ようになっている。ゆっくり見てまわり、城を下りると12時だった。白鷺城とはいい名前だ。大きくて優雅だと、改めて実感する。

城の焼き印煎餅と『日本の城』の本を買い、城外のみやげもの屋兼食堂で天ザル冷やしうどんを１３００円で食べたが、うまいものではなかった。

市街地を国道2号線へ出る。道が細く高砂市を過ぎて加古川市に入ったところから車が混雑で動かなくなり、４時になってしまった。進路を変更して１本海岸寄りの２５０号線の産業道路へ出たら、片側2車線で60㎞速度で走れる道路で、嘘のように空いている。

明石まですんなり来たが、2号線とドッキングする手前からまた混んで動かなくなった。大蔵海岸から明石海峡大橋がよく見えるので、新しく公園が造られ市民の憩いの場所になっている。ここで橋の写真を撮る。

混雑を回避するためUターンして少し戻り、第2神明道路に入る。三宮まで29㎞はガラガラでスムーズに行き、30分位で二宮インターを下りて新幹線の新神戸駅に向かう。駅の案内所で宿の名前と電話番号の載った資料をもらい、車内から三宮の「ホテル巴」に電話を入れるとＯＫだった。

狭い駐車場に慎重に車を入れてチェックイン。シャワーを浴びて、食事をしに駅前を通って町中へ行ったが、日曜日のために和食の店は寿司屋しか開いておらず、韓国料理店が多いのに驚いた。結局寿司屋へ入る。イカと中とろ、ヒラメをつまみに造ってもらい３００mlの生酒2本を飲み、寿司を赤貝・鰹・ミル貝・かずのこ1巻ずつを食って４６００円と、安い割りにはよいネタでうまかった。

◇10月4日（月）晴れ

７時起床、シャワーを浴びて、気分をさわやかにして日記を書く。今日は、３回目の月１回の職安訪問のため帰京する日だ。10時にチェックアウトするが、車は７日まで１日１０００円で計４０００円で駐車させてもらうことを確認して、車のキーを預けてホテルを出る。

ホテルでもらった新幹線と地下鉄の時間表を確かめ、ＪＲ三宮の駅へ行き、新大阪まで快速に乗り新幹線に乗りこんだ。これまで２回の帰京は飛行機だったが、今回は初めて新幹線で帰京。東京駅に午後３時40分に着く。

３度目の帰京と三宮再スタート

古巣の職場・光陽印刷の営業の１階と地下の工場へ顔を出す。仕事をしているので邪魔をしないように帰る。編集スタッフの加藤海二さんの所へ電話を入れたら、すぐには出られないというので事務所に顔を出し、話しこんだあと、海二さんの行きつけの店に行って飲む。帰京しても即帰宅をしないのは、今回も同じだ。

◇10月5日（火）晴れ

７時30分起床。持ち返った荷物を選別して洗濯物を洗濯機に入れてセットする。久しぶりに家族揃って朝食をとり、陽子は勤務に出る。

妻が京都・奈良へ行きたいというので、安いホテル・公共の宿とビジネスホテルの全国版と奈良、京都の地図を八重洲ブックセンターまで行って買ってくる。その後、10月9日から12日の3泊の宿を取るため電話を入れ、京都、奈良と何とかホテルを予約できた。

◇10月6日（水）晴れ

9時から30分がハローワークの受付時間なので、9時前に家を出て、地下鉄東西線東陽町駅まで歩き、そこから1駅だが電車に乗って「木場」まで行く。駅から歩いてハローワークへ着くと、2階はいつもと同じで一杯の人だ。

「認定」をすませ、家に一旦帰って、日記の手書き文をワープロに入力し直す。再び4時に家を出て、八重洲ブックセンターまで奈良・生駒郡の地図を買いに行く。帰途はやはり神楽坂の「きくずし」で、光陽の旧友たちと飲んだ。

私の定年退職に際して「励ます会実行委員」として受付係をしてくれた方など4人で飲みながら話した。「奥さんをなぜ連れて行かないのか」「一人では寂しくないか」「泊まりはどうしている」などと、私の旅の話で終わってしまう。

10時まで飲んで帰る時になり、私が飲み代を払おうとしたら3人が先に払ってくれていた。恐縮してしまう。それぞれに心から礼を述べて別れる。家に帰ったら11時近かった。

◇10月7日（木）晴れ

8時40分に家を出て、9時28分発「ひかり」に乗る。みどりの窓口で「座席指定を」と言ったら、平日だからか「自由席でもよいのでは」と言われて自由席にしたが、ホームの一番最後尾の階段を上がって行ったので、前方の自由席の1～5号車まで急ぎ足で歩き、大汗をかいてしまった。ハンカチは汗でびっしょり。1本遅らせれば何のことはないのに、後の祭りだ。

車中、「三屋清左衛門残日録」（藤沢周平著）文庫本を読む。新大阪駅に予定通りに着く。車を預けた三宮までは、入って来た通勤快速に乗る。椅子席が空いていたので座って、読みかけの文庫本を読む。三宮に着くと昼過ぎになっていたので、立ち食いのうどんを食べる。

1時30分頃「ホテル巴」に行くと、車を預けた際の若主人はおらず、母親らしき女将がいて、駐車料金4000円を払おうとしたら、1日4000円×3日＝12000円だと言われる。借りた際の条件と違うことを主張する。「若主人が駐車場は空けておくより4000円でもよいというから止めたのであって、息子に確認してくれ」と言って4000円払って領収書を貰い、車庫まで歩いて車を出す。

六甲山へ行く予定を立てていたので登ってみるが、小雨が降り霧も出てきたりで周りの景色は見えない。頂上で写真を撮り、今晩のホテルをキープするため電話を入れる。食事付ホテルでは、当日予約は入れていないと言われることが多いが、電話をしてみるとやはり満室だと断られた。特に独り者の場合は、警戒されて断られる。電話に出ることそのものが煩わしくめんどうだと言わんばかりの対応である。ビジネスホテルの安くて車が止められる条件のよいところを見ていくと、３拍子そろった所は少ないものだ。神戸のタワーサイドホテルが1室空いている、とのことでキープしてホテルに向かう。

途中で道を間違えたのか、高速道路に入る所まで来てしまい、方向転換ができないので、高速に入り一番近い出口で出ることにして姫路方向へ向かって走ると、三宮方面の標識が出て来たのでほっとして進路を向ける。

走っていて分かったが、登った方向とは逆の裏側へ出た。六甲山の下がトンネルで、走り抜けると新神戸駅の横に出てきて一般道に合流する。

ポートタワーがある埠頭まで行くのだが、タワーに近い道路を走っていれば通り過ぎることはなかったが、２本手前の通りで、知らない道のために通過をしてしまう。気が付いて、地元の人に聞いて海岸通りを戻ってくるとすぐに分かった。

ホテルは大きく、駐車場もあるきれいなホテルだ。シャワーを浴び、洗濯をした後、13階に上がって和食レストランに入り、３５０0円の懐石料理を食べながら純米吟醸酒を飲み夕食とする。

世界柔道大会で、男子超重量級・篠原が金メダル、重量級で中村、女子では安野が金、銅メダル獲得をＴＶで知った。

◇10月8日（金）曇りときどき雨

７時起床、めっきり涼しくなったので、浴槽に湯を張ってゆったり浸かって体の芯から温まる。このところ都市型の町で混雑する道路を走っての見物が多く、宿泊もホテル泊が多くなる。当然出費増もさることながら、食事は好物を食べるようになり、栄養の偏りが心配になるところだ。

朝食はモーニングで、食パン、生野菜サラダ、ゆで卵、紅茶ですませ、９時30分チェックアウトする。駐車場で進路の確認をしてスタート。

43号線を走り、芦屋市から尼崎市を経て中島川の橋を渡り29㎞走って大阪市に入る。淀川ついで安治川を渡り、弁天町を左折すると中央区で、大阪公園の駐車場に車を止める。

大阪城は天正年間、羽柴（豊臣）秀吉の築城。大阪夏の陣（１６１５）で落城。昭和６（１９３１）年に外観模擬天守が築造されたという。

公園を出て国道25号線へ出る。12時過ぎなので食事ができるところをと注意しながら走るが、和食の看板を掲げているところが少ないのに驚く。八尾市に入り、かなり走って駐車場の広い和食の店が出て来た。空いている右側のスペースに止める。１時過ぎだが結構混んでいた。刺し身と天ぷらセットの太子御膳２０００円を奮発して食べて、早々に出る。

大阪柏原市を走って奈良県の王子町へ出て、万葉集で有名な竜田川の大橋を渡って少し走ると、斑鳩町の法隆寺前に17㎞で到着。

左折して松並木の参道に入り、民間の駐車場に車を止める。宿の確保をするため、奈良駅近くのホテルを探したら近鉄奈良線新大宮駅近くの「新大宮ホテル」は一泊５０００円で駐車無料と安いので電話を入れると、ＯＫでキープする。これで安心して見物できる。

松並木を先へと歩き南大門を入ると、金堂と五重の塔が見える。40年ぶりに来たが、１３００年余の風雪に耐えた憧れの寺へ来た実感が湧いて来る。建物の外から中門、五重の塔、金堂、大宝蔵院、夢殿、中宮寺を見物して写真とビデオに収める。全て建物の中に入って見物すると３時間余かかるので撮影だけにする。

車は25号線を走って横田まで行き、24号線になり北新の交差点から新大宮、そこを左折して近鉄奈良線に沿って走ると、新大宮ホテルにスムーズに着いてチェックインする。シャワーを浴びて洗濯をする。

フロントで、和食のおいしい店を聞いて夕食に出掛ける。途中文房具店があったので、ノート、３色ボールペン、赤マーカー・スペア付を買って、飲み屋に入る。カツオ、赤貝、イカの刺身盛り合わせ、トリ貝酢の物、鳥肉とキノコのガーリックバター炒め、純米吟醸酒２杯、３００ml１本を飲み、寿司タイ２巻、イカ２巻、赤だし汁で６９００円＋消費税。

ホテルへ戻ってテレビを見る。プロ野球・近鉄盛田幸妃が１年２ヵ月ぶりに奇跡のカムバック、苦難は福門なり。

◇10月９日（土）晴れ

７時起床、シャワーを浴びて、日記を書く。９時にフロントへ行き、サービスのよい喫茶店を教えてもらい、行ってみた。厚切りパン１枚、卵焼き、レタス、トマト４切れ、ポテトサラダが一つの皿に盛られた野菜サラダ、紅茶、ヨーグルトつきで８４０円は安くて魅力だ。

妻と合流・古都めぐり

10時に駐車場を出て、奈良駅に着く。駅前の有料駐車場へ車を入れて、妻が10時38分着の電車で来るのを、駅の待合室で文庫を読みながら待つ。

電車は定刻で到着して、妻は笑顔で降りて来るが、朝6時に家を出てきているので疲れた様子だ。

早速、車に乗り込み、興福寺へ行くため奈良県庁まで行く。駐車しようとしたら満車だったので、文化会館の有料駐車場に止めて、歩くことにする。

猿沢池を見下ろしてそびえる興福寺の五重の塔と、どっしりした東金堂、北円堂や南円堂の横を鹿がのんびり歩いていて、芝生の緑が鮮やかだ。

北円堂は寺内最古の簡素で力強い鎌倉建築。南円堂は江戸建築で本尊の不空羂索観音は国宝。三重塔も国宝。東金堂は寄棟造りの国宝である。五重塔は天平の規模を再現した純和様室町建築。

きれいな芝生を見ながら東大寺まで行き、左右にある奈良漬本舗でみやげの奈良漬を買う。

観光客が鹿用の煎餅を買い、鹿に与えるので、鹿は人が通るとせがんで間近までくる。参道には鹿の糞が転がっている。店の人が掃除をしても次から次へと落として行き、追いかけっこで、これも店の欠かせぬ仕事の一つになっているのだろう。

東大寺南大門は、高さ25ｍで日本最大、左右の金剛力士像＝国宝（運慶・快慶が20人の弟子と作った鎌倉彫刻）を写真に撮る。狛犬石造一対も重文。

大仏殿は大きな建物で、屋根の鴟尾《しび》が青空に映え、金色に光る。近づくと一層大きく圧倒される。大仏は天平時代の国宝。

これらを妻がビデオで撮り、私がカメラで撮影して正倉院へ行ったが、公開は10月下旬頃からで残念。正倉院の宝庫は、校倉造りで、聖武天皇愛用の遺品、調度品、荘厳具、絵画、仏具など天平文化

とインド、ペルシャなどからの渡来品を含めて３５００点の宝物を蔵し、宮廷文化の国際性を物語る、と言われるだけに今回見物できないのは、誠に残念だった。

昼時になり手貝通りにある葛きりの店に入り、妻は葛きりそば、私は鰻丼を食べて、葛きりをみやげに買う。

７km走って大安寺に寄り、秘仏の十一面観音が公開中だが、勉強不足でよく分からないのでお参りだけする。入ると右側にある枝が長く横に這っている臥竜の松の雄姿を撮影する。フイルム１枚に収まりきらず苦労しながら写す。

細い道を４km走って薬師寺に行く。近年再建された金堂と西塔、昭和59年再建の中門が実に鮮やか。古色蒼然とした東塔や東院塔が並ぶ境内に、新旧の美をあわせ作っている。

東塔は、平城遷都後の、創建当初唯一の遺構。西塔は、昭和56年、東塔とほぼ同型に再建された。

金堂には本尊薬師三尊像（国宝）を安置。座像の薬師如来を中尊として、右に月光、左に日光菩薩が安置されている。わが国仏教美術の最高傑作と言われる白鳳時代の金銅仏をじっくり拝観する。

昨日走って来た24号線へ出て法隆寺前の標識に至る。松林を走り昨日と違って一番奥の寺に近い民間の駐車場に車を止めて、歩く。

南大門を入ると中門の手前の通りで、真っ赤な四角の布団をのせた御輿に出会った。町会ごとに一基１００人近い担ぎ手に担がれた御輿が左から、違う町会の一基が１００ｍ位の道を右側からと左右に別れて、担いで来て真ん中で交差して行き過ぎる。戻って来て端まで来て、回転をしてまた直進をして交差して左右が入れ代わる形になる。全体では10町会10基、左右に別れた５組の御輿が代わる代わる担いで練り歩くことになる。

今日は１日でたくさんの寺院を見てきたので、法隆寺では、宝物や資料を見る時間がなくなり、中門、金堂、五重塔、大講堂、大宝蔵殿を外から眺めて写真とビデオを撮り、猿沢池の傍らにある「柿食えば鐘が鳴るなり法隆寺」（正岡子規）の石碑を見て引き返す。

生駒山のくろんど池畔にあるホテルに向かって車を走らせるが、道に迷ったりで2時間余を費やす。暗くなり街灯もないような田舎道を、どこをどう走っているのか分からず、地元の人に聞いて「椿寿荘生駒寮」に何とかたどり着いた。

７時を過ぎているので他の団体客は食事をしており、風呂には入らないで食事を先にする。見たところでは老人用の施設だけあって、私たちより大先輩ばかりだ。しかしカラオケを歌って、踊って、元気一杯は結構なことだ。後から来た我々としては少しうるさくはあったが、文句も言えまい。早々に引き上げて休むことにする。

◇10月10日（日）晴れ

６時に起床。夕べ風呂に入れなかったので、朝風呂に入りに行った。８時から食事。今日は京都まで行くためスケジュールが詰まっているので、９時にチェックアウトし早々にスタートをする。

奈良・京都をつなぐ京奈和自動車道入口の標識を確かめ、精華下狛インターから有料道路を走る。城陽で一般道へ降りて京都府宇治の平等院に到着。寺からは少し離れるがレストラン横の私道に車を止める。

宇治橋まで歩いて行き、橋を撮影して平等院へ向かって歩く。宇治茶を中心にしたみやげもの屋が左右に並ぶ通りを見物しながら、土産に茶菓子を買う。

平等院（世界文化遺産）に入ると、大きく目に入ってくるのは鳳凰堂。現世に浄土を再現した平等院の遺構で、本尊の阿弥陀如来座像は、大仏師・定朝の唯一の遺作。壁面には雲中供養菩薩像52体の天人が極楽浄土の楽を衆生に伝えるという。

駐車してある手前の喫茶兼食堂で、昼時なので妻はカレーライス、私は鰻丼を食べる。食後、暑い中、車を進め、次の寺である万福寺まで3㎞、30分ほどで着く。

宇治市・万福寺は、黄檗宗の総本山で、開山は隠元禅師、本尊は釈迦如来座像。

静かな境内から出ると喧噪で先ほどの静寂が嘘のようだ。ここから道路を西に走り左京区に約2時間走って到着する。駐車場が見当たらないので、道路の端に止めて京都市内見物に行く。

元離宮二条城（世界文化遺産登録）は4時には本丸御殿が入館できなくなると言うので、二の丸御殿は急いで見学。二条城は徳川家康が、京都御所の宿泊所として造営し、3代家光が伏見城の遺構を移すなどして完成した。桃山時代様式の全貌をこの城に見ることができる。将軍慶喜の大政奉還により二条城は、朝廷の離宮となり、京都市に下賜され現在に至る。

左京区の永観堂は、京都の寺々の中でも歴史は古く、11世紀後半になって永観律師が復興したところから永観堂と名付けられた。本尊は阿弥陀如来立像。可憐な作品である。

法然院は、念仏布教のため山を下った法然が、東山大谷に庵室を設け、入滅までの大部分の期間を過ごした紅葉の美しい寺である。

5時頃に、いずこから鐘の音が時を告げる。わびしくもあり、京都の古寺に来ているという実感が湧く。法然院を出て左に少し歩くと南禅寺に至る。

南禅寺は禅宗の臨済宗南禅寺派の大本山である。方丈庭園（名勝指定庭園）は禅寺特有の書院からほのあかりの広廊下を進むと方丈（清涼殿）の広縁に出る。代表的な禅院式枯山水の庭園は、石組みの巨石の姿から、俗に「虎の児渡し」と言われる。山門楼上からの眺めは、盗賊石川五右衛門の話で名高い。ひっそりとした松林を抜けて、停車してある所まで戻る。

京都御所に近く、河原町通りの荒神橋に近い「ＫＫＲ京都くに荘」（国家公務員共済組合連合会）に泊まる。駐車場も広く、ツイン８５００円、朝食１０００円、夕食２５００円（一人）と安い。広い部屋もきれいで、トイレ・シャワー室も広くてゆったりしているし、シャンプー、ヒゲソリ、歯磨きセット、湯茶のセットなど消耗品もしっかりした良心的なものを使用している。

◇10月11日（月）晴れ

６時起床。東の空を見ると、比叡山の右手から朝日が上がってくる。真っ赤に輝く太陽が空を押し上げてくる瞬間を見て、得をしたような気分になる。

妻と二人でスニーカー履きで、歩いてすぐ近くの鴨川へ散歩に出る。夜明け間近の朝のすがすがしい鴨川べりを夫婦そろって散歩ができるなんて、何ともロマンチックなことだ。青春時代を思い出してしまう。

橋の向こう岸も歩こうと、妻は近くの橋を渡ったが、私は川の中の踏み石伝いに渡って行き、踏み石に佇んで水流を見ると、きれいに澄んだ水が流れていて、踏み石の陰の水のゆるやかな所には、たくさんの稚魚が泳いでいる。

ジョギングをする人、犬を連れて散歩するおじいちゃん、ウォーキングをする中年の夫婦など、朝早くから河川を生活の一端に活用している人たちがいる。

かも川は、京都では地域によって、加茂川、鴨川、賀茂川と表記を変える。どれも地域に馴染んで使われている。

丸太町から加茂大橋まで歩くと、右側は高野川、左側は加茂川に別れている。橋の１００ｍ程上流の踏み石伝いで渡れる所を二人で渡りながら、踏み石の根元を見るとここにも稚魚がたくさんいる。

帰りは手前の遊歩道を帰ってきたが、地元の人が声をかけて「毎日散歩されているのですか」と聞いて来た。妻は「今日初めて歩いています」と応えた。

１時間ほどの散歩から戻ってシャワーを浴び、７時30分から朝食で、二人とも和食にする。今日は郊外の大原・三千院へ行き、距離を走ることになるので9時30分に宿を出る。

河原町今出川の交差点を右折、加茂大橋をわたり、後は高野川に沿って道なりに行く。高野川の源流に向かって走ること1時間余で三千院に着く。ウイークデーで車の数が少ないこともあり、順調に来られた。

大原三千院は、平安時代建立の単層入母屋造りのこけら葺きの屋根。一面、杉苔でおおわれ、杉や楓などが多い庭園を行くと、往生極楽院がある。堂内に、金色もまばゆい木造阿弥陀三尊座像を祀る。

寺を降りて来るとみやげもの屋があり、和紙作りの人形だとか、染め物や焼き物など見るが、茶菓子を買って出て来る。

次の金閣寺に向かって３６７号線を来た道を戻り、高野橋東詰めまで来て右折し、北王路通りを道なりに真っすぐ行き、衣笠カトリック教会を左折すると金閣寺前で、車が混雑してなかなか入れない。

案内に指示されながら市営駐車場の狭いスペースに車を入れ、人の流れに沿って歩いていくと、門に入る手前には大きな松や楓、欅などが形よく茂っておりひときわ安らぎを覚える。門を入ると金閣寺の庭園が見えて来る。人込みの中で私はシャッターを切り、妻はビデオを回して金色に輝く舎利殿をしばらく撮って歩く。

金閣寺、正式には北山鹿苑禅寺と呼ぶこの寺は、足利三代将軍義満が譲り受け、山荘北山殿を作る。金閣を中心とした庭園は、極楽浄土をこの世に表したと言われる。金閣寺の二層と三層は、漆の上に純金の箔を張り、屋根は椹《さわら》の薄い板を何枚も重ねたこけら葺きで、屋頂には銅製の鳳凰が輝いている。庭園は金閣の前にある鏡湖池を中心に、西の衣笠山を借景としている。金閣は昭和25年、同寺の青年僧の放火によって焼失、現在のものは同30年の復興。

これらを見て出て来ると昼時なので、平野神社前の大きな駐車場がある若者たちで賑わうファミレスに入る。

料理はよく研究されていて、安くてカロリーも高く、新製品オリジナル食品を食べさせてくれるのはありがたいし、これなら繁盛するはずだと思った。店長本日お勧めメニューのガーリック入りハンバーグを食べたが、牡蠣のガーリック入りバター炒めと野菜がたっぷりついて、ライス、スープ、コーヒーかジュース付きで1200円は、うまくて安いと思う。

腹を一杯にして、来た方向とは90度右折して西の方向へ進むこと20分、龍安寺に着く。広い駐車場も平日なので空いていた。

龍安寺の枯山水、方丈の前庭は、枯山水式石庭として有名。臨済宗妙心寺派に属し、大雲山と号する名刹で

ある。

建物や仏殿を見て、枯山水の庭を眺めていると、石と白砂利の庭園は海と波を顕わして作った感性は見事なものである。静かに、その気になって見れば波が打ち寄せてくるように思えるから不思議ではないか。

寺を出て10分位の所に仁和寺があるが、通過をして紫野の大覚寺に向かって更に西に車を走らせる。途中に広沢池が右側に見える。「大覚寺前」の標識を右折して真っすぐ行くと大覚寺にぶつかった。

大覚寺は、旧嵯峨御所大覚寺門跡で、真言宗大覚寺派の本山である。大沢の池は、嵯峨天皇の離宮・嵯峨院の庭池で、周囲1キロの日本最古の庭苑池である。

疲れたので鏡容池の端の茶店で二人並んで赤い毛氈《もうせん》が敷かれた椅子に腰掛け、池を眺めながら一服する抹茶はまた格別な味わいが

ある。

豊かな気持ちで寺を出て、車は今日最後の地である嵐山公園に向かう。嵯峨釈迦堂交差点を真っすぐ行くと清滝道三条の交差点になり、右折すると駐車場があり、混雑でほぼ一杯の所に入れる。

車幅の狭い駐車場で、前後も短いから大きな車は入れにくくて苦労する。これだけ駐車することは、人がたくさん来ている証拠で、渡月橋まで行くまでにも人、人、人で、何でこんなにいるのかと思うくらいの人出だった。昨日今日と連休だから、当然と言えば当然のことだ。３年前の６月に来た時はこんなに人はいなかったが、平日だったからこれも当然と言えば当然なのだ。

混んでいる渡月橋や嵐山は、俗化されてしまっているようで、早々に引き上げて京福北野線・嵯峨駅前の「コミュニティ嵯峨野ホテル」（京都府勤労者研修センター、洋室１１００円、朝食９００円、夕食２５００円、駐車無料）にチェックインする。部屋も広く設備も整って利用しやすい。昨日のホテルから比べると、部屋代は高い。６時から夕飯なので、シャワーを浴びる時間もないので、そのまま食堂へ下りる。

名前が書かれた札が置かれたテーブルに着く。93名宿泊可能の大きな研修所なのに、20人弱の泊まり客ではスカスカに空いていた。２５００円の最低の夕飯だが、味も量もまあまあと言うところで、努力をしているのではないかと思った。

洗濯物は湯に浸けて、少し休んでから洗うことにする。「ホテルで洗濯」は、妻がいても私の当然の仕事ノルマである。洗濯をすると汗をかくので、先にざっと手洗いして、ついでにシャワーを浴びる。

◇10月12日（火）晴れ

「嵯峨野ホテル」で6時起床、ホテルの窓から日の出を見る。7時朝食。ホテル内の売店で土産を買って宅急便で送る。8時30分チェックアウト。車内を整理して9時に東山区清水寺へ向けて出発。

京都の道路は、碁盤の目にように縦横に分かれ、一つずつの通りに名前が付いていていてわかりやすい。これまでは市街地の寺巡りが主だったが、今日は山のふもとまで走って、高台へ行くことにする。

ウイークデーで朝早いから道路はガラガラだ。清水寺も空《す》いているかと思ったら、中・高校生の修学旅行の団体がバスで来ていた。民家の有料駐車場へ車を入れたら、足が不自由と思われる老婆が、縁側で料金の受け取り役をしていた。

40年前、坂の道路は未舗装の石段だったが今はスロープになっていて歩き易い。片側に土産物屋があるのは変っていない。

日本三大門の一つである仁王門は大きい。阿吽の立像を撮影して門を潜り、本堂でお参りをし、「清水の舞台」から京都市街地を眺めると、京都駅付近の近代

的な建物群に違和感を覚える。

　帰路は、山を削って作った道を降りると舞台下へ出て、茶屋があるので休憩する。懐かしいトコロテンを食べる。この新道は、大勢の人が上がってくる境内混乱を防ぐために、人の流れをよくするために作ったのではないかと思われる。


　清水から５㎞、30分ほどで南区の東寺に到着。境内の駐車場は６００円。

　国宝館へ入ると曼荼羅と、阿弥陀如来の光背の飾りである金剛界立体曼荼羅三十七尊の像が、２年がかりの修理のために取り外され、一体ずつがガラス越しではあるが見られるなど、めったにないことで非常に感動した。

　講堂（慶長年間）の中に入ると、白亜の壇上（高さ１ｍ位）に大日如来をはじめ五智如来・五菩薩・五大明王・四天王・梵天・帝釈天の21体の大きな仏像が安置されていて、圧倒する勢いで見る者の心身を引き締めさせる。弘法大師の密教の教えを表現する、立体曼荼羅である。

　五重塔は東寺の象徴として広く親しまれており、現在の塔は徳川家光の寄進によって竣工された。空海はここを密教の道場とし、教王護国寺と名付けた。以後、真言宗の拠点となって奈良の高野山と共に発展、西寺が滅びた現在まで法灯を保ち続けている。

「弘法さん」といわれる市が毎月21日（空海の命日）に開かれ、境内には１０００軒以上の露店が並び、20万人以上の人出だという。

　昼になったので、車は置いたまま境内の外に出てうどんの看板の出ている店に入る。妻はタヌキうどん、私は天ぷらうどんを食べる。

　東寺はＪＲ京都駅の東側なので、線路を越

えて西側の下京区まで30分ほどで東本願寺に着く。寺の前がパーキングメーター付きの駐車場で、平日のため空いているので1時間300円で止める。

東本願寺は、東西本願寺ともに清水寺や三十三間堂と並んで、京都古寺の中でも最も訪れる人の多い寺院である。

御影堂は世界最大の木造建築で、宗祖・親鸞聖人の御真影を安置していることから呼ぶ。阿弥陀堂（1895年・明治28年再建）は本尊阿弥陀如来を中心に七高僧と言われる竜樹、天親（インド）・曇鸞・道綽・善導（中国）・源信・法然上人の像を安置している。御影堂門を巡り、駐車場時間切れが15時5分になるので出る。

妻は、「時間があるから」と歩いて京都駅へ向かう。3泊4日を共に行動した妻がいなくなることは淋しいものである。再び本来の孤独の旅の再スタートになる訳だが、一緒にいられるものならいた方が楽しいことは間違いない。人びとがよく、「なぜ奥さんと一緒に回らないのかね」と言う言葉が頭をよぎる。

去る人の背中を見送ることは、「後ろ髪を引かれる思い」と言うが、妻も同じではないだろうか。強行スケジュールだったが、行きたいと思った所は行けたので、長年の妻の願いも果たせたのではないか、と思う。

第９章　独行再び、紀伊半島を巡る

今夜から泊まるホテルは、夫婦での宿泊とはガラッと変わってビジネスホテルになる。「エコノイン京都」に電話するとＯＫなので車を向ける。

地図では、鴨川の近くで川より１本おいた通りに面した裏通りにあるようにも見えるので、表通りを走った時は対向車線で分からなかったが、裏通りの車がようやく入れる細い道に入ると、出るのに苦労することになる

小さな縦長のホテルは、５室×６階建てで、車庫は小型車が入れば一杯で、既に１台入っている。軒下に止めなければならず、歩道にはみ出さないように、建物に触れないようにギリギリに止める。車を傷つけないように止めるのには、慎重さと技術を要し、苦労する。

チェックインして最上階の６０２号室に泊まる。今日は暑い日で汗をかいたので、冷房をガンガン利かせて、パンツ、ランニング、ステテコ、靴下、シャツを洗濯してシャワーを浴びる。暑い時に冷房を思いきり利かせて熱い茶を入れて飲むのもおつなものだ。休憩後、５時半頃にホテルを出て、鴨川の遊歩道を先斗町まで散歩がてら歩く。橋から橋の１区間を歩くのは初めてで、テレビや映画で見たりする鴨川河畔のロマンが実感できる。

先斗町の「山とみ」に行くが、工事中で休

業だった。近くの赤ちょうちんの飲み屋に入ったが、刺身は置いてなく、冷や奴、なすみそ炒め、焼き鳥で酒２杯飲んで出る。10月も中旬になるので、夜になると昼の暑さと違い、さすがに涼しくなる。いい気持ちでふらふらと歩いて帰る。

　夜中に目が覚めたので、浴槽に温めの湯を張り、シャワーを使うとか頭髪を洗うのは控えて、静かにゆったり浸かるだけにする。浸かるだけでもすっきりして、疲れが取れたような気分になる。再度ベッドに入り、いつの間にか眠りについた。妻も無事、自宅に帰ったようだ。

◇10月13日（水）晴れ、29度

　６時起床、浴槽に湯を張ったままにしていたので少し抜いて、新しく熱い湯を注ぎ足して浸かる。髪と体を洗って湯を流す。昨日の日記を書き、８時に朝食を買いに外へ出るとコンビニが斜め前にあるので、手近で間に合わせようと入る。牛肉弁当をレンジでチンをしてもらい、みそ汁はカップに湯を注いで、部屋に持ち帰り食べる。ホテルにいて朝飯をこういう形で食べるのは初めてだ。

和歌山市・印刷同業者との交流

今日は京都から奈良を経由して和歌山まで走る。距離が長いので８時30分にスタートする。32号線を南下して国道24号線へ出て、京田辺市から山城町そして奈良の大和郡山市へ入る。

　京都のガソリンは安くて１《リットル》96円、高い所は99円と高い。燃料が４分の１になって来たので、注意して走りながら見ていると87円と安い所があったが、少し左に曲がるカーブになっている引っ込んだ所にあって狭い所なので、急に左折できず通り過してしまう。先でUターンして来て給油する。こんな立地条件でどうしてガソリンスタンドを始める気になったのだろう。

しばらく走ると天理市になり、下が大きな駐車場で、上の「ギョーザ大王」の看板が目に入ったので、昼飯に入る。日変わりランチがあり、野菜炒めとシューマイ、鳥唐揚げ、サラダ、スープ、ライス付きで７６０円。客を待たせず、味良し、安く、サービスも良しと四拍子揃いでその他に駐車スペースが広いときているのだから言うことなし。

腹も膨らみ気分のいいところでスタート。天理市をさらに南下して紀伊半島の地図がないことに気づき、道路に面して本屋があったので、買う。郵便局もあったので、葉書の投函と50円切手を買い、20万円引き出す。

橿原市まで行き、京都下京区から約81kmで370号になる。五條市から４kmほどで和歌山県になる。２時間ほど走り、橋本市の休憩所で車を休ませ、ホテルをキープするため「タウンホテル丸の内」（５５００円、駐車無料は安い）に電話を入れる。５時頃には到着できる旨、話すとすぐにＯＫになる。

和歌山市の中央印刷に電話。富沢社長と営業の松田好司氏は共に不在で、「和歌山に来ているので5時頃また電話する」との伝言をお願いする。

目的地のホテルは和歌山城のそばで、50kmほど走れば市街地になるので1時間半もあれば行けると判断して、起点になる和歌山駅を目指して走る。

和歌山城のメイン通りを走り、表通りから裏通りへ回るが、ホテルは見当たらず、バイクに乗ろうとしている地元の人に尋ねたら、ヘルメットを外して快く「この一つ先の曲がった所です」と丁寧に教えてくれる。それればかりか、ヘルメットを被りなおして先になって走り、「着いて来い」と言って案内をしてくれた。

チェックインした部屋で、中央印刷にこのホテルの電話番号を伝え、松田さんの連絡を待つ。洗濯をして、シャワーを浴びていたら、松田さんから電話が来たので、汗を拭き、着替えをして外に出て彼を待った。昼とは違い、吹く風も涼しくて気持ちがよい。アベックの男女が通り過ぎる。「デートをするにはいい時期になって来たな」と思ったりする。

松田さんの車に乗り込んで松田氏行きつけの県庁の反対側で、和歌山城の写真写りのよい料理屋へ行く。小さい印刷の仕事だが、もらっている店だと言う。

刺身の盛り合わせ、松茸の土瓶蒸し、ビールで乾杯。私は焼酎のウーロン割りにして10時頃まで飲む。話題はやはり、印刷営業についてで、自費出版にかかわる情報の交換となる。私の考え方を二つ述べた。

一つは顧客が何を求めているかを掴むこと。お客は知らないことが多くて、言いたいことの何分の一も言えなかったり、質問も出来なかったりする。見えているものから、質問して行けば答えは返ってくる。営業の方から予測できるニーズを逆に引き出して提示する。その中には、まだ見えないものもあるが、話すことによって、より深いところで、お客が自分の要求に気づくものである。

二つ目は、最初に予算を聞いて、ここまではできるがこれでよいか、こういう方法もあるが、こちらの場合はこれだけになる。予算の上限はどこまでか、を聞く。予算とシステムの関係は重要である。

加えて、私の今後についていては、旅から帰っていろいろと動いて決まったところで連絡をすると伝える。今までの延長線上の仕事か、友人の所でアルバイト的にする全く新しい分野、のいずれかになると思うと話す。

◇10月14日（木）晴れ　28度

6時起床。携帯電気ヒゲソリを車中へおいて来たので、軽便カミソリで当たるが肌が荒れているせいか痛い。7時から朝食。飯を食べてから、日記を書く。9時30分、中央印刷に電話して、道順を聞く。10時にチェックアウト。

紀ノ川は今まで電車で渡った橋しか見ていないが、2本下の河口に近い橋を渡ると川幅は広くなっている。遠回りになるが和歌山城の写真を撮ってから26号線を進み、紀ノ川大橋を渡る。二つ目の信号を右に曲がって真っすぐ行き、踏切を渡って少し行くと右側に中央印刷がある。

松田さんが工場の2階のコンピューターによるプリプレス部門に合わせた周辺機器設備と、簡易校正でだめな場合は、本機で印刷して色校正を出す仕組みを説明してくれた。

そのデータで1階の印刷機のB2のハイデル4色機で印刷するので、立ちあげの時間が30～40分かかっていたのに対して10分で立ち上がる。スピードアップで、品質は何回同じものを印刷しても、同じ品質が得られて安定するので、お客からも喜ばれているという。少し離れたところに営業と業務の事務所があり、こちらも案内してもらう。

応接間でお茶をいただきながら、今までの出版物を見ながら、入稿から製作、納品までのプロセスを聞いたり、問題点なども話し、いろいろな情報の交換をする。自費出版の資料をもらい、基本的な考え方を聞いた。

11時30分になったので、礼を述べて失礼する。社長は高野山へ参詣しているとのことだ。ここまで来て弘法大師が修禅の場として開いた、有名な高野山を見過ごして行くのも憚《はばか》かられるので、私も行くことにする。

ここは紀の国、名所名跡めぐり

7号線へ出れば近いが道は狭いので、北島大橋を来た方へ戻った方がよいと教えられたので、大橋を渡って五条方面に向かって走る。その後、地図に沿って右折左折して3号線に入る。かつらぎ桃山線という高野山への近道である。しかし、途中までは対向車線でよいのだが、半分は単線で、舗装はされているものの、デコボコ道でくねくねとカーブが多く、小雨が時々ぱらついて来たりで、スピードは出せず時速30～40kmで走り、38kmの距離を1時間余かかって、1時30分に高野山に到着する。

９００mの頂上まで着くと、駐車場が満杯で入れない。お寺さんの通りに面したカーブになっている所に駐車スペースがあったので止める。少し歩くとそば屋があったので、遅くなった昼食・ざるそばを食う。

女将さんに「平日だというのに凄い人出ですね」と言うと、「10月12～16日まで金剛峯寺が平成の大修理を完成させ、落慶法会を行うからです」と言う。「ここは涼しいですね」と言うと、寒暖計を見て「20度ですよ」と言う。下界から比べると８度も違うので涼しいはずだ。

寺の総本山と言われる所へ行ってみると、駐車場と言うより降車場になっていて、観光バスが入れ代わり、立ち代わり入って来て、乗客を降ろしては出て行く。信者や檀徒なのだろう団体さんが、総本山のある境内に吸い込まれて行く。信者の印である半纏《はんてん》を着たり、襟に「高野山詣」と書いてあったり、数珠を持ったりと、明らかに観光客とは異なる。

落慶法会に来たと、だれが見ても分かる人びとの中に紛れて、にわか信者になって本山に入ろうかと思ったが、気おくれして入れなかった。

仕方ないので外から雰囲気だけでも、と思ってシャッターを切る。ビデオをとって奥の院（弘法大師を祀ってある）へ行こうと車を向けるが、こちらも大型観光バスで身動きができない。駐車場は満杯なので止める場所がなくてどうしようかと迷っていると、トコロテン式に押し出されて行くほかに道がなく、流れに従って押し出される。

仮に止まる場所があったとしても、あの団体の中へ入って行ける気にはなれない。「観光客の入る場所はありません」と言われているような気持ちで、一人ではとうてい入って行けない。総本山が先か、奥の院が先か、どちらから先にお参りしているのか分からないが、高野山は信者で盛り上がっている。

高野山を降りて中の橋を右折し、３７１号

線の高野竜神スカイラインへ入る。尾根を切り開いた対面通行の新しいスカイライン44kmを走り、田辺・白浜まで100km近くある距離をこれから走り抜ける。

舗装はされているがアップダウンあり、カーブありで50km以上の速度は出せない。平日のためめか車の数は少ない。セダンの車はスイスイ追い越していくが、私はのんびり走る。

途中の休憩所で車の点検をする。走りながら景色のよいところでシャッターを切り、ビデオに収める。コスモス畑があり、シャッターを押す。さらに下ると展望台のある休憩所があり、降りて写真とビデオを撮る。

これから先は普通道路でカーブも激しく、さらにスピードは落ちる。田辺まであと30km位の所で暗くなってくる。随分日が短くなったものだ。

しばらく走ると道の駅「紀州備長炭記念公園」があるが、国道の脇にある道の駅と違い、キャンプがだめだとかうるさいことが書いてあるので泊まるのをやめて、紀伊田辺の町に入り白浜の温泉ホテルで泊まることも考えたが、時間が遅すぎるので通過する。

南白浜西谷を過ぎ、右手に海岸が出て来た左側に、結構広い休憩所がある。車がうるさいかもしれないが、これから先格好の場所があるかどうか分からないので、ここで泊まることにする。

7時30分になっていた。500mlの冷やしておいた日本酒の地酒で、あさりの缶詰をつまみにして1本空ける。夕飯はスパゲティを茹でてミートソースで食おうと思ったら、買い置きがなくなっていて、仕方ないので麺つゆをかけて食ったら、なかなかシンプルな味で、うどんとは違う歯応えと味で旨かった。腹が減っているからだけではなく、こう言う食い方もいいなと思った。これから定番メニューの一つにする。

車の天井のルーフと山側の窓ガラスを開けたため蚊が入って来て、刺されてしまう。10月も中旬だと言うのに本当にいまいましい。このままではだめなので蚊取り線香を焚き、室内に噴霧殺虫剤をまいて山側の窓を閉めて寝る。明け方には涼しくてタオルケットを掛けて眠る。

◇10月15日（金）晴れ

６時起床。脂ぎっている顔を濡れタオルで拭き、電気カミソリで髭を剃って身だしなみを整える。湯を沸かしてインスタントの「ラーメン王」を初めて食べる。麺が油で覆われていて気持ち悪いので湯がく、味噌の袋、乾燥野菜、粉末スープ、七味薬味の袋を開けて湯の中に入れてかき回してから、麺を入れる。食べてみたが、味が濃くてスープは飲めないので麺だけ食って捨てる。

歯を磨いて８時スタート。しばらく行くと道の駅「志原海岸」があったが通過して、日置川を過ぎると海岸線を走るようになり、枯木灘の橋杭岩など海岸と砂浜のきれいな所で写真とビデオを撮る。１時間も走った頃に道の駅「イノブータンランド・すさみ」に入る。

朝市が出ていて、地元の人たちが買いに来ていた。私も覗いて柿４コ入り袋２００円、みかん10コ入り袋２００円を買う。柿は皮をよく拭いて、丸ごとかぶりついて食べた。甘柿か晒《さら》し柿かは分からないが、実が青い割には硬くなくて、甘さもゴマが飛んでいる甘柿と違うし、値段からしても渋柿をアルコールで晒した晒し柿かもしれない。今年初めての柿だ。

みかんは有田みかん特有の皮も袋も薄い。しかし、冬に食べる有田みかんとは、まろやかさが今いち足りない感じがする。穫り立てで皮が青いからなのだろうか、新鮮さはこちらの方があるが。

新鮮なフルーツを食べて気分もすっきりして海岸線を走ると、工事をしている所があちこちにあり、串本へ寄ろうか迷ったが、「♪ここは串本、向かいは大島、中を取り持つ巡行船よ、あらよーいしょ、よういしょ、よーいしょ、よいしょ♪」と和歌山民謡「串本節」を歌って通過する。

古座川は、仕事を通じてこの地へ足を運ぶきっかけになった町なので、なつかしさと町の暮らしぶりなど見ようと町中へ入る。13年前と少しも変わっていない。知っている人もいないので、一回りして国道へ出て太地を過ぎる。ゆりの山で温泉でも入って行こうかと考えたが、昼の入浴は汗をかき、冷ますのに時間がかかるので止めて、那智勝浦へ行く。

43号線へ左折して30分ほど走ると那智山に着くが、一般駐車場は一杯なので民間の駐車場に止める。那智の滝まで階段を降りて、滝壺から離れている大滝（長さ１３３ｍ、幅13ｍ）をカメラとビデオで撮り、階段を上がってくる。

滝まではこれまで何回か来ているが、那智神社は見てないので行ってみることにする。裏参道の石段を、汗をかきかき休みながら上がる。途中に三重の塔があり、さらに上がると右に那智山青岸渡寺、左奥に熊野那智大社がある。

三重の塔から眺める那智の滝は、周りの風景ともマッチして、滝下から見上げるのとも違う風情がある。写真とビデオを撮る。

那智青岸渡寺は巡礼霊場の地として多くの人が訪れる。本堂は桃山時代の建造物で重要文化財だ。

熊野那智大社は熊野三山の一つで、社殿は「権現造り」、第六殿は縁結びの神。これらを写真とビデオに収めて帰りは表参道から戻ることにする。

鳥居を最上段から真っすぐ１００ｍ程を２ｍ余幅の広い石段を下りて行くと、途中右側にみやげもの屋が何軒かあり、那智黒石の加工品を売っていた。フクロウの飾り石は「福を呼ぶ鳥」と言うので一つ買って、車まで戻る。

国道42号を左折して新宮まで向かう途中に中華そば屋があったので入ると、定食をやっている店でガラス棚に煮物が入っている。ジャガ芋と玉ねぎ・高野豆腐とニンジンの煮物と親子丼を食べて９００円は安い。「お袋の味」のこういう物を食わせる食堂も少なくなっている。

駐車場から新宮駅のそばの「ステーションホテル新宮」（４９００円、駐車無料）に電話するとＯＫをとれた。海岸に行って絵になる所があればスケッチでもしようかと考えたが、疲れているので少し早いがホテルへ向かう。3時にチェックイン、202号室。汗をかいたシャツ、パンツ、ステテコ、ランニング、靴下を洗濯する。シャワーを浴び、汗が引くまで休む。

かつて光陽出版社から母堂の自分史を刊行して以来の知己・新宮運送の山本社長に電話を入れたが出掛けて留守だと言う。

5時過ぎに夕食をとりに外へ出る。以前に行ったことがある飲み屋に行く。店主夫妻が相変わらず頑張っている。カツオ、トビウオ、イカを造ってもらい、カキの酢の物で酒を1合飲む。後は焼酎のウーロン割り3杯。マスターがお勧めの「鯨の内臓の盛り合わせ3種類」を食べたが、何とも言えない珍味だ。日ごろ食べているもので似ている味が浮かばない。

ご当地の作家・中上健次の『枯れ木灘』の話をマスターとしていたら、カウンターで飲んでいたお客が話しかけて来る。「中上健次の墓を訪ねてくる人たちがいるが、標識も何もないのはまずい。県でも市でも彼を評価して訪れる人たちに分かるように標識を立てたり、案内書を作ることも必要ではないか」と言う。町の活性化の話で「道路も大切かも知れないが、今の鉄道は名古屋、大阪からでも2時間30分に短縮して気軽に日帰りできるようにする必要がある」と言う。

私は、「新宮は、市でありながら町名と番地の表示がなくて分かりづらい。こんな町は珍しい。これ自体が観光客を迎える姿勢がない証拠ではないか。自分たちは分かっているからそんなことしなくてもよい、という独りよがりから気づかないのではないか」と話すと「瀞峡観光船」の重役の名刺を出してくれて、「いや、同感」と意気投合してしまう。

飲んでこうした話をするのは久しぶりのことで、仕上げにのり茶漬けを食って、いい気分になって帰って来る。

◇10月16日（土）晴れ、25度

６時起床。洗顔、ヒゲソリをして日記を書く。７時20分朝食。１階へ降りて和食を食べる。９時30分チェックアウトを済ませる。フロントの二人の女性に今日の御船祭りのことを聞く。

夕べの飲み屋で聞いた話で、「今日午後３〜４時頃、熊野川の陸橋の近辺からスタートで、伝統の御船祭りが行われ、手漕ぎ船の競走があると聞いたが、はっきりした場所や時間は分かりませんか」と聞いたところ、「あるらしいことは知っているが、よく分からない」と言う。「観光課では分かりませんか」と言っても、問い合わせようともしない。これがホテル勤務員として客と接触するサービス業のあるべき態度かと思うと、腹立たしくなって来る。この町が活性化しないのは、夕べ話したことと不可分のものではない、と思った。言葉だけ活性化を言っても、何をどう活性化するのかとの問題意識がなければ何も変わらない。

活性化の問題意識をもって、さまざまな提起をして現実に取り組んでいる新宮運送の社長から見たら「発想は浸透しておらず13年前と変わっていない」と言うのではないかと思う。今日はそんな気持ちでスタートをする。午後からの祭りはあきらめて、先に連絡をとることにする。

ホテルを出て右に走り、国道42号へ右折して橋本の交差点から十津川街道１６８号を遡り、川湯で車を止める。川原を見ると夏場はたくさんの人出だが、今は観光客もいないし、

川はただ流れている。写真を撮って熊野本宮大社へ行く。ここには、新宮運送の先代社長が、天皇在位50年を祝して寄進した灯籠が本宮入り口に置かれている。

　上まであがったことがないので、車をスーパーとみやげもの屋の駐車場に止めて店に入り、ラッキョウ紫蘇巻と梅の紫蘇巻、栗羊羹、茶入り羊羹を買って自宅宛に宅急便で送る。

　大社を参詣するため、石段を上がる。大社の境内には幟旗が立ち、横断幕が張られており寺とは違う雰囲気で、何となく温かみがあるように思う。

参詣をして、写真とビデオを撮って石段を降りて来る。61歳は厄年で前後厄とのことだ。定年退職の年で精神的にも肉体的にも一つの転機であるので、改めて、再認識をして行動することにしよう。今までこういう事には関心がなかったが、人生の一つの節目であることは間違いがないので、信心をするかどうかは別にしても注意するに越したことはないと思った。

　スーパーで買った幕の内弁当をお茶を飲みながら食べて、再スタートする。

難路を経ての伊勢詣

　十津川も台風で道路が決壊したのか、工事中片側通行で、時間を区切って通している。十津川温泉を過ぎた所で芦廼瀬川線《あしのせがわせん》に入る。北山村まで66kmだが家が1軒もない山道でS字と上がり下がりの単線道路で、立ち岩と谷川は絶壁の道路を走るのだから時間はかかる。また、事故でも起きたらどうしようもなくなる。これらは地図を見ただけでは判別ができない。曲がりくねった道であることは推測はつくが、高低の差は図りかねる。

山深い所としては、熊本県の五木村と四国徳島の霧越峠以来である。道を間違えて地元の人に「425号で坂場へ出ようと思うが」と聞いたら、「やめた方がよい」と言われる。「東熊野街道へ出て、小坂から国道42号線へ左折して熊野街道で尾鷲の向井へ出た方が、遠回りのようだけれど道がよいし、広いので早いと思う」と言われる。今まで走ったより長い距離の山道を再度走るのか、と思うと躊躇してしまう。

地元の人の提案を受け入れて、時速60km位で走れるのだから精神的にも、安全運転で楽に走れるので逆に早く目的地につけることになる。42号へ出て少し走ると道の駅「きのくに」で、トイレ休憩をする。

みやげもの売り場で、搗きたての餅がビニールの袋入りで売っていたので、車泊のことも考えて一袋買う。細いミニ大根漬けと眠気覚ましにガムも買う。

伊勢市で泊まる予定でスタートして尾鷲市、海山町を過ぎ、伊勢に行くには260号へ出なければだめなので、紀伊長島町でまずは給油をする。スタンドを出て260号を走っていると思ったら、細い道で迷ったらしく、国道42号へ出てしまう。海岸線を行ったらとても伊勢までは行けず、南勢町か磯部町当たりまでしか行けなかったかもしれない。迷って42号の国道へ出たのが良かったのかもしれない。

大内山村、紀勢町、大宮町、大台町を過ぎ

て多気町で伊勢に行くとすれば13号線に右折だが、伊勢市より松阪市の方が近いし、松阪牛のステーキも食べたいので42号線を直進する。

松阪市内に入って、「ステーキを食べて車中泊ができる所があれば」と見るが、泊まれるような所がないので、駅まで行ったら暗くなってしまった。場所は見当もつかないが、とにかく安い所で朝食つきで５７００円、駐車料なしの「ホテル松阪」へ電話をするとＯＫだと言う。道順は分かり易く、すぐ分かった。

フロントでは色白の役人タイプの支配人が迎えてくれた。しかし、ステーキを食いに行くには、タクシーを頼んで行かなければならないほど駅からは離れている所だった。面倒なのでホテルの１階の横のレストランで、イカとマグロの刺身とサンマ焼き、アスパラベーコン炒め、ナス田楽みそをつまみに焼酎２合を水割りで飲み、鮭茶漬けを食べて部屋に戻ったら、長距離を走って疲れたのかシャワーも浴びずに眠ってしまった。

◇10月17日（日）晴れ

６時起床。夕べ遅くホテルに着いたためシャワーも浴びられないし、風呂にも入れなくて夕飯にしたので、ゆったり朝風呂に入る。７時20分に朝食に降りる。夕べも食事中、人がいなかったが、今朝も他に人はいない。このホテルには何人泊まっているのだろうか。外からも客が利用できる場所になっているが、こんな状態で経営が成り立つのだろうか。心配してしまう。

今日のルートの確認をして、９時30分チェックアウト。今日は「お伊勢参り」で、車は松阪から伊勢市へ向けて走る。最初に外宮に行くが、参詣人の駐車場は、大型バスと一般普通車が止まる駐車場は分けられていたが、無料で止められた。

「お伊勢さん」と親しまれる伊勢神宮は、正式には「神宮」という。境内の玉砂利を踏み締めて10分以上歩く。それにしてもいつもこんなに護衛がいるのかと思うほど、社と詰所には必ず監視員がいる。お寺ではこんなことはないのだが、天皇が参詣する神社本庁だからだろうか？

神社内の撮影は禁止。記念撮影も30段の石段の下で社をバックにして撮るのはよいことになっているが、社を入れるためにはカメラを下から上に向けて撮らないと石段が写ってしまう。「カメラが下から撮るのであればよいだろう」と言ってグループの10人は石段の上に上がって記念撮影をしていた。

日曜日のためか七五三の家族やピクニック気分での学生がいたり、ＯＬや若いカップル、お年寄りなど男性より女性が多い。参詣なのか、散歩なのか、ピクニックなのかは分からないが、たくさんの人が次から次へと集まってくるものだと思う。

外宮を出て20分程走ると、内宮がある。駐車場は公共も民間の有料駐車場も神宮に近いところは満車で入れない。仕方ないので桜の木の下に止めている車があるので、便乗して止める。神宮まで歩くこと速足で10分。こちらは外宮より人出がすごく、人の波が切れ目なく続く。舗装がされた上に砂利が敷かれているため、歩きにくい。玉砂利を踏んで奥に入って行くと、大きな杉木立と静寂さの中の歩行で、気分も引き締まってくるから不思議である。

売店で絵葉書を買う。神宮の入り口から正宮までは10分位歩く。階段を上がって参詣をして、右脇から中を覗くと何やら神事が行われていた。

玉砂利を踏み締めて境内を出て右に行くと「おかげ横町」で、土産物や食べ物などさまざまな店が軒を並べて一つの町内が作られていて、お参りに来た人たちが憩う所になっている。「神宮のおかげで生きています」全くそのものずばりだ。

1時で腹が減ったので大きな店構えの食堂に入り、冷やしうどんと鰻丼がセットで１３００円。値段の割りには豪華で両方ともうまかった。店を出ておかげ横丁を歩いて行くと、秋祭りと日曜日が重なり、子どもみこし、山車、婦人部の踊り、大人みこしでにぎわいを増していた。

写真とビデオを回す。横町を歩くと太鼓の音や「せや、せや」という大人みこしの掛け声を背中に聞きながら、通りを後にする。

車を走らせ松阪市、津市も通過して３０６号を進み、亀山市へ向かうはずのところを、曲がり損ねて真っすぐしばらく走って、気がついた。戻るには来過ぎてしまったので、そのまま直進。道の駅「菰野」でトイレ休憩と柿を食べてトマトジュースを飲む。

再スタートして30分ほど走ると、湯の山温泉の岐路にさしかかり、右へ行けば鈴鹿スカイライン、左へ行けば湯の山温泉なので左へハンドルを切り、温泉に向かい町営の湯の山荘の駐車場へ車を止めた。フロントで「これから泊まれるか」と聞いたら、断られた。

久しぶりに天然風呂もいいかと、５００円

払って入ることにする。単純泉だが湯量が豊富で気持ち良くなって出てくると、５時過ぎで、地図上で温泉の先を辿ると、４７７号のスカイラインに抜けられることになっている。坂を15分ほど上がって行く。２回に分けてぐるぐる回ってみたが、行き止まりになって出られそうにないので、地元の人に聞いたら、「ここからは抜けることはできない」と言われる。

暗くなった道を、最初の分岐点まで戻って走ることになる。これからビジネスホテルのある所までは行けないし、山道でカーブも多く厳しいことが予測できるので、坂の途中で休憩所があれば泊まることにするという気持ちで気をつけて走る。

中腹までできたら、舗装された広い休憩所があり、入る。この道は走る車が少なく、たまに通るだけだ。停車している車は１台もないので、道から遠い場所へ止める。空を見ると雲一つなく真っ暗な広い空には、自然のプラネタリウムで星が眩しいばかりに輝き、北斗七星もこんなに近くに見えるのかと見入ってしまう。明日は寒いのではないか、と予感がする。

つまみにミニ大根漬と乾き物のさきイカ、乾燥納豆で缶ビール３００mlと焼酎冷水割り２杯飲む。ミニ大根の葉の部分は野菜代わりに煮て、餅を入れてお雑煮を作る。残った葉は、水に浸して塩抜きして朝食の野菜の代用にする。

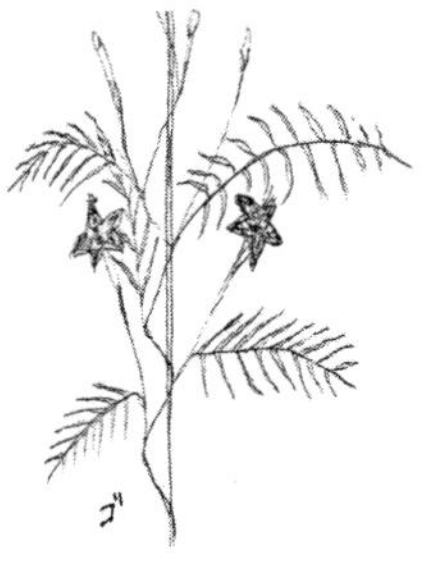

さすが10月も中旬を過ぎると冷えてきて、タオルケットと毛布で寝たが、今年最低の気温になっているので寒さで目が覚めて、シュラフを出して寝直す。

◇10月18日（月）晴れ

６時に目覚めるが、寒いのでそのまままた眠る。ラジオニュースを聞いたら、北海道手稲山、層雲峡は20㎝の積雪で、日本列島全体が10度前後になり、初の冷え込みだと言う。寒いはずだ。夏服から冬服に変えなければならないので、７時に起きてジャージの上下とジャンパーを出して着る。朝食はスパゲティを茹で湯を切り、麺つゆをかけて、塩抜きした大根葉をつまみにしながら食べるが、シンプルな味で結構いける。私の好きな味だ。

歯を磨きながら四方を眺めると、御所山（１２１２ｍ）と雨乞山（１２３８ｍ）頂上でゴンドラが上がり下がりしているのが見える。寒いし運動不足なので、ストレッチングと木刀を利用して柔軟体操と上段構えの素振りを軽く行う。気持ちよくなったので、車のフロントと左右窓とボディも拭いて、９時30分にスタートする。

滋賀・岐阜県の城めぐり

Ｓ字カーブを上がって行くと山の中腹にトンネルがあり、抜けると県境で滋賀県になりＳ字カーブのスカイラインを降りる。松尾北を通過し国道８号線に突き当たり右折して安土町、五個荘町、愛知川町と走ると彦根市で、彦根城下に11時に着いた。有料駐車場に５００円払って車を入れ、天守閣へ上がって行く。

彦根城は唐破風、千鳥破風、火打ち窓をつけた華やかな天守は国宝に指定され、彦根の象徴。天守をめぐる石垣と内濠、中濠をもつ、全国でも数少ない名城として名高い。天守では市街地がぐるりと見渡せ、琵琶湖が海のように広がって見える。写真とビデオを撮る。

城を出て玄宮園へ回る。造りは近江八景を取り入れたことから八景亭とも言われる。池泉回遊式の優雅な庭園で、池越しに眺める彦根城は一服の絵を見ているようだ。東京の六義園のような大きさだ。真っ白な大きな白鳥が2羽仲良く泳いでいた。餌でも貰えるのかと思ってか近づいて来た。

昼時だが、食事する所もないので国道へ出てからにして、車を走らせる。国道でパトカーの警告灯が光っていて、車がノロノロとしか動かない。通過しながら見たら10ｔ車に4ｔ車が追突しており、前部が凹んで大破している。しばらくは現場検証で片側通行になり、渋滞するだろうと思われる。都合よく抜けられてよかった。

少し走ると左に駐車場と食べ物屋があるので入って行くと、インスタント食品による食堂だ。すべてセルフサービスで、インスタントの天ぷらうどん（カップに麺とつゆの袋がパックになっていて、取り出して湯を注ぐ）と牛丼（自販機から出たカップ入り冷たい牛丼をレンジでチン）を食べる。

8号線を9㎞ほど走り、西円寺を右折して国道21号線を関ヶ原に入ると、岐阜県になる。高台の道路は高原道路の感じで田畑が見えて、気持ちのよいところだ。この原っぱが戦国時代の有名な戦場ヶ原だと思うと、歴史は進歩しながらも田畑がある以上、そんなに変わっていないんだと感心しながら走り、大垣市に入る。

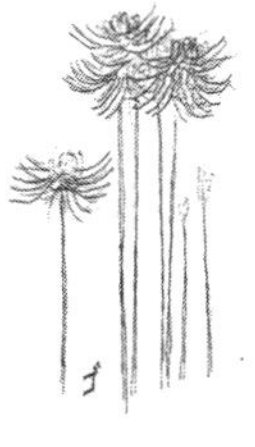

大垣城へ写真を撮るために寄る。撮影して金華山・岐阜城に向かう。戦国時代、美濃守護代の斎藤道三が築城、長良川を背にして小さく城が見える。この城は上まで歩いて上がらなければ撮れない。時間がないので道端に車を止めてシャッターを切る。400ミリの望遠レンズでも形が分かるかどうか位にしか撮れない。

今夜の宿は華陽館ホテルが安い（5500円、駐車600円、朝食800円）ので電話をしたらOK。地図で確認しながら行くと間違えずに到着。駅から離れると宿代も安くなる。

シャワーを浴びてから、夕食に出るためフロントで和食料理店を聞いたら、紹介も予約もしてくれたので助かる。松阪でステーキを食べ損ねたので、飛騨牛を食べに10分程歩いて「花ざくろ」という高級料理屋に着く。

しばらく待つと、肉の煮しめ小鉢、タンの塩焼き、サラダ、ステーキ、シイタケ・ハス・サツマイモ・タマネギの炭火焼きを食べながら、ワイン720ml（1本5000円）を飲みながら食べて、代金は合計18000円。いい気分になって帰ってくる。

◇10月19日（火）晴れ

6時起床、日記を2日分書く。7時半朝食。9時30分チェックアウト。

岐南を左折して国道21号線中山道へ出て15km走る。片側2車線で運転し易く国道が通っているところは産業の中心地であったりして、左右に人家のある場所はどこを走っても同じように見える。違うところは山があったり小高いところがあると、それが目安でどの辺を走っているか分かるが、平坦な地を走っている時は、標識を前々できちんと確認しないと通り越してしまう。

各務原市に来たら雨になり、ワイパーをスローにしたり強にしたりしながら犬山市の犬山城へ着く。無料駐車場に車を止めて、小雨の中、傘は持たずにジャンパーに帽子で犬山城へ入る。

天守閣へ上がり、四方をぐるりとビデオで撮る。遠方は霞んで見えない。木曽川を背にして建つ犬山城は、織田信康が城主となったが、岐阜の稲葉山城で戦死。城主は変わり、最後は成瀬正成が城主となって明治に至り、廃藩置県で廃城になり、天守を除いて他は取り壊された。成瀬正肥が修理を条件で譲られ唯一個人所有として現在に至る。国宝。

城を出ると前に食事処があるので、昼食にする。松茸ご飯と茶碗蒸し、デザートセットで１３００円を食べる。肝心の松茸ご飯が芯飯なので苦情を言おうかと思ったが、ぐっとこらえて、こういうものだと腹におさめて食った。

もと来た道まで戻り、右折して名古屋方面に向かう。さらに清洲町に向けて走り清洲城に到着。今まで見てきた城は高い所に築かれているので遠方からでも見えたが、清洲城は平地に石垣を積んだ平城のため、道路脇に建物があると視界が遮られて、どこにあるのか分からない。城の周りは城下町で民家が主なので、城の間近に来て見ると、近代的な建物がそびえ立っている。

織田信長が桶狭間で今川勢と戦った時、この清洲城から出陣して大勝している。織田信長・信忠・信雄の親子三代後の清洲城主は、豊臣秀次（関白）、福島正則（秀吉の腹心大名）、松平忠吉（家康四男）、徳川義直（家康九男）の四代。時の為政者が天下を統一、掌握。

清洲城は3層4階で、戦国時代や遺跡の出土品、郷土の文化、歴史に関する資料を展示。4階は朱塗りの勾欄回廊があり、眼下には清洲の町並み、新幹線、遠くに名古屋城、小牧城が見える。

ビデオを撮って降りて外に出ると、土塀と土蔵のある日本庭園になっている。遅咲きのムクゲ科または芙蓉科か、白とピンクの花が咲いていて美しいので接写撮りをする。小雨の降る中を庭師が手入れをしていた。

清洲を後にして次の名古屋城に向かう。清洲から脇道で行けないことはないが、知らない道は見当がつかないし、結果的に時間を食い事故の原因にもなるので来た道を戻り、右折して41号線の国道に出る。

ここは高速道路と国道の両方が交差する所で、四方から乗り降りする大きな交差点だ。高速が工事中なので混雑している。おまけに雨が降っていて、こういう交差点は神経を使いながら走る。

名古屋市内に入り、名古屋城の標識で右折して10分ほど行き県庁前で駐車場を探すが、見当たらない。地元の人に聞くと公園の中に止められると聞いて入ると、一時駐車場になっているので空いている所へ止める。雨の降る中を、傘をさして5分ほど歩いて大門まで行き入場券５００円を買って入る。

名古屋城は江戸時代初期、慶長17（１６１

２）年、徳川家康が名古屋台地の西北端に完成させた城である。城主は御三家筆頭・尾張徳川家17代と続いた。昭和20年焼失、34年に再建された。江戸時代を代表する平城の大城郭である。外から眺めても大きくてカメラアングルに入らないので離れて撮る。

大きな建物なので、エレベーターが新しく設置されていて、１階から靴のまま上がれる。３階は徳川家康４００年資料展が開催中だが、１２００円は高いし、時間もないので素通りする。４～６階まで歴史的なものの展示がされている。ただ並べられているのではなく、時代背景がセットされて照明も演出されていたり、音響を使って画像を説明したり本格的な資料館になっている。７階が天守で、真ん中に神棚が祀ってある。一方傍らで葵の御紋の入った提灯やタバコ入れなど何でも御紋入りの土産物を売っていて、商魂たくましい。

天守から四方を見回すが、雨で煙って遠くは見えないが、ビデオを撮って降りる。

車に戻り、今夜のホテル探しを始める。駅近辺は高いし、ぐるぐる走り回るうちに、自分がどこにいるのか分からなくなってしまう。車を止めて、70歳前後の婦人に聞くと親切に方向を教えてくれ、「大変ですね、気をつけておいでください」と品のある優しい声で言ってくれる。その一言が心の中を明るくさせ、軽い気持ちで暗い中を慎重に運転して、言われた方向へ走ると駅に出た。

金額もさることながら泊まる場所確保が先決なので、宿泊ガイドを開いて「名古屋フラワーホテルＰＡＲＴ２」に電話を入れたらＯＫで、地図の通りに行くと到着した。朝食付き５５７９円、チェックインして４０４号のキーをもらう。

フロントで和食の店を紹介してもらい、ホテルを出て通りを越して曲がって2軒目の「ろっぱ」西店に入る。15〜16人で一杯になるほどの店が満席で、カウンターの一つに腰をかける。通しは大きいきぬかつぎを二つ切りにした4切れに生ウニを乗せたものが出る。きぬかつぎのぬめりと生ウニがマッチして上品な味だ。ヒラメ、ブリ、イカの造りとイカの姿焼きをつまみに、冷酒300mlを2本（1680円）を飲む。食事に稲庭うどんの温かいのを食べて計5330円なり。ヒラメが厚切りで歯ごたえがあってうまかった。

いい気持ちで帰り、汗をかいたので、すぐさまランニング、パンツ、シャツを洗剤入り湯に浸ける。浴槽に温めの湯を張って、胸まで浸かり汗を流す。風呂から出て洗濯物を手洗いして、堅く絞る。この時間からだと乾き切れないといけないので、タオルでくるみよく絞ってハンガーにかけて干す。

火照る体を落ち着かせるためテレビをつけたが、眠ってしまい夜中の12時半に目が覚めるとテレビはまだやっており、「秘宝に込められたメッセージ」NHK加賀美幸子アナのナレーションで、空海・弘法大師の映像と資料の解説を行っていた。今まで歩いて来た京都・東寺、高野山・金剛峯寺、奥の院、四国八十八霊場などがまとめて報じられており、弘法大師の人柄が少し分かったような気がした。

◇10月20日（水）晴れ

6時起床。湯を張ったままにしていたので、バスルーム内は、水滴がすごくたまっていた。湯がぬるいので半分抜いて、熱い湯を足して湯加減をよくして入浴、朝風呂にゆっくり浸かる。洗髪、ヒゲ剃り。このところ電気髭剃りを車中に置き忘れて来てしまうので、安い軽便髭剃りで剃るため肌が荒れて痛い。クリームも用意していないからヒリヒリしてたまらない。

着替えてエレベーターで朝食に降りる。喫茶店のモーニング（３５０円）で丸い菓子パン２コ（１コは甘味だけ、１コはクリーム入り）、ゆで卵１コ、紅茶。９時半チェックアウト。車を引き出す（駐車料１７００円）。

愛知、静岡名所めぐり

車内で、今日のルートである愛知県岡崎市から豊川稲荷、静岡県浜松市への長距離を走る確認をする。ホテルから41号の国道へ出て、瑞穂区まで行くと国道１号線につながる。豊明・知立市を通過して38km走って岡崎市に着く。

写真を撮れるところはないかと思って一回りするが、どこから見ても一望できず、地元の人に駐車場を聞いて３階建ての市営有料駐車場に止める。

暑いので、夕べの洗濯物のシャツとパンツが生乾きなので車内に広げて干してから、歩いて「三河武士のやかた家康館」に入る。

関ヶ原の戦いで勝利した家康は、征夷大将軍として江戸幕府を開き、２回にわたる大阪の陣で豊臣氏を滅ぼして徳川政権を強固なものにした。幕府を開いた家康が死去するまでを紹介している。模型や映像でビジュアルに資料を再現。時間の経つのを忘れてしまう。

１５４２年、徳川家康は岡崎城内で誕生。８歳で今川義元の人質となり、少年期を他国で過ごし１５６０（永禄３）年の桶狭間で義元の戦死で自立、時に19歳、以来岡崎城を拠点に天下統一の偉業への基礎を固めた。１９７０年、家康は本拠を浜松市に移し、嫡男信康を岡崎城主にした。明治の廃藩置県で取り壊し、１９５９年天守が復元された。

城の５階は天守閣・展望室で三河平野を一望する景観をビデオに撮る。市内は高い建物でも10階が少しあるくらいで、東京の下町のような雰囲気。

昼食は国道沿いで取ることにして車に戻ったら、洗濯物はばっちり乾いていた。スタートして１号を豊川に向かって進行中、左側の大きな駐車場の中華店に入る。餃子、野菜炒めライスで７８０円と安い。車中で食後のデザートに和歌山で買った紀州みかんを食べてスタート。

国道でも、道は狭く、でこぼこで混雑して時間がかかる。宮下から１５１号を走ると、左右は田園地帯の風景が広がる。更に走ると豊川稲荷に着く。稲荷社所有の緊急避難場所に他の車も止まっているので駐車して歩く。

豊川稲荷は日本三大稲荷の１つで、参拝に寄る。右手に古刹・三明寺山門があり、左手に稲荷の鳥居がある。「寺の山門の扉は欅の一枚板で１０００年以上の大木で作られており……扉の上の欄干は透かし彫りで、この山門を潜るだけでもご利益があります」と団体客にバスガイドが説明している。山門を潜って右側に鐘楼、さらに真っ直ぐ進むと三明寺本殿がある。ここを左折して行くと真ん前に豊川稲荷参詣者の休み所がある。そこを右に折れると稲荷の本堂で、その石段の灯籠には蝋燭立てがあり、１本１００円のロウソクに火を点じ祈願する。本堂までの石段を上がりお参りして、境内をビデオに撮り、本堂を背に真っすぐ歩き、白地に黒文字の幟旗が左右に立てられている参道を通り過ぎると鳥居で、出入り口になっている。

鳥居を出ると道を挟んで前はみやげもの屋が４軒並んでいる。岡山の最上稲荷は山の麓だが、豊川稲荷は平地にあり、風情が少し違う。もう一つの京都伏見稲荷で日本三大稲荷である。

稲荷を後に浜松へ向かうことにする。国道１号は、豊川市を抜けるまでは道が狭く、混雑してのろのろ運転だが、一里山を過ぎ汐見バイパスで篠原まで行き、２５７号線へ出て浜松市内まで来たら、暗くなってくる。

車を道端へ止めて、駅近くの「浜松サゴウホテル」（６３００円、朝食８５０円、駐車５００円）に電話するとＯＫ。車は５分位離れた「タワーＰ」に止めると言うことで地図をもらって行くが、分からなくてクルクル回って探してしまう。ホテルへ戻ると７時過ぎになってしまった。

腹が減ったのでシャワーも浴びずに、夕食を取りに外へ出る。赤ちょうちんの店に入ると焼き物がメインの、ママと娘が賄う店だった。それでも刺身を聞いたら「カツオなら」と言うのでショウガの薬味で頼むと、生きのいい厚切りの刺身で旨かった。カウンターの野菜煮２品を食べる。砂肝は焼き物が普通だが、ここでは炒めるというので注文すると、大きな砂肝が塩とコショウ味で出てきた。油っぽいかな、と思ったがフウフウいいながら食べた。最後に茶漬けでも食ってくれれば良かったのに、他の店でうどんかラーメンでもと思って店を出てぶらつく。

7時頃には開いていなかった店が開き、スナックやバー、キャバクラなどの間口の狭い飲み屋、カラオケなど、よくもこれだけ揃ったものだと思うくらい横町は賑わっていた。「こう言うところが地方でもまだあるのか？」と思い、腹がすいている訳でもないのでホテルへ戻って来た。

◇10月21日（木）晴れ

6時起床。浴槽に湯を張って入る。髭を剃り、7時朝食。カウンターから膳に据え付けられた和食を持って窓側の明るいテーブルに座り食べる。部屋に戻って日記を9時30分まで書き、9時40分チェックアウト。

車を10時までに引き取らなければならないので、5分ほど歩いて駐車場まで行き、500円のホテル証明書カードを渡してゲートを開けてもらって出る。普段は自動なので車1泊は2000円近くになるのではないかと思う。

浜松城が近いので、行って一回りしてみるが駐車場が分からない。地元の70歳位の奥さんに聞くと「県庁の駐車場に止めたら良いよ。用事がある振りをして止めて見物したら良いじゃないの」との智恵を受け、礼を述べて県庁の駐車場へ行く。幸い空いていて止める。駐車場を歩いて出るとすぐ城の階段につながっていた。小学生のグループが写生の授業か、絵を描いていた。

浜松城は徳川家康が元亀元年（１５７０）に築城の典型的な平山城。家康は浜松城を本拠地として領土の拡大を図り、信長に従って各地で闘うとともに城の修築や城下町の整備にも努めた。

外郭を写真とビデオに撮り、１５０円払って天守閣の見物をするが、ここは金をかけてないらしく、剥き出しで手を触れられる状態で展示してある。うっかり子らが何かの間違いでさわったり、ぶつかったら壊れてしまうだろうと心配になる。天守は12畳ほどはあるだろうか、階段と板の間で外廊下は金網が張られた展望台で、眼下に浜松の市内が見下ろせる。

ビデオで四方を撮影して降りて来ると、ボランティアで城の案内をしている歴史好きの定年退職夫人が、外郭を説明してくれた。礼を述べて車に戻り、掛川城へ向けてスタートする。

１５２号線に出て豊田町盛岡で1号線を走り三ケ野、袋井市を経て細田で進路を右にとり、４㎞弱で掛川市内に入る。国道を右折して掛川城のそばに来ているはずだが、市役所が移転したため迷ってしまう。地元の人に聞き、その通り行くと城が見えてきた。城を一回りして駐車場を探すが分からず聞くと、市営駐車場が5分位歩いた所にあるというので、他の車も停めていたので便乗して止める。

城はすぐ近くなので歩いて行き、天守閣へ３００円払って上がる。3層4階で、４階は望楼で黒塗りの廻縁になっていて落下防止の網が張ってある。天気もよく、眼下には掛川市街地が見渡せる。南側には新幹線、その先に高速道路が見える。ビデオを撮って降りる。

掛川城は、戦国時代の今川氏が遠江支配の拠点として、重臣朝比奈泰熙に築かせた。桶狭間の合戦後、秀吉は掛川城に山内一豊を入れ、近世城郭として大規模な修築をし、城下町の町割りを行い、町全体を堀で囲む総構えを完成させた。関ヶ原の合戦後、一豊は土佐一国を与えられ高知へ移る。

公園の中の二の丸美術館で、たまたま「生涯学習都市宣言20周年記念・岡山県新見美術館名品展」が行われており、２００円で鑑賞する。上村松園、小野竹喬、堂本印象など16名の有名画家の日本画、洋画などの絵が展示。

さらに御殿の建物の中を公開しているので、殿様気分で廊下を歩いたり、畳の間に入って見たり、順路に従って一巡する。

公園を出て橋を隔てたそば屋に入り、天ぷらザルうどんを食べる。取り立ててうまいほどではない。これから郡上まで行って明日の夕方までに静岡市まで戻ってこなければならない。岡崎まで１００km走り一般国道２４８号線から豊田市の陣中町で４１９号へ進む。

岐阜県・郡上八幡から静岡へ

藤岡町、小原村まで32km走ると岐阜県になる。陶町大川、小里をへて瑞浪市に出る。今夜は車中泊に決めた。

中津川を遡った所まで行かなければならなかったが、国道19号へ出て土岐市の大富から21号へ出て15kmほどの左側に大きな駐車場があった。食べ物屋もあるので入って食事を摂る。７時半になっていたので、少し遅かったら閉まっていたかも知れない。タイミングが良かった。刺し身と鴨ステーキのセット（１８００円）で酒のお燗つけを1合飲んでいるとつまみが出て来たので1本追加をして飲み、茶碗蒸し、みそ汁、新香で炊き込みご飯を食べる。

車を一番奥に移動して、よい気分で寝る。

◇10月22日（土）晴れ

６時起床。ストレッチを軽く行って身体をほぐす。御嵩町は走って通過。寒いと思ったら９度の表示が出ていた。10月下旬、季節はやはり移っている。川辺町の新太田橋を渡って走るとＪＲ高山線が走り、たまに家があるような飛騨川沿いの１号線をひた走り２５６号を走り、左右に若干の田畑をみて馬瀬川の支流を走る。この馬瀬川は五年ほど前に釣りに来たことがあり、朝起きたら大雪で30㎝ほど積もり、釣りどころではなく急いで帰路についたことを思い出す。中原で二股になり、左の和良川に沿って宮地の橋を渡る。山道になり峠を越えて郡上に8時半に到着する。

郡上八幡城の行き方をガソリンスタンドで給油をしながら聞くと「シティガイド地図」をくれて教えてくれた。一方通行の山道をあがる。道が細くカーブが多い急坂で、ギリギリの道幅なので脱輪しそうになって苦労する。頂上には駐車場とトイレがあり、カメラとビデオを出して城に向かって歩いて行く。９時前だが入城ＯＫなので、入場料を払って天守まであがる。

城の１階は資料展示。金の馬標《うまじるし》、家系図、金屏風（鷹の絵）など。４階は天守で眼下に長良川が左、吉田川が右に流れて郡上大橋下で合流している。山間の市街地が一望できる天空の城である。ビデオに収める。

郡上八幡城は信長の家臣・遠藤盛数が八幡山に築いた山城。鎌倉時代から勢力を張っていた東氏を滅ぼして入国し、築城した。

郡上の道路は道幅が狭くて車を止められないので、朝食をとらずにスタート。走りながら乾燥ナッツとジュースを飲み、ミカンを食べて一時しのぎをする。その後、３日前の19日、犬山城で食事をした店に立寄り、ジャンパーを置き忘れていないか確かめに行くことにする。

１５６号を関市に向けて長良川を見ながら美並村を走り、美濃市から関市の追分けで地方道に入って真っ直ぐ下り、関市の繁華街を抜けて各務原市のおがせ町で国道21号線に出る。そこを左折して鵜沼東町を右折、鵜沼橋を渡って犬山城の食堂に着く。

「忘れ物がなかったか」と聞くが、「なかった」という。昼飯時なのでまたこの店で天ぷらざるうどんを食べてスタート。幸い好天気で良かった。

犬山から41号を大口町、小牧市、名古屋市内を抜け昭和区辺りで片側３車線を走る。ウインカーを出して車線変更を急に行い、左車線に移ろうとしたら、大型トラックが来ており「間一髪」で入ったけれど、赤信号でトラックの30歳前後の運転手が降りてきて、「危ないじゃないか、事故が起きたらどうするんだ」と怒られる。「はい、申し訳ありませんでした。気をつけますので」と言って詫びる。

瑞穂区で１号線になり緑区、豊明・知立、岡崎・豊川市・豊橋市と進み、この一里山先で43km、静岡県になる、汐見バイパスを走って時間を稼ぐ。

篠原から浜松市を通過して森岡で磐田バイパスを使って袋井市国元まで飛ばす。さらに大池から掛川バイパスを西郷で降りて高速の掛川インターへ上がって走るが、菊川からのろのろ運転になり閉じ込められて進まないので、相良牧之原インターで降りて金谷町に出る。

市街地で混雑した所に来て、妻の姪のリカちゃんから電話が入り、「静岡市内に入ったら電話をするから」と言って切る。

国道１号線に出たらスイスイで、野田から藤枝バイパス丸子で１号へ右折して32㎞、静岡市街に入る。リカちゃんに電話を入れて、「20分位で静岡駅に着くと思う。駅の駐車場で待つ」と伝え、ターミナルパーキングメータに止める。

分かりやすい通りに出て待つと、白いかっこいい車でリカちゃんが現れる。リカちゃんが先導で、後からついて行く。30分位は走っただろうか、妻の妹・朋子さんのアパート前につく。久し振りの再会である。少し太って元気そうだ。朋子さんの夫・高須賀さん、リカちゃんの二人の子どもたちと夕食を頂く。

マグロ刺身、おでん、お新香などをツマミに、先ずはビールで乾杯。後はウイスキーの水割りにする。12時頃かと思ったら深夜２時まで話したようだ。ここで泊めてもらう。

◇10月23日（土）晴れ

８時起床、日差しが強い。高須賀さんは６時30分に仕事に出て行った。二人の子の母親になってここまで育てて来たのだから、リカちゃんも偉いと思う。高須賀さんの勧めで梅ヶ島温泉に行くことにする。リカちゃんの車と運転で、朋子さん、二人の子ども、私の５人が乗って、途中で給油をして行く。

１時間半ほど走って梅ヶ島温泉に着く。この温泉郷には露天風呂がないので、新しくできた黄金風呂まで６㎞ほど下がって入ることにする。村おこしとして最近、大がかりに開発してテニス、釣り堀、キャンプ、温泉とあらゆるニーズに応えられる施設になっている。

土曜日のためか広い駐車場は満車状態で、中も混雑している。

入浴料は2時間500円、1日800円で、1日券を3枚買う。受付を済ませて上がると、50畳敷きほどの大きな部屋がある。テーブルで食事する余地がない程すでに一杯だ。

1時間で出て来ることにして風呂に入るが、男湯はすいていたが、女湯の方は混み合って大変だったという。男湯は湯船が二つ、露天風呂が中2階のような形で外にあり、景色の眺めはよい。

先にあがって廊下の喫煙席に座ってゆったりと待っていたら、女風呂から一行が出て来たので昼食にする。食事は、畳敷きの大食堂で自動販売機で食券を買って注文をする。とろろそば、天ぷらそば、私は定食（栗飯、吸い物、コンニャク刺身、ヤマメの甘露煮）、漬物（たくあん2、小梅1）セット。

食事が出て来るまで風呂上がりの生ビールを紙コップ1杯ずつ朋子さんと。つまみは、ワサビ漬けと葉トウガラシの漬物が出て珍味でうまかった。子どもらはソフトクリームを顔からシャツまでベトベトにしながら半分ほどなめる。

食事後、3時30分にスタート。帰路は1時間ほどで家の近くのストアに立ち寄る。子どもに小さいおもちゃの縫いぐるみをプレゼント、自分用は、スパゲテイソース10個と野菜ジュース6個を買う。

「夕食をして行ったら」と誘われ、「飯を食ってからだと宿を探すのが遅くなるので」と言ったら「もう1晩泊まればいい」と言われた。躊躇したがそんなにあることではないし、焦る旅ではないからまあいいかと、お言葉に甘えることにした。食事後、リカちゃんと子どもたちは9時頃帰った。

30分後にリカちゃんから帰宅したという電話が入る。子どもは寝ないで起きていて、電話口に出て。「おじいちゃんありがとう」と言う。目がジーンと熱くなって来た。

12時頃まで朋子夫妻と飲むが、眠くなって来て休む。

中部・関東地方ひた走り

◇10月24日（日）晴れ

7時起床。洗顔、ヒゲソリ、朝食後も3人で茶を飲みながら、取り留めのない話をして、10時になったので失礼をする。今日は伊豆の河津まで行き、泊まることになる。高須賀さんが清水まで行くので、車の後に付き、国道1号への分かれ道で左に車を寄せ、挨拶をして別れる。

坂を上がると高速道路と間違えるほど整備されていて、市内を走る昔からの国道とは違ってきれいなのに驚く。清水を過ぎると右手に駿河湾が見え海岸端を眺めながら走り、道の駅「富士」で昼食（カキフライ定職850円）をとる。

置き忘れてしまったジャンパーは、これとおぼしき所へ電話をかけて問い合わせを続ける。名古屋城の受付、ホテル、清洲城、いずれも遺失物として届いていないと言う。後は諦めるしかない。せっかく娘の陽子が還暦祝に贈ってくれた記念の品だけに申し訳ない気がする。

蒲原、沼津を過ぎ三島市・奈良橋の交差点を右折して国道から136号線に入り、狭くなる道を何を勘違いしたか城山の交差点で真っ直ぐ行ったものだから、修善寺温泉に向かってしまう。途中で136号へ戻るが、団体客や若い人たちで賑わっていた。

湯ヶ島を通り抜け、浄蓮の滝でトイレ休憩して、天城トンネルを越すと下り坂で、ギアをシフトダウンして下り、七滝を過ぎ、市内へ入る。

河津駅の近くに風呂があったので行ってみると、温泉組合加入者しか入れないと書かれていた。一般の人が入れないとは知らなかった。仕方がないので来る途中の新しくできた町営温泉に浸かる。

入浴料3時間で1000円、貴重品ボックス100円は、昨日入った梅ヶ島温泉800円より高いと思いつつも入る。サーファー仲間やツーリングのドライバーなど、地元の人で賑わっていた。泡風呂、普通風呂、露天風呂などがあったが、サウナ、水風呂に2回ずつ繰り返し入る。泉質は単純泉で透明で肌がツルツルになる湯だった。上がって、体温の調整を図るため、相撲を見ながらウーロン茶を飲み、相撲が終わったところで出て来る。外は暗くなっていて満月のような月が煌々と輝いて、秋の空を感じさせる。地方の夜の空は澄んできれいだ。子どもの頃の故郷山梨の十五夜を思い出してしまう。

今夜は車中泊にすることにして、コンビニで水のボトル1本、白菜の漬け物、サバの味噌煮缶詰を買う。車中泊の場所を探すため町を外れて走るが、幹線では広い所はない。海岸へ出る道へ折れて今井浜の見高浜突端で、釣り用の駐車場と思われる所が広いので、ここで泊まることにする。

波打ち際でザブーン、ザー、ザブーン、ザーという音はするが、地鳴りのようではないので、ここに車を止める。ボトルの水でウイスキーを割り、白菜の漬け物と山椒入りジャコ、サバ缶詰をつまみに飲む。

他のボトルの水を沸かし、スパゲティを茹でて器に移し、その湯でレトルトの野菜入りミートソースの袋を温めて、混ぜて食べる。ラジオは日本シリーズ戦を報じており、８対２で中日が勝って１勝１敗になる。

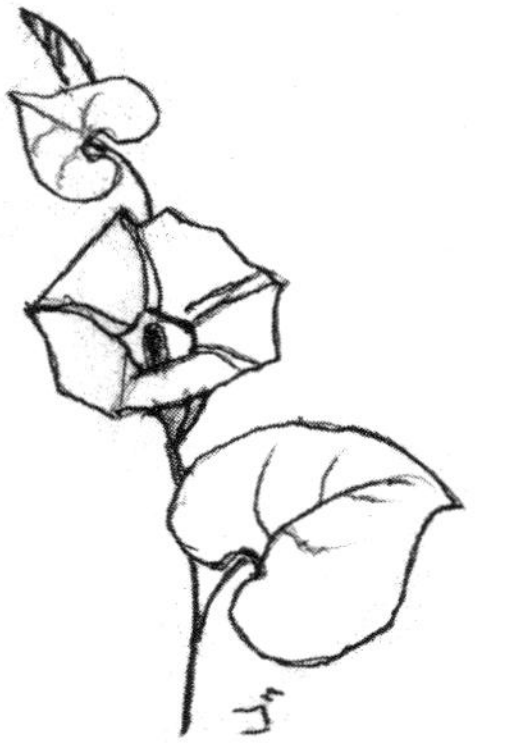

◇10月25日（月）晴れ

６時起床。インスタントラーメンを作って食う。２日分たまった日記を書く。洗顔・ヒゲソリをして柔軟体操をする。煙霧で白くなっている車のフロントガラスを拭き、ボディもついでに拭いて出発。河津の駅に着く。１３５号を小田原に向かう。稲取、熱川、伊東市を走り、熱海でビーチラインへ出て海岸沿いを走り、根府川左側に食堂があるので少し早いが昼飯にする。野菜炒め、ギョウザ、ライス（１３２０円）を食べる。

22km走って１時頃、小田原に着く。公共の駐車場が満杯なので、１台出るまで20分待って止める。小田原の公園は大きい。天守閣（６００円、見聞館兼用）を最初に見物する。撮影禁止の札があちこちに出ており、各階には監視員がいて物々しい。４階展望室からは眼下に小田原市街地と、遠く相模の海が光って見える。ビデオで撮って降りる。見聞館は、小田原城の歴史を目と耳で楽しむことができる。

豊臣秀吉が小田原責めに対抗するための軍議の様子を、本物そっくりの人形が演じるミニシアターなどを見て出てくると3時過ぎで、車に戻りゲートを出る。

今日の泊まり場所は河口湖の予定で、小田原を後にして1号線を湯元から箱根の山に向かい、宮の下から138号で御殿場を通過。籠坂峠を越えると山梨県で9度、山中湖5度と気温が段々下がって来て、寒気を覚えて風邪をひきそうなので、今まで冷房だったのを暖房に切り替えて走る。河口湖まで来て、寒いので温泉でゆっくりした方が良策と、行きつけの竜王のラドン温泉に行くことにして電話すると、ＯＫ。

漢方薬の風邪薬があったので飲んで予防する。河口湖の市街地を避けて有料の橋を渡って御坂トンネルを越し、長い御坂峠を降りると20号線にぶつかる。そこを左折して国道を走ると道沿いに「ラドン温泉」の看板が見えて、7時にピットインして駐車する。

チェックインしてキーをもらい、そのまま夕食を食べに出る。「みっちゃん」という居酒屋で、タコ、マグロぶつ切り、焼き鳥のニンニク挟み焼き、奴豆腐をつまみに焼酎のお湯割りを飲んで温まる。お茶漬を食べてホテルへ戻り、荷物を持って409号室へ入る。ラドンの風呂にゆっくり浸かって寝る。

◇10月26日（火）晴れ

6時起床、ラドンの朝風呂にじっくり浸かって汗を流す。夕べは髪も体も洗わず温まっただけで寝てしまったので、今朝は洗って温まる。7時半から朝食で2階の大広間へ降りて行く。一応それなりの朝食メニューだが、うまくない。安いだけでなく。もう少し工夫がありそうなものだ。風邪薬を一服飲む。日記を書き10時にチェックアウトする。

信州・上州路を行く

今日は松本から長野市まで走る。20号線で韮崎、白州を走り過ぎて道の駅「武川」で休憩する。スケジュール表が見つからないので、ワープロから出力する。中部、関東に来てから道順が違ってはいるが、日程は変わっていない。人に会うことを中心にした予定を途中からやめて、観光地・城巡り中心に切り替えたので進路が変わった。

20号線を茅野・諏訪・岡谷市を経て、塩尻市まで走ると道の駅があり昼飯にする。塩尻御膳（１５００円）、刺し身、天ぷら、あなご焼き、茶わん蒸し、生野菜小鉢、新香、みそ汁、飯。デザート（リンゴ、パイナップル、バナナ）を食べる。豪華で腹一杯でスタート。

高出の交差点で右折して19号を走り、長野自動車道の塩尻北インターの下を潜って走ると、田川の交差点になり右折して松本市内に入る。市役所に出て、公営駐車場に止める。

松本城の黒門口から入り（５２０円）、本丸の後ろは庭園で芝生がきれいだ。５重６層の大天守が、乾子天守を渡櫓で連結し、辰巳付櫓と月見櫓を複合した「連結複合式」と呼ばれる構成で、独立天守の多い当時のものとしては珍しい形式。また大天守の構造は「後期望楼タイプ」に分類されるという。

松本城は戦国時代の深志城に始まると言う。４００年の伝統があり、国宝ということもあって「場内撮影禁止」で案内役も兼ねた監視員がいてうっとおしい。６Ｆの展望室から眼下を見下ろすと市街地から西側には梓川や黒沢山など東には袴越山、北には伊深城山、南には田園地帯が見える。四方をビデオに撮って降りる。

公園の端で菊祭りの準備でテントが張られ、搬入された鉢植えが形よく並べられていた。大鉢、懸掛け、3本立てやダルマ、糸シダレ、幹仕立てなど、色も白、黄、紫などの鮮やかなもの、ピンクのように柔らかいものなど、見ていて飽きない。

ビデオテープがなくなったので、町中を探して90分2コを買い駐車場へ戻る。国道19号を北上して明科町、生坂村を犀川に沿って進み、信州新町を過ぎると5時を回って夕闇が迫り、秋の日はつるべ落としであっと言う間に暗くなる。75㎞走り、長野市に到着。

車を止めてホテルへ電話を入れる。「ナガノシティホテルきくや」(5300円、朝食700円、駐車料金600円)に電話をしたらOK。1㎞ほどで善光寺の近くへ来る。ホテルのそれらしき所まで来たのだが通り越してしまい、地元の人に聞いて確かめ、もう一度同じ通りへ入ると、市内一番の繁華街にあるホテルだった。善光寺まで歩いても7分位の所だ。

チェックインして風呂に入ろうかと思ったが、食事を先にした方がよいので、雨が降って寒いのでジャンパーを着て傘を差し、先に風邪薬を買ってから夕食の店に入る。刺し身と肉じゃがで熱燗の酒を2本飲み、鮭茶漬を食べて、ホテルへ戻る。

ランニングとパンツを洗濯して、薬を飲んで寝る。毛布2枚を掛けているが、肩がスースーして寝ていても落ち着かない。顔が隠れるまで毛布と布団を引き上げて寝る。

◇10月27日（水）雨

6時に目覚め、湯を張る。熱もないし咳も出ないので湯に入ってしっかり温まり、髪、体を洗い、髭を剃る。7時半に食堂へ降りて和食を食べる。10時前にチェックアウト。あいにくの雨だが善光寺へ行き、寺の駐車場に止めて「善光寺参り」をする。

有名なお寺とあって、バスでの団体客で賑わう。本堂で「ご縁があるように」と5円の賽銭で交通安全、家内安全、世界平和、健康祈願と欲張ったお願いをする。今まで経験をしたことのない戒壇の「胎内めぐり」を体験する。地下の真っ暗な板壁伝いに、前の人の腰の高さを触りながら進む。団体と一緒に回り、みんな初めての体験で、真っ暗なので思うように進まない。賑やかに15分位かかって明るい所に出て来る。1人なら5分もかからないだろうと思う。

本堂を出て忠霊堂へ行くと地下に、資料が展示されている。絵馬、古文書、門額「善光寺」この額には7羽の鳩が彫り込まれていると説明があった。経堂は八角の廻り灯籠が真ん中にあり、1年に2回、信者を交えて廻しながら読経をするという。境内の樹木の紅葉が一番きれいな見頃で美しい。ビデオと写真を撮る。

昼になったので門前脇のそば屋で、キノコそばの大盛りを食べる。あんこ、野沢菜、きのこの「お焼き」をみやげに買う。雨が降っている中を善光寺を後にして、群馬の大山さんの所へ向かう。

第10章　本州真ん中をめぐってゴール

群馬から越中・越後へ

４０６号線を走って須坂市から菅平高原へ向かう途中、仙仁温泉で風呂に入って行こうと思ったが、雨も降り道路事情もよくないのであきらめて道を急ぐことにする。梯子山の峠に差しかかると紅葉が見頃で、ビデオを撮って走る。菅平高原では菅池で右折し、表太郎で左折して菅平ダムを走り抜ける予定だったが、菅池を右折せずに真っ直ぐ行ってしまい別荘地に入り込む。道が細くカーブが多いが、対向車が少ないのでよかった。１４４号線に出て鳥居川、吾妻川沿いに走ると妻恋村万座鹿沢口に至り、さらに長野原町から１４５号を走る。

道路脇で松茸を売っていたのでみやげに買って、3時頃、大山夫妻宅へ電話したら奥さんが出て、「急なことで何も用意はできないが、よろしかったらお寄り下さい。主人は議員研修会で5時頃には帰るので」と言われる。「近くに着いたら電話をします」と、雨の中を再スタート。黒保根村下田沢で大山さんに電話を入れて、指定された場所で待っていると車で迎えに来てくれたので、後に付いて走る。

大山宅では改めて夫妻と久方ぶりの再会で握手を交わす。大山智・友子夫妻は、私の住む江東区の住人で親しくしていた。実家の都合で群馬に帰り、智氏は共産党の議員として活躍していた。

地酒の吟醸酒、松茸とお焼きを渡す。夫妻は恐縮されたが、「選挙では何も支援ができなかったので、せめてもの気持ちなので」と受けてもらう。大山さんが刺身を切ったり、松茸を焼いたりしてつまみに出してくれて、みんなで食べた。

大山家の家計は、議員の報酬と党中央からの5万円の補助だけではとてもやっていけないので息子も仕事に就き、妻もパートだが弁当持参で9時から5時まで働いていると言う。

◇10月28日（木）雨

7時半起床、友子さんと息子さんは、食事を済ませて弁当を持って出かける所だった。大山さんとお茶を飲みながら話して、9時頃朝食にする。アジ干物、玉子焼き、昆布の煮しめ、お多福まめ、新香（キャベツの浅漬け）大梅漬けを出してくれた。夕べは酒とつまみで腹一杯になり、飯を食べなかったので腹が減ってご飯2杯頂く。

雨も風も静かになって来たので、おいとまする。62号へ出て左折して、利根村に向かって山道を25km走るが、時どき吹く強い風に吹き落とされた木の葉が、道路の吹きだまりに溜まって運転を妨げる。特に下り坂で急ブレーキをかけると、滑って危ない。慎重に走りながら紅葉している先の方を見ると、大きな虹がかかっている。「紅葉と虹」を写真に収めようと車を止めて窓からシャッターを切ったが、うまく写っているかどうか。

日向南郷で、金精峠方面へ抜ける近道になるので右折する。菌原湖を右手に見ながら走り、沼田から金精峠へ向かう１２０号の丁字路を右折すると少し道幅が広くなる。この道は釣りなどで何回も走っている。老神温泉を過ぎ、吹割の滝、左折すれば武尊牧場へ行く平川、さらに少し行った所のガソリンスタンドで走行距離7万kmでのオイル、エレメントの交換、空気圧の調整、給油をしてもらう。その間に昼飯を食う。

オイル交換したらエンジン音が静かで、車に力が出たようで軽く走る。片品、大清水に行くには、鎌田を左折する分岐を直進して、山道を逆上って丸沼に来ると紅葉が少し残っていたので、カメラのシャッターを押す。

紅葉の季節を行く

菅沼を過ぎて、さらに上り詰めると樹々の紅葉は終わり、落葉して裸木になっていた。金精峠のトンネルを11km走り抜けると栃木県だ。トンネルを抜けたら突風がすごい。横風に煽られてハンドルが取られるので、車を止めて四輪駆動に切り替えて、シフトダウンとエンジンブレーキで走る。危険なので慎重に走る。5kmの峠を下りきって湯の湖に至る。通過をして少し走り、湯滝駐車場に300円で止める。

湯滝の紅葉を下から写真に撮って見たいと思う。雨が降っている中、滝に行くまでの道でも、色鮮やかな黄色が目を引きつけるので、雨が降っているのと一丸レフのカメラが故障しているため、コンパクトカメラで迫力のあるものは無理

だと解りつつも、記録としてシャッターを押す。モミジや楢、ガマズミなどの落葉樹が色とりどりに染められている間を縫って、落差70ｍの滝が大量の白いしぶきとなって落ちている。

湯滝を後にして戦場ヶ原の左側に休憩所がある。戦場ヶ原と男体山の落葉松がオレンジ色に染まり、燃えるような色を写真に撮りたかったのだが、強風で葉を落とされてしまい、紅葉は見られなかった。やむを得ず、竜頭の滝の紅葉を下から写すために移動する。途中にある駐車場へ車を止めて、７分程歩いて降り、シャッターを切ってくる。やはりこの雨と強い風で、葉が落とされて、「時すでに遅し」というのが現実だ。

日光で宿泊をと考えたが、日光方面の車は混雑して動かないので方針を変えて、ハンドルをＵターンさせる。来た道を沼田方面に向けて引き返す。この方面への車はたまにしか来ないので、スイスイ走って峠を上がる。金精峠を下りる頃には暗くなって来て、エンジンブレーキで慎重に下りる。

ホテルがある所まで走るのは無理なので、車中泊に切り替える。白根温泉の駐車場が広いので止めて、４輪駆動を２輪駆動に切り替える。体は熱もないので、風呂に入って、さっぱりして泊まろうと思い立ち、温泉に入る。

この温泉の宿泊所は、道路を隔てて川があり、川の向こう岸に古い木造２階建て１棟が建てられている。温泉場は道路側駐車場の横にあり、１階建ての湯屋を地階に降りると男女別の広い洗い場があり、壁に沿った真ん中に浴槽がある。単純泉がこんこんと流れ出ている。

温まりながら考えたことは、ここで宿泊は

できるが、体力回復のためにはスタミナを貯えること。そのためには、しっかり夕食を食べて、寝られる所を探さなければならない。風呂から出たら体が冷めないうちにたどり着く必要があるので、暖房を効かせて10kmほど走ると、右手に新しく温泉を掘り、温泉・休憩と食事、みやげ物も売りトイレもある広い駐車場なので、ここに泊まることにして車を止めて食事に入る。刺身とうなぎを食べながら冷酒３００mlを2本飲んで、いい気持ちになったので寒くならないうちに車中で眠る。

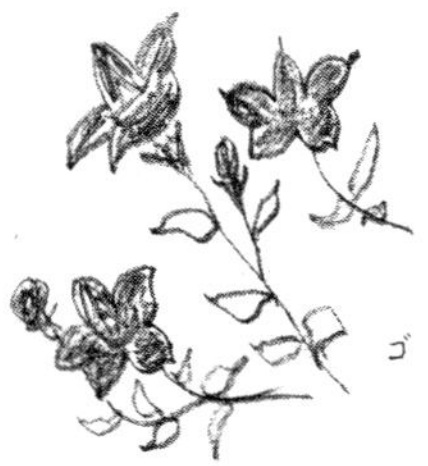

◇10月29日（金）晴れ

6時起床、エンジンをかけて車内を暖める。その間にストレッチ運動をして、フロントガラスを拭いて、富山に向けてスタート。沼田街道１２０号を走り、利根・白沢村そして沼田インターから高速道路で月夜野、水上を走って谷川岳ＰＡで休憩。谷川の水をポリタンク二つに汲む。朝飯にスパゲテイを茹でて、きのこと野菜入りソースで食べる。

　一昨日来、雨の中を走った車のボディは、杉の葉や木の葉の小さいものが付着しているので水洗いして全体を拭く。車の見栄えも良くなり、再スタート。関越トンネルが工事中で、１車線で抜けると下り坂になる。

　湯沢を過ぎて塩沢石打インターで降りて、３５３号の一般道へ出て中里村、松代町、大島村、浦川原村、三和村までは田畑あり、山あり、坂あり、トンネルありを約74km走って上越市に入る。

左に大きな駐車場をもつレストランがあったので、止めて昼食にする。肉料理が主な店で、田舎にしては品のある建物だ。久しぶりにビーフシチューライス、生野菜付きを食べたが、シチューがおいしかった。

国道8号線で上越市を過ぎると海岸へ出る。日本海だ。名立町を走り道の駅「能生町」でトイレタイム。日本海を眺めると波は荒れていた。カニ市場、魚市場があり、漁場が経営しているのか、活きがよく値段も安い。

北陸を巡って救援会集会に参加

糸魚川を過ぎ青海町親不知のトンネルを過ぎて少し走ると富山県に入り、黒部・魚津・滑川市と１１４km走って富山駅に着く。

前回泊まったホテルは駐車場が狭かったので、駅に近くて分かりやすい「富山シティホテル」に電話を入れたらＯＫ。その広い駐車場に止めて中に入って行き「ちょっと雰囲気が違うな」と思っていたら、係員に「どちら様ですか」と尋ねられたので、「先程お電話をした…」と言ったら「ここは葬儀場です。お間違えではありませんか」と言われ、ホテルの「テ」とホールの「ー」一文字が違うだけで「天国と地獄」の違いを見た思いだった。

自分のいる位置が分からなくなり、ガソリンスタンドで給油して聞くと「右と左が正反対だ」と言われる。戻って行くと通りに面していたので、車を車庫に入れる。２階のフロントでチェックインし、６０９号室に入る。汗をかいた衣服を、洗面槽に湯を張り、洗剤を入れて浸す。浴槽に湯を張り、ゆっくり入る。洗濯物を手洗いして絞り、湯に浸かって温まってから、浴槽の湯で洗濯物をすすいで堅く絞って干す。洗髪、体を洗って上がる。汗が引くまで休憩しながら日記を書く。

　８時になって腹が減ったので２階のレストランへ下りて行き、刺身の造りと明日葉の胡麻和えをつまみに、地酒３００mlを２本飲んで、お茶漬を食べて３２００円は安い。酒も富山の地酒でうまかったし、魚も新鮮で歯応えがあってよかった。

◇10月30日（土）晴れ

　６時起床、日記を書く。洗顔・整髪をして７時半に２階へ朝食に下りる。夕べの板前さんではなくて、気の強そうな70歳位のおばちゃんがいた。鮭一切れ、温泉玉子、春菊の胡麻和え、沢庵２切れ、豆腐と糸コンニャクの煮物、みそ汁、飯で８５０円。しっかりした対応で味もおいしかった。10時チェックアウト。

　富山城を見物する。公園の地下駐車場に入り車を止めて違う出口を抜けると公園の真ん中に出る。お城が近いので３００円払って入る。城は大きい方ではなくコンクリート造りで階段も床も近代的で、１階は下駄箱と受付、２階・３階は展示室に保管庫で、４階が天守で回廊には落下防止の金網が張られている。眼下に市内四方が見渡せる平城だ。

　公園の空き地では菊花展用のテントがたくさん張られ、富山城中には所狭しと作品が展示されている。松本の菊花展より出品数、新品種などマニアだけでなく小、中、高校生の出品もされて庶民の花として、菊作りに対する取り組みの姿勢が反映されているようだ。大中小の鉢の即売も行われており、安いからよく売れていた。２鉢２０００円で買い求め、一つは、大輪の一輪鉢、明日の集会で霜上さんへの送り物として、もう一つは小菊で自宅用に、蕾だからどんな色の花か分からず買った。バケツにそれぞれ入れて、安定を保つようにする。

このあと福井まで行って二つの城を見て、明日の集会に山中温泉までいくか、それとも今日は立山連峰の紅葉を見に行くかで迷ったが、せっかく富山にいるのだから黒部まで行けば良いのだが、この時間からでは無理なので、立山連峰の称名滝と紅葉を見ることにして43号線を走る。

「明日の集会」と言うのは、国民救援会の全国大会で、山中温泉で開催。「山中事件」の父・霜上さんが参加される集会である。

途中に和食・寿司店があったので入って、チラシ寿司（１０００円）を食べる。ネタもいいし、種類も豊富で満足のいくものであった。休日のせいか同じ方向に向かう車が多い。坂の途中で止めて連山の壁の紅葉を撮るがスケールが大きすぎて、ファインダーに入り切らない。

結構きつい坂道を走って、称名滝《しょうみょうだき》の見える駐車場に止める。市内からわずか34㎞でここまで来られるのなら、地元の人は春夏秋冬景観を楽しめるのではないかと思う。称名滝は、立山連峰を源流とする滝で、その落差は３５０ｍ、日本一を誇る。回りの山は今が一番紅葉の見頃でビデオとカメラで撮る。

立山アルペンルートのケーブル乗り場まで

下がって、駐車場に止める。ケーブルカーに乗って美女平まで行って帰る便があるので、往復の時間は何とかあるので１２５０円払って、ケーブルで美女平まで上がる。

　距離は短いけれど美女平まで行って展望台から四方を眺めると、それなりの紅葉の美しさは満喫出来たので、上がってきてよかったと思う。スケールの大きな、見事な紅葉を見て満足した。時間のない中での判断は良かったと思う。みやげに富山の地酒７２０mlを１本、キュウリのワサビ挟み漬、栗羊羹を買って、下りる。

　一度は黒部湖を縦走して見たいものだ。大町から富山へ抜けるか、富山から大町へ抜けるか、時間的にもルートからも行きやすいかを調べて、ぜひ実現したいと思う。

　今夜は、夕べの所に連泊したいと電話を入れたらＯＫで、安心して山道を下りる。５時30分、ホテルに着きチェックイン、７２７号室。朝食、車庫代、部屋代で６８５０円と安い。習慣の洗濯物を湯に浸けてから、食事に２階に降りる。夜は寒くなって来ているので、外へ出なくてすむのは助かる。野菜炒め、牛筋煮込み、冷奴をつまみに焼酎のお湯割り４杯飲んで、梅茶漬けを食べて３４１２円。

　８時過ぎに部屋へ戻り、浴槽へ湯を張り、ゆっくり温まる。浴槽の湯で洗濯物をすすぎ、絞って洗面器へ移す。髪、体を洗ってシャワーを上がりにかけて、浴槽の湯を抜く。部屋は暖房を弱めにつけて、洗濯物をハンガーや椅子にかけて干す。

◇10月31日（日）晴れ

6時起床、日記を書く。7時半に朝食で2階に降りる。昨日と同じおばちゃんがいて和食を出してくれる。今日は山中温泉まで行かなければならないので、9時にチェックアウトする。

国道8号線へ出て走るが、休日のためか自家用車で混んでいる。8号線を57km走って来たが、このペースでは1時に山中温泉には着けなくなるので、金沢東から北陸自動車道の高速道路へ上がり、小松市、片山津を通過して加賀で下りて8号を金沢に向かって走る。

黒瀬の交差点を右折して364号を走ると、全国から今日の山中温泉での国民救援会の集会に参加する車が先を走るので後方に着いて行くと、山中温泉町の「ホテル翠明」に到着。受付で会費9500円を払い、レストランで遅い昼食・折り詰め弁当を食べる。

山田善二郎会長、玉川会長はじめ東京の救援会本部などでの顔見知りの人に会えた。司会の杉浦会長の挨拶、竹澤弁護士の記念講演と続く。会が無事終わって部屋に入る私の同室者は4人。風呂に入ってから全体集会・夕食。我々の部屋では、東京の交流会となる。旅先で入手の焼酎と日本酒をカンパで差し入れる。

◇11月1日（月）晴れ

6時起床、朝風呂に入る。一旦部屋へ戻り7時30分の朝食時間までくつろぐ。昨夜の宴会場の大広間の2階へ朝食に下りる。夕食は食わなかったので、腹が減っていたのでご飯を2杯食べる。「食事をしたら流れ解散」なのでそれぞれの予定にしたがってホテルを出ることになる。

9時30分チェックアウトで、独自行動に戻る。あいにく雨が降っているが、福井から岐阜へ出て、長野の諏訪まで行くことにする。ホテルを後に３６４号線で山中温泉を抜けて、大内峠を越え、坂を下りきった山口で右折して10号線を走ると丸岡町へ着く。丸岡城近くで地元の人に公共駐車場を聞いて、そこに止める。

丸岡城は小高い丘の上に築かれているため、下から天守閣まで舗装路を歩いて上がる。雨のため景色は煙って見えない。丸岡城は安土桃山時代、柴田勝家の甥・勝豊が越前平野の丘に築いた平城。昭和23年の福井大地震で倒壊、30年に再建。

城を後に大野市に向かうと、鳴鹿橋から右手に九頭竜川を見ながら走り、北郷町で４１６号に合流。勝山市の長山トンネル手前で下荒井橋を渡って中津川市街地行きの近道をとる。標識にしたがって走り亀山公園に着く。

広い公共駐車場に止める。柳廼社の境内では何の縁日なのかは分からないが、業者が割り付けにしたがってテントを張り、準備をしていた。

天空の城・越前大野城は、金森長近が亀山に築いた平山城。駐車場の端で、テントを張って愛好者たちが盆栽展を行っていた。せっかくだから拝見。長いものは50年、35年という盆栽が、枯れずに小さな鉢の中で生き続けている。何かの手違いでもあれば枯れてしまうだろうに、半世紀にも渡って年輪を重ねて行くことに感動を覚える。

城を出て少し走った所の「手打ちそば」の駐車場に止めて入る。４段重ねのそばを頼むと、そばが4枚重ね、薬味小鉢にきのこ、ミョウガ、ゴマ、ノリが入ってそれぞれの味を楽しむというものだ。手打ちと銘打っているだけあって味と言い、香りと言い歯ごたえと言い、麺食いを自認している者としては、そばを食った満足感のある旨さであった。

１５８号線を和泉村へ出て、九頭竜湖にかかる手前のガソリンスタンドで半分になった燃料を給油する。九頭竜湖を右に見て48km走り、坂道を上がりきると福井県と岐阜県の境になる油坂峠の越美通洞を抜けると岐阜になる。坂を下って来て白鳥ループ橋を降りると、１５６号線になる。

長良川を右に見ながら大和町を過ぎ、郡上八幡に出た。近い所を走るならそのまま郡上八幡と美濃市を経由して関市まで行った方がよいと思ったが、なぜか、そうせずに山道の２５６号へ出て、和良村、金山町で馬瀬川を右に見て下妙見町まで10km走り、41号へ出て飛騨川を見ながら、先日来た時と同じ道を走ることになる。

白河・七宗・川辺の各町を下って来て、新太田橋から21号へ入り、御嵩町をへて土岐の高速インターから中央自動車道へ入る。

瑞浪、恵那、中津川、そして恵那山トンネル８６２５ｍの中央で岐阜県と長野県の境になり、トンネルを抜けると長野県。園原、飯田、松田、駒ヶ根、伊那、伊北、岡谷ジャンクションで、東京方面へ出て諏訪湖ＳＡで車中泊にする。

この近辺では、高速道路で温泉に入れるのはここくらいではないだろうか。小雨が降って寒いので５００円払って風呂に入る。

アイガモの燻製、白菜の漬物、ナッツ乾物をつまみにウイスキーの水割りを飲む。湯を沸かしてスパゲティを茹でて、きのこと野菜入りミートソースで食べる。今日は長距離を走って来たので疲れてすぐ寝る。

◇11月2日（火）晴れ

7時に起きて、トイレに行き、洗顔する。雨も上がり天気でよかった。エンジンをかけて、髭を電気カミソリで当たる。インスタント食堂へ行き、カレーライスを食べて、備え付けのお茶を飲んでスタート。

諏訪インターで降りて、落葉松の紅葉を見たくて152号線を八ヶ岳山麓めがけて走らせる。別荘地のある所まで上がってみるが、今年は少し早すぎたのか、暖かかったためか、まだ黄色くなりきっていない。よい所があれば止まってシャッターを切り、走っては止まりしながら28kmほどを写真を撮ったりビデオに収めたりして走る。

途中で17号へ出て、小淵沢の八ヶ岳公園有料道路を紅葉をビデオ撮影しながら21km走る。昼時になったので車中で湯を沸かし、スパゲティを茹でて昨日と同じ野菜のミートソースで食べる。

八王子ナンバーの車から、ドライバー洋服を着替え、長靴を履いて男性が出てきた。籠をもっているから、「キノコでも採るのですか」と聞いたら、「雑キノコを採りに行く。そんなに奥には行かないが」と言いながらすたすたと歩いて行った。どんなキノコがあるのか興味があるので、私も長靴を履き、ビニール袋を持って歩いて行く。

子どもの頃、キノコを採ったことがあるが、知らない山だとどの辺りに、どんなキノコがあるのか分からないので、入って行っても熊笹のない上の方に行かないと、だめだと言うことは知っていた。知らない山には入りにくいもので、この辺は針葉樹なのでどんなキノコがあるのかと期待をしたが、自分の知っている食べられそうなものはなかった。袋茸があったが、袋の中が粉になって食べられない。シメジ類は素人には一番見分けが難しい。雑木林は葉が落ちてしまい、裸木になっている。時期的に遅いと思った。食べられそうなものが採れないので、時間がもったいなくなり、車に戻った。

帰りがけに清里の道路の傍らの露店で、山菜やキノコ、農産物を直売していた。採れるシーズン最後の天然キノコを売っていたので、小さな編みザルに入って1000円と、シイタケも厚くて焼いて食べると旨そうなので500円を買う。京芋もこの辺では珍しいので3本500円で買う。

この旅に出て、お盆に帰省できなかったので、山梨の実家に寄ることにした。実家は、19歳まで私が守っていたが、その後、弟が実家に戻り、私が東京に出た。以後、弟は実家で自動車の部品製造業を営んでいた。

その日、工場はまだ仕事中だったので、本を読んで待つことにする。

「夕食は温泉に行ってゆっくり体を休めてから食べよう」と言うことになり、須玉温泉に弟夫妻と私の3人で行く。1時間ほど湯に入って出て来て、地元へ戻ってくる。寿司屋が飲み屋を兼ねている店に入る。刺身と天ぷらをつまみに焼酎のお湯割りを飲む。寿司を食べて腹一杯になり、いい気分で実家に戻って来て、旅の話をする。

北海道の女満別空港から網走刑務所、天都山展望台、流氷館、知床岬のウトロでの一泊は、大きな近代的なホテルで対応もよく、眺めもよく、料理もよかったこと。根室市の納沙布岬の灯台からの眺め、花咲カニの生きカニを売店で茹でて食べておいしかったこと。釧路の湿原の話。

四国は、高速道路でしまなみ海道の橋を渡り、一つひとつ一般道に降りては高速に上がった話。今治から松山道後温泉の坊ちゃんの湯にたくさん人がいたこと。宇和島で台風に出くわしたこと、四国最南端足摺岬、中村市の四万十川の夕日の沈む印象。加えて妻と二人で奈良、京都へ行った話や今後の仕事の話などで12時頃になる。「家族と一緒」をあえて強調したのも「亭主の勝手」を弁解したのかも知れない。

◇11月3日（水）文化の日晴れ

7時起床、昨日買った手土産のキノコを味噌汁で出してくれる。食後、キウイの大きいのを20コ程収穫する。実家の畑に行き、白菜、大根、ホウレン草、高菜など沢山の野菜、菊の花3種類をもらって車に積み込む。

10時から明野村大根祭りが行われるので、弟のワゴン車1台に6人が乗って行く。年に1回の村を挙げての大イベントとあって遠くからも買いに来るので、大変な人出で賑わっていた。舞台ではカラオケ大会が行われ、審査もしていたから、何か賞でも出るのだろう。その横にある大きな空き地ではコの字型にテントが張られ、大根、白菜、キャベツ、蕪などの野菜や果物・リンゴ、おでん、搗きたての餅、赤飯、山菜おこわ、炊き込みご飯、焼きキノコ、しいたけなどが売られている。

その場で食べる人や、車で来て沢山買って持ち帰る人などがいて盛況だ。おでんやホタテ焼、しいたけ焼などを食べながら缶ビール1本飲んで、昼飯は餅や赤飯を食べる。

1時から仕事があると言うので、礼を述べて弟の家を後にする。

須玉のインターで高速道路に入り、ノーストップで一宮インターまで行き、104号へ出て牧野町、三富村まで走り、西沢渓谷の手前を右折して新しく開通した雁坂トンネル7kmの真ん中辺りが山梨県と埼玉県の境になっている。トンネルを抜けると埼玉県になる。

5kmの坂を降りると大滝村、荒川村、秩父市を抜けて皆野町、長瀞を64km走って花園インターから関越自動車道へ入る。東松山、鶴ヶ島、川越、所沢、大泉まで56km、17kmで川口東を首都高に右折して湾岸に出て木場まで31km走り、夕方6時にわが家に無事到着。

100日の日程がすべて終了した。

わが家の玄関ドアの前に立ち、インターフオンを押すと、「はーい！」と懐かしい妻の声がした。

終章　それからの私

近況報告記録編む

はるか25年前の、私の定年を期して敢行した「日本本土一周１００日ドライブ紀行」が、四半世紀近くを経て、本の形で「日の目」を見ることになった。

長く仕舞い込まれていた原稿を見つけたのは、昨年（２０２３年）のことで、私は84歳の後期高齢者となっていた。

「この原稿をどうしたものか」と思案していたら「定年を機に新たな人生の節目の一つの勇気ある決断だ」と言ってくれる知人もあり、一書にまとめてみることにした。

私の前半生の集約とも言える、１００日間の貴重な体験であった。

全国各地で仕事の上で知り合い、社会革新のために奮闘されている方々を訪ね、快く迎えていただいた旅の途次、時に自然の猛威に圧倒されながらも「イワナ、ヤマメ」を追っての渓流釣り、各地の美食を食べまくり、美酒を飲み続けた。また神社仏閣景勝地を訪ね、各地の美術館も鑑賞、絵を描き、写真やビデオも撮ってきた。

旅の途中で、家族や妻との旅行も織り込み、長い勤務と活動の日々を支えてくれた労に報いることも織り込んだ。

旅の全記録は、膨大な量になり、一書に収

めるには、大幅なカット、編集の要があった。何せ、入力時のワープロはすでに廃棄処分されている。たった1部プリントして残った「原稿」を新規入力することが、実際の本書刊行の実質上のスタートとなった。

旅の途中気の向くままにワープロで入力した散漫とも言える内容ではあるが、「定年」を機に新たな人生をスタートする方々の「決断」と勇気づけになれば幸いである。

現在の私にとって、本稿と改めて向き合うことは、自分の来し方、人生を振り返る好機となった。

本作りの作業は、到底自分一人で成し得ることではなかった。「脳の活性化」のために私なりの努力をする一方、地域や旧知の方々のご助力を得なければならなかった。

本書が刊行され、皆さまの手にわたり、何かを感じとっていただけるのか、半ば不安を持ちながら、何がしかのご感想を期待しています。

刊行まで、今ひとつ気力と体力を維持していきたいものと思っている２０２４年、85歳の夏である。

終わりに

「終わりに」の言葉を記すにあたって、永年描きつづけてきた絵の制作時に、最後の一筆をおく心地と同様の感慨を覚える。

一書を刊行することは、仕事を通じて多くの著書のお手伝いさせて頂いてきたが、自著となると思いもまたひとしおである。

大量で、旅の途次、書きつらねた原稿を縮小、整理して新たな原稿を整理して下さったのは光陽出版社の編集スタッフの山本恵子さんだった。

赤字だらけの元原稿を、新たに入力して下

さったのは知人の方々だった。もと同じ団地の愛久澤トキさん、私が国民救援会中央本部にいた時の川嶋昶子さんのお力である。

　また娘の陽子も入力に協力、夫の格さんの力も得た。

　私も含めて4人で原稿再入力を果たしたが私は旧式の一太郎、他の方はワード、エクセルなどまちまちで、一本化のデータ集約は隣区・江戸川区の水澤博氏の助力を得ることになった。氏はパソコンに通じていたので「本づくりの版下づくり」にも傾注して下さった。

　こうして完成をみた本書である。心から御礼を申しあげる次第である。

　さらに、この日記に出て来る友人・知人のみなさまにも改めて御礼を申しあげます。友人知己は、本当に有難いものだと、何回申し上げても言いきれない気持ちで一杯です。

旅を終えてからの日々

「旅の後はどうされたのですか?」とその後の人生を気にしてくださる方がおられるので記しておく。

国民救援会中央事務局で12年

それからの私は、まず旅でお世話になった方々にお礼状を出して、ひと段落していたら、日本国民救援会中央本部から「救援美術展の事務局員として力を貸して頂けませんか」と電話があり、快諾した。

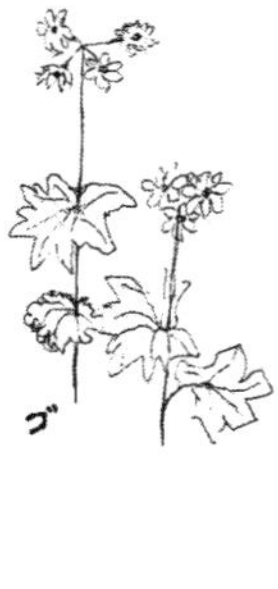

２０００年４月から勤務することになり、全国の救援会の県本部が主催する救援美術展は、一会場で１週間行われるので新幹線や飛行機で会場に向かった。

救援美術展の事務局は大阪にあり、美術家の作品を保管する倉庫と、車２台と駐車場、加えて３人の事務局員がいる。２組に分かれて大阪から車に美術品を積んで運転してくる一名の事務局員と合流して開催支援に協力をして12年間72歳まで役割を果たしてきた。

その後は、もともと絵を描くのが好きなので描きためた油絵を何とかしなければと考えて、救援会都本部と相談して、冤罪事件の「布川事件」支援のために個展を開催してカンパをすることができました。

また私が中央本部にいたある日、私の隣で会計を担当していた鹿児島県出身の女性が昼休みに「五味さん、相談に乗って下さい」と言う。話を聞いたら「鹿児島で冤罪事件の大崎事件の原口アヤ子さんが『あたいはやっちょらんもんは、やっちょらん』と言って無罪を主張して来たが、10年の実刑を受けて、出獄後、救援会と弁護団に相談して再審を闘っています。裁判が最高裁に来た時、東京には守る会がないので、守る会を立ち上げて下さい」との事で了解。

救援会・都本部会長で友人の安井純夫氏に相談したら「五味さん、首都圏の会にしよう」と言うので千葉・埼玉・神奈川県の会長に相談・快諾して頂き、総会を開いたら２００人余の会員が集まり、会長に安井、副会長に五味、事務局や会計、会費や行動計画等を決めて大成功であった。

個展については、布川事件が勝利したので、鹿児島の冤罪大崎事件を支援することにする。

大崎事件は鹿児島県で現地調査に代表派遣

をするにも遠くて金がかかるので、大崎事件支援の個展に切り替えて4回、額縁代だけ頂き絵そのものの代金はカンパをしてきました。

居住地域では、1975年に公社住宅14階建て8棟（分譲2棟、賃貸6棟、計3840世帯）に入居したら、2号棟のM氏から「五味さん自治会を作ろう」と話しかけられて、1号棟の住民全戸に呼びかけて自治会を立ち上げ、初代会長をしながら各号棟に呼びかけて、団地内一つの自治会にして団地祭を行うなど役員や住民の協力で成功させてきた。

近年はコロナ禍と高齢化で当時のベテラン役員も逝去されたりで、まだ再開できないでいる。

また1号棟自治会の文化部でプロの写真家が自治会員でいるので写真部を造った。彼の指導を受けて管理事務所の協力を得て、プリントが出来る部屋を借用、モノクロ写真のプリントはそれぞれが撮った写真に適した濃度や紙の大きさに応じた紙焼き等を実習指導して頂いた。指導者が逝去後も佐藤勝博氏をリーダーに撮影会を行い、今年も区の文化センターで14人の会員展を開催し、私も鑑賞させて頂いた。

さらに私は大人の野球チームを1号棟で立ち上げた。試合や球場を確保するのに時間がかかり苦労するので、団地内外の9チームに呼びかけて、チームの代表達と毎月会議を開き、区の野球場の確保のための抽選会と総当たり戦の対戦チームを決めて、優勝旗と表彰状を作り、年末には表彰式と交流会を行ってきた。

さらに球場を夜でも使えるように、ナイター設備設置の要望署名を選手達と皆で集めて区議会に申請して実現させてきた。

そのほか、共産党の団地後援会会長を40年余努め、私と同じ１号棟で５階の斎藤信行区議が34歳で立候補者となり、毎月２回朝７時半～８時半まで駅頭宣伝を月２回行ったり、団地内宣伝も一緒に行い、マイクを交代しながら訴えてきた。

落語家や歌手やカンカラ三線、サキソホン奏者、歌、踊りなどの文化人を招いた集会などを後援会で開催して、みんなの力で８期32年当選を実現させてきたが、体調を悪くして引退せざるを得なくなり、若い候補者に交代後も皆さんの取り組みで候補者当選のためにも努めてきた。

団地９条の会を杉浦敏郎氏・斎藤信行氏・私の３人で憲法の学習会に行き、憲法を守るため団地内に「憲法９条を守る会」を立ち上げ、全国で取り組む３千万署名の成功のため当面２０００名の署名を集めることにして、月１回、西友前と団地内宣伝を役員たちとマイクを握り訴えて達成させ、今も後継者たちが頑張って続けている。

私は絵を描くのが好きだから、絵画サークルを立ち上げ、月２回の例会を団地内集会所を使用して７人で描き、区の文化センターで会員展の開催をしてきた。コロナ禍で会場使用ができないため解散した。

人並みに高齢を実感しつつ

これらの活動をして来る中で駅頭宣伝をしていたら右足のくるぶしが痛くて立っていられなくなりタクシーで整形外科へ行きレントゲンを撮ったら踝の炎症だと言われ、痛み止めの注射と張り薬と飲み薬を出され通院３カ月。体重が４㎏減。

さらに頸腕症候群になったりして病院通いをして治療に１年余専念してきました。

昨年のある日、目が回ったり、頭がフラフラしたり、新聞の文字を見ていると、目が潤んで読めないので眼科へ行き、眼鏡を作ったりしても、治らないので先生に聞いたら、「それは脳の問題ですね」と言われ、脳神経外科でＣＴを撮ったら異常なし、脳神経内科でＭＲＩを撮り、写真を見せられて、脳神経に傷があると言われました。「先生、どうしてこんな事になるんですか」と聞いたら、「加齢で無理をしたからだ」と言われ、「治りますか」と聞いたら、「それは無理だ」と言われ、「気を付けないと、傷が膨らんだり、血流が悪くなると脳梗塞や脳溢血になりますよ！」と言われ、血流を良くする薬を飲んでいる。

論文が読めない、テレビも見続けられない。映画もだめで、文字大好き人間には困った状態である。

こんな近況なので、後援会と９条の会の総会を開催して、辞退表明をして、会長と代表を引退させて頂いた。

さらに、昨年、江東区共産党後援会で役員をしていた木葉女子から「五味さん、江東区長が死去した事により、市民連合で区長候補者として芦沢礼子さんを出すことになり、事務所費もないので、貴方の絵を飾って販売してカンパをして頂けませんか」と言われたので、「私の絵がどれだけ売れるかは分かりませんが、いいですよ」と言って、総会と事務所開きの会場で展示販売協力をしてきた。

今は好きな渓流釣りや旅行・登山も出来なくなり、体力維持のために出来ることは寝ていて出来る運動４種。首用電動マッサージ機、足踏機６００回、夕方に杖を突きながら緑道を２km歩くなど自分との闘いをしている。

救援会の大崎事件の活動も、安井純夫氏が体調不良で平川明雄会長に交代。私も「体調を悪くしたので、副会長を辞退させてください」と言ったら、「立ち上げた人が一人もいないのは良くないよ、名前だけでも良いからお願いします」と言われて了承。

今の一番の喜びは、大好きな絵を短時間ずつですが描いていることである。

そんな時、木庭氏から「今年の都知事選と都議会議員補欠選挙があり、市民連合でも支援することになり、事務所費用のために、絵を飾って力を貸して下さい」。と要請されて了解。63点展示して、毎日会場に行き、協力して一定の役割を果たした。

これからも好きな絵を体の様子を見ながら描き続けていきたいと思う。

（資料１）旅の予定表

文中のBH＝ビジネスホテル、Ｈ＝ホテル、自宅＝自宅泊、山泊＝山で車内泊）

◇7月23日 晴

東京・業平手前６号線、立石、金町、千葉・松戸、柏、我孫子、茨城・牛久、土浦、水戸１１８号、道の駅袋田、入浴 車泊

◇7月24日 晴

北原、福島・矢作、棚倉町、須賀川４号、二本松、安達町、宮城・角田市仙台 BH

◇7月25日 晴

利府町、大郷町、松山町、古川市、花山村釣り、古川市、涌谷町、松島町、塩釜市、鈴木英世宅

◇7月26日 晴

松島、涌谷町、中田町、東和町、本吉町、気仙沼市、佐々木梅吉宅

◇7月27日 晴

室根町、千厩町、岩手・一関市、平泉町、水沢市、１８７号、落合、釣り 山泊

◇7月28日 晴

住田町３４０号、五合畑、釣り 山泊

◇7月29日 晴

桑畑２８３号、釜石市45号、鵜住居川、沢桧川、鵜住居、大槌町、安瀬の沢釣り 山泊

◇7月30日 晴

大槌町45号、山田町、宮古市、田老町道の駅 車泊

◇7月31日 晴

田野畑村、普代村、野田村、久慈市、種市町、青森・階上町、八戸三社祭山車、八戸 BH

◇8月1日 晴

蕪島、鮫角灯台、種差芝生、八戸三社祭・山車、山下四朗宅

◇8月2日 晴

五戸町、十和田市、奥入瀬渓谷、十和田湖、葛湯温泉、酸ヶ湯入浴、青森ねぶた祭り、横内 車泊

◇8月3日 晴

田代平温泉入浴、湿原散歩、18時20分発青森・北海道函館間フェリー、函館市内 車泊

◇8月4日 晴

朝市、恵山町、森町、八雲町、今金町、国縫、長万部、ニセコ、倶知安、余市町、小樽市 BH

◇8月5日 晴

朝里峠、釣り、定山渓、札幌夏祭り、すすき野 BH

◇8月6日 雨晴

時計台、旧道庁舎、北大植物園、夏祭り、すすき野「ふじ」平野氏、すすき野 BH

◇8月7日 晴

新夕張、日高町、占冠村、金山峠、上富良野日の出公園、南富良野、新得町、薬草温泉、鹿追公園 車泊

◇8月8日 晴

士幌町、上士幌、糠平湖、三国峠、層雲峡熊野岳湯、石北峠、留辺蘂町、北見市、女満別空港、網走市内幸楽 BH

◇8月9日 晴 女満別〜羽田空港 帰家

◇8月10日 晴 自宅、高校野球

◇8月11日 晴 ハローワーク

◇8月12日 晴 自宅、高校野球

◇8月13日 晴

家族で羽田〜女満別空港、網走旧刑務所、北の自然資料館、斜里町、オシンコシンの滝、ウトロ H

◇8月14日 晴

知床峠、羅臼、標津町、風蓮湖、厚床、納沙布岬、花咲港、根室市 H

◇8月15日 晴

厚床、姉別原野、厚岸町、釧路市内、釧路湿原、釧路 H

◇8月16日 曇晴

白糠町、音別町、浦幌町、豊頃町、幕別町、十勝市内、帯広空港、上士幌町三股休憩所車泊

◇8月17日 晴

三国峠、層雲峡、石北峠、留辺蘂道の駅、置戸町駐車場 車泊

◇8月18日 晴

留辺蘂町、遠軽町、丸瀬布町、白滝村、釣り、平野氏宅

◇8月19日 晴

北見峠、石北トンネル、紋別、武町、音標津川、釣り、熊、北キツネ、猿払道の駅、稚内、納沙布 車泊

◇8月20日 雨晴

抜海岬、浜勇知、上勇知、豊富、音威子府道の駅、美深町、和寒町、旭川、長岡千代、越後屋旅館

◇8月21日 晴

滝川市、砂川市、美唄市、三笠市、岩見沢市、江別市、札幌市、恵庭市、吉田氏宅

◇8月22日 雨晴

恵庭湖、支笏湖、壮瞥町、洞爺湖、昭和新山、伊達市、室蘭港、フェリー船中泊

◇8月23日 晴雨

青森県、三内丸山遺跡、大鰐町、矢立峠、大館市、鷹巣町オイル交換、阿仁町、奥阿仁、宝仙湖、小和瀬川釣り、分岐 車泊

◇8月24日 曇雨

濁沢釣り、小和瀬川釣り、新鳩の湯温泉泊

◇8月25日 晴雨

田沢湖休憩所、秋田県・角館、なかせん道の駅、横手、後藤氏 湯沢ローヤル BH

◇8月26日 晴曇
尾勝町、山形県・真室川町、八幡町、酒田市、鶴岡市生協コピア・佐藤氏、山王荘旅館泊

◇8月27日 小雨
温海温泉、新潟県・鼠ケ関、山北町、村上市、桃川峠、荒川、湯沢温泉、道の駅関川・車泊

◇8月28日 雨晴
加治川村、新潟市、角田浜、寺泊、相澤美術館、出雲崎町、柏崎市、柿崎町、上越市、能生道の駅、糸魚川、親不知、富山県・朝日町、富山市、高岡市、小矢部市深沢駐車場・車泊

◇8月29日 雨晴
高田、奥津、南吉田、石川県・七尾市、和倉温泉、田鶴浜、輪島市、門前町、能登金剛ヤセ、羽咋市、金沢市金沢シティホテル BH

◇8月30日 晴
三浦梅園旧宅、松任市、小松市、山中温泉、霜上鉄雄宅、辰口町、町外れ・車泊

◇8月31日 晴
富山県・小矢部市、高岡市、富山市 BH

◇9月1日 晴雨
金沢、加賀市、黒瀬、福井県・芦原町、三国町、越前町、河野有料道路、敦賀市、美浜町、三方町、小松市、牟久政秀氏宅

◇9月2日 晴
上中町、今泉町、琵琶湖、上仰口、比叡山延暦寺、京都市・八坂、祇園、先斗町山富、旅館紫 泊

◇9月3日 雨晴
西京極、亀岡、道の駅丹波、蒲生、瑞穂町、綾部市、宮津市、天橋立、伊根の駅、丹後車泊

◇9月4日 晴
豊岡市、余部鉄橋、浜崎町、鳥取県・岩見町、岩戸、鳥取砂丘、気高町、青谷町、泊村、三朝温泉、倉石市内、道の駅北条、道の駅・大

栄　車泊

◇9月5日　晴

皆生温泉、米子空港、境水道大橋、美保関、松江城、安来市、安来苑旅館　泊

◇9月6日　晴

足立美術館、米子空港、羽田空港、東京駅、神楽坂誠美堂、佐藤社長、有馬氏、岡村氏、きく鮨　自宅

◇9月7日　晴　予定変更　自宅

◇9月8日　ハローワーク　自宅

◇9月9日　地図・宿泊案内　自宅

◇9月10日　晴

羽田空港、米子空港、江島、大根島、松江市、宍道湖、道の駅・秋鹿なぎさ公園、出雲市　BH

◇9月11日　晴

出雲大社、立久恵峡、佐多町、渡橋、湖陵町、道の駅キララ多伎、太田市、江津市、浜田市、益田市、山口県・田万川町道の駅ゆとりパークたまがわ　車泊

◇9月12日　晴

阿武町、萩市、松下村塾、城下町、木戸山、長門峡、阿東町、島根県・津和野町、川上村、旭村、木戸山、仁保入口、三の宮、山口中国自動車道、小郡、美祢、小月、下関、関門橋、福岡県北九州市・下到津、沢口幹雄氏宅、ホテルシルバーシティ　BH

◇9月13日　雨晴

行橋市、大分県・中津市、耶馬渓、一目八景、珠玖町、湯布院、別府、大分、三重町、松坂定緒夫妻　BH

◇9月14日　雨

写真工房、三重町、大分市、浜松昭次郎先生、顕徳町、佐賀関町、臼杵市、野津、三重町、桑野原トンネル、宮崎県・北川町、延岡市、日向市小倉浜駐車場　車泊

◇9月15日 曇晴

高鍋、宮崎市内、日南海岸、ドライブイン・鬼の洗濯岩、油津、日南市、飫肥道の駅清水の里、鹿児島県・高岡口、大隅町、牧ノ原、国分、加治木町、鹿児島市、平川町、指宿市 BH

◇9月16日 雨晴

開聞岳、枕崎、加世田市、日吉町、串木野市、入来町、祁答院町、薩摩町、横川、隼人町、新川渓谷温泉郷、牧園麓、霧島温泉、宮崎県・えびの高原露天風呂、白鳥温泉、熊本県・人吉市、相良村植竹駐車場 車泊

◇9月17日 晴

五木村、五個荘、砥用町、松橋町、大矢野町、有明町、本渡市、五和町、苓北町、鬼池港、長崎県・雲仙口之津町、南串山町、北有馬町山中 車泊

◇9月18日 晴

小浜温泉入浴、愛東原、野口、上田篤氏、長崎市多良見町 車泊

◇9月19日 晴

眼鏡橋、時津町、琴海町、西波町、ハウステンボス、佐世保市弓張岳、佐賀県・有田町、伊万里市、唐津市、相知町、多久市、小城町、三日月町、金立町千布、神崎町、吉野ヶ里遺跡、東背振ＩＣ～長崎自動車道、鳥栖、太宰府、博多・天神北、デュークスホテル BH

◇9月20日 晴

天神北ランプ都市高速、九州自動車道古賀、若宮、八幡、小倉南、文字・関門橋、山口県下関・水族館、山陽町、小野田市、宇部市、阿知須町、別府市、新南陽市、徳山市、下松市、光市オリエンタルホテル BH

◇9月21日 雨後晴

島田、大和町、田布施町・西本昭治宅昼食、大畠町、岩国城、錦帯橋、広島県・大竹市、

廿日市市、広島市、東広島市、郊外ドライブインあやめ荘　H

◇9月22日 雨

広島県・河内町《こうちちょう》〜串ヶ平で釣り、大和町、世羅町、甲山町、上下町温泉、あやめ荘　H

◇9月23日 晴

甲山町、八田原ダム、御調町、尾道駅で家族と合流、しまなみ街道、愛媛県・今治市、松山市道後温泉、松山城、中山町、内子町、大洲市、宇和町、吉田町、宇和島市内　H

◇9月24日 雨後晴

津島町、内海村、御荘町、一本松町、高知県・宿毛市、大月町、土佐清水市、足摺岬、中村市　H

◇9月25日 晴

有岡、田出尻、西土佐村、十和村、大正町、中平、梼原、道の駅布施ケ坂、船戸、大野見村、窪川町、中土佐町、須崎市、佐川町・山崎尭宅泊

◇9月26日 晴

ジョウロウホトトギス、牧野富太郎資料館、高知市内、高知城グリーンホテル　BH

◇9月27日 晴

桂浜、赤岡町、安芸市、室戸岬、徳島県・宍喰町、海南町、皆瀬・轟渓谷、霧越峠、十二弟子峠《じゅうにでしとうげ》、大殿、上那賀町、相生町、車泊

◇9月28日 晴

木沢出会、沢谷、出会、上那賀町、相生町、鷲敷町、阿南市、小松島市、徳島市、吉野川大橋、鳴門市、香川県・引田町昼食、大内町道の駅津田、高松市内、高知城グリーンホテル　BH

◇9月29日 晴

香川町、塩江町、徳島県・曽江谷川、塩江、長野、新羽床口。金刀毘羅宮、多度津、金倉寺、河津、坂出市・山下郁先生、ホテルニュー

センチュリー　BH

◇9月30日 晴

栗林公園、高松瀬戸中央自動車道、瀬戸大橋、鴻池SA、岡山県・早島山メルパ郵便貯金会館　BH

◇10月1日 晴

岡山城、県立美術館、倉敷、大原美術館山容ハイツ　BH

◇10月2日 晴

倉敷市内、吉備路、備中国分寺、最上稲荷、東岡山、備前市、兵庫県・播州赤穂市、相生市、姫路市姫路プラザ　BH

◇10月3日 晴

姫路城、高砂市、加古川市、明石海峡大橋、第二神明高速、三宮、新神戸駅、三宮巴　BH

◇10月4日 晴

三宮、新大阪新幹線、東京、光陽へ寄る、スタッフ海二氏と洋子さんと会う。自宅

◇10月5日 晴　自宅

◇10月6日 晴

ハローワーク、八重洲ブックセンター、神楽坂誠美堂、きく鮨に友人岡村・岩本・植村さん来る　自宅

◇10月7日 晴

東京駅、新大阪、三宮、六甲山神戸タワーサイドホテル　BH

◇10月8日 曇雨

芦屋市、尼崎市、中島川、大阪市、大阪城、桑津町、八尾市、柏原市、奈良県・王子町、斑鳩町法隆寺、横田、北新大宮ホテル　BH

◇10月9日 晴

奈良駅で妻迎える、興福寺、東大寺、正倉院、大安寺、薬師寺、法隆寺、生駒山椿寿荘生駒寮

◇10月10日 晴

生駒小、打田、祝園、こだま京奈和自動車道、

京都府・城陽、平等院、万福寺、南禅寺、永観堂、二条城、国家公務員共済組合連合会KKR京都くに荘

◇10月11日 晴

鴨川散歩、河原町今出川、高野川に沿い源流三千院、高野橋東詰、北大路、金閣寺、龍安寺・枯山水、小渕町、大覚寺、小淵町、嵯峨釈迦堂、清滝道三条、嵐山、渡月橋コミュニティ嵯峨野 H

◇10月12日 晴

東区清水寺、南区東寺、東本願寺、妻・京都駅エコノイン京都 BH

◇10月13日 晴

京田辺市、山城町、奈良県・大和郡山市、橿原市、五條市、和歌山県・橋本市休憩所、那賀町、粉河町、打田町、岩出町、和歌山市・松田氏 BH

◇10月14日 晴

紀ノ川大橋、中央印刷松田氏、北島大橋。船戸、下井坂、塩塚、桃山線、高野山金剛峯寺、高野竜神スカイライン、田辺、白浜、白浜西谷休憩所 車泊

◇10月15日 晴

市原海岸、日置川、枯滝、那智神社、熊野那智大社、那智勝浦、新宮ステーションホテル新宮 BH

◇10月16日 晴

橋本、十津川街道蝉ケ谷、川湯、熊野本宮大社、十津川温泉、芦廼瀬川線北山村、東熊野街道、小坂、道の駅きのくに、三重県・尾鷲市、海山町、大内山村、紀瀬町、大宮町、大台町、多気町、松阪市ホテル松阪 BH

◇10月17日 晴

伊勢市、伊勢豊受大神宮・下宮、泉大神宮・内宮、おかげ横町、松阪市、津市、河芸町新栄町、菰野町道の駅、湯ノ山温泉町営湯ノ山

荘入浴、山の中腹休憩所　車泊

◇10月18日 晴

滋賀県・松尾北、三十坪、下麻生、安土町、五個荘町、愛知川町、彦根城、西円寺、岐阜県・関ヶ原、綾戸口、大垣城、岐阜市岐南、金華山・岐阜城華陽館ホテル　BH

◇10月19日 晴

岐南、各務原、愛知県・犬山市鵜沼、犬山城、大口町、小牧市、豊山町・山田東、清洲城、名古屋城、名古屋フラワーホテルＰＡＲＴ２　BH

◇10月20日 晴

瑞穂区、豊明市、知立市、岡崎城、音羽蒲郡、小阪井町、宮下、豊川稲荷、豊川市、豊橋市、一里山、静岡県・新居町、浜松市・サゴーホテル　BH

◇10月21日 晴

浜松城、豊田町森岡、三ケ野、袋井市、細田、掛川城、岡崎市、中崎城町、豊田市・陣中町、藤岡町、小原村、岐阜県・陶町大川、小里、瑞浪市、土岐市大富ドライブイン　車泊

◇10月22日 晴

川辺町新太田橋、下妙見町、黒瀬川、中原、宮地、郡上八幡城、美並村、美濃市、関市追分、各務原市おがせ町、鵜沼東町、犬山城前昼食、扶桑町五郎丸、大口町、小牧市、名古屋市北区、東区、昭和区、瑞穂区、緑区、豊明市、豊橋市、静岡県・汐見バイパス、袋井市国元大池、掛川市高速、相良牧之原ＩＣ降り、金谷町、野田、藤枝バイパス丸子、静岡市内　H

◇10月23日 晴

梅ヶ島温泉、黄金風呂入浴、静岡市・佐山朋子宅

◇10月24日 晴

清水、道の駅富士(昼食)、蒲原、沼津、三島

市奈良橋、城山、吉名温泉、湯ヶ島温泉、上
蓮の滝休憩、天城トンネル、河津町営温泉セ
ンター入浴、今井浜・見高浜突端　車泊

◇10月25日　晴

河津駅不動産、稲取、熱川、伊東市、熱海ビー
チライン、根府川昼食、小田原城、箱根宮下、
御殿場、河口湖、御坂峠、竜王町入浴ラドン
温泉

◇10月26日　晴

韮崎、白州、武川道の駅休憩、茅野市、諏訪
市、岡谷市、塩尻市道の駅昼食、松本城、明
科町、生坂村、信州新町、長野市・長野シティ
ホテルきくや　BH

◇10月27日　雨

善光寺参り、須坂市、菅平高原、梯子山峠、
菅池、表太郎、菅平ダム、群馬県・鳥居川、
吾妻川、長野原、伊勢町、小野上村、吹屋、
渋川、宮城村、粕川村、新里村、黒保根村、
大山智宅

◇10月28日　雨

利根村、日向南郷、薗原湖、大原、片品村オ
イル交換、金精峠、湯滝、戦場ヶ原、竜頭の
滝、金精峠、白根温泉入浴、片品村ドライブ
イン　車泊

◇10月29日　晴

利根村、白沢村、沼田ＩＣ高速、谷川PA朝食、
塩沢石打ＩＣ下車、中里村、松代町、大島村、
浦川原村、三和村、上越市、名立町、道の駅
能生休憩、糸魚川、富山県・黒部市、魚津市、
滑川市、富山市・富山シティホテル　BH

◇10月30日　晴

富山城、黒部・立山、称名滝、ケーブルで美
女平、富山市・富山シティホテル　BH

◇10月31日　晴

下村町、大島町、高岡市、津幡町、金沢東Ｉ
Ｃ高速、加賀ＩＣ下車、黒瀬、山中温泉ホテ

ル翠明

◇11月1日　雨後晴

大内峠、山口、丸岡城、鹿鳴橋、北郷町、勝山市・長山、亀山公園、越前大野城、和泉村、九頭竜湖、油坂峠、岐阜県・白鳥、大和町、郡上八幡、和泉村、金山町、妙見町、白河町、七宗町、川辺町、御嵩町、土岐ＩＣ、瑞浪、恵那、中津川、恵那山トンネル、長野県・園原、飯田、松田、駒ヶ根、伊那、伊北、岡谷、諏訪湖ＳＡ　車泊

◇11月2日　晴

諏訪ＩＣ下車、八ヶ岳山麓、山梨県・小淵沢、八ヶ岳公園有料道路、美しの森、須玉温泉、実家に寄る

◇11月3日　晴

明野村大根祭り、須玉、一宮IC出、牧丘町、三富村、雁坂トンネル、埼玉県・大鹿村、荒川村、秩父市、皆野町、長瀞、花園IC入、東松山、鶴ヶ島、川越、所沢、東京・大泉、首都高速・木場IC下車　帰家

（資料2）旅の準備品

1、車関係（点検項目）

・オイル交換、ウインドウォッシャー液、バッテリー液の点検。

・ファンベルト、エンジン水、タイヤ、ウインカー、ライトなどの点検。

2、荷物置き台（2段式）

・物入れ箱、プラスチック容器

3、食事類

・コッフェル一式、金コップ、割り箸、ナイフ、フォーク、紙皿、銀皿、布巾(紙・布)、天ぷら用敷き紙、冷や麦用ネット、ボール、洗剤、タワシ、ビニール袋、天ぷら鍋、燻製鍋、チップ

・バーナー2個、ボンベ

・平形コンロ、ボンベ

・水入れコック付きタンク、用水ポリ袋

・焼き鍋

4、嗜好品

・醤油、味噌、塩、酢、砂糖、天ぷら粉、油、コーヒー、お茶、スープ類

5、着る物

・下着類、ランニング3、半袖3、ステテコ4、パンツ4、靴下綿4・夏用4

・上着類、半ズボン2、長ズボン4、水泳パンツ2、長袖シャツ3、半袖シャツ、洗剤、干し物、ジャージ

・釣り用　長袖下着3、ズボン下2、パンツ2、靴下・指割れ長靴下4、ジャケット2、長袖シャツ2、カッパ2

6、釣り具

・針、糸、竿3、重り、目印、えさ箱、玉アミ、えさ、接着剤、リリアン、笛、鈴、道糸、ハサミ、ナイフ、糸切り、カッパ下、

靴、スパッツ、足袋夏・冬各2

7、**携帯物**

・ビデオ一式（電池、充電器、テープ、マニュアル、リモコン、三脚）

・一眼レフカメラ一式（本体、レンズ300㎜、400㎜、フラッシュ、フイルム、レンズ拭き、単4電池）コンパクトカメラ

・ワープロ一式（本体、印字テープ、出力紙、コード）

・絵画材料（水彩絵の具、スケッチブック大・小、筆、鉛筆、消しゴム、水性ペン、ボールペン、イーゼル、水入れ、布）

・地図一式（釣り場ガイド、温泉ガイド、食べ物ガイド）

8、**電灯類**

・電池（単1）12個（単4）20個

・電灯器　大1・小1、ヘッド灯、携帯

9、**雨具**　カッパ1、傘1、折畳み傘1

10、**筆記用具**

・ペン、インクカートリッジ、ボールペン（赤黒）、鉛筆、消しゴム

・メモ用紙、はがき、封筒、便箋、切手（80円・90円）

11、**寝具関係**

・寝袋・厚い、薄い、マット、掛け物

12、**その他**

・厚手袋

・防虫剤、スプレー大・小、蚊取り線香

・ビニール、野菜入れ袋

・シャツ入れ、汚れ物入れ

・薬、ガム、眠気止め

著　者　　五味　洋三（ごみ　ひろみつ）
1939年７月　山梨県北巨摩郡上手村谷井　誕生
（現在 山梨県北杜市明野町上手）
1976年４月　光陽印刷株式会社入社
1999年７月　定年退社。７月23日～11月３日まで「日本本土一周100日ドライブ」実行
2000年４月　日本国民救援会中央本部美術展事務局員
2012年３月　退職
現住所　〒136-0076　東京都江東区南砂2-3-1-923
電　話　03-3649-9458　（FAX兼用）

定年からの再スタート
日本本土一周100日ドライブ紀行

2024年9月20日　初版発行
著　者　　五　味　洋　三
発行者　　明　石　康　徳
発行社　　光陽出版社
〒162-0811　東京都新宿区築地町８番地
TEL 03-3260-9131　　FAX 03-3235-0710
印刷・製本　㈱光陽メディア
表紙カバー 基本デザイン ㈲VIZ中平都紀子

ISBN978-4-87662-648-9　C0026